Album de famille

Guido Barbujani

Album de famille

La grande histoire de nos ancêtres

Traduit de l'italien
par Renaud Temperini

Albin Michel

Sommaire

À Luca Bazooka

« … parce que j'étais lui comme j'étais ma mère et mon père et mon grand-père Paco et mon arrière-grand-mère Carolina, de la même manière que j'étais tous les ancêtres qui affluent dans mon présent telle une foule ou une légion innombrable de morts ou une forêt de fantômes, comme tous les sangs qui se jettent dans mon sang, provenant du puits insondable de notre ignorance infinie du passé[1]… »

Javier Cercas, *Le Monarque des ombres*

1. Texte extrait du *Monarque des ombres*, roman traduit de l'espagnol par Aleksandar Grujičić avec la collaboration de Karine Louesdon, Arles, Actes Sud, « Babel », 2018, p. 314. (*N.d.T.*)

Les mots et expressions en orange sont définis dans le Petit glossaire.

Protase et invocation

Chante, ô Muse, l'histoire de Barbuglio, hameau des environs de Lendinara, dans la province de Rovigo, en Italie. Mon oncle Renzo, mort en 1986, avait étudié les registres paroissiaux : naissances, baptêmes, mariages, décès. Il y avait découvert qu'au XVIe siècle on avait nommé Barbujani des migrants de Barbuglio arrivés à Adria. Si ma mémoire ne me trompe pas, le premier Barbujani dont mon oncle avait retrouvé la trace était sonneur de cloches ; ses descendants actuels, peu familiers des sacristies, n'ont pas suivi son exemple. Aujourd'hui, le *j* de mon patronyme est un archaïsme ; et de fait, au fur et à mesure que certains membres de ma famille se sont dispersés çà et là (Monza, Rome, Biella, Zurich...), des officiers d'état civil tatillons ont pris soin de le remplacer par un *i* ; on connaît donc désormais à la fois des Barbujani, qui sont pour la plupart établis à Adria et dans les alentours, et des Barbuiani, qui ont pour la plupart émigré.

J'avais cinq ans lorsque ma famille a quitté Adria pour Ferrare, située sur l'autre rive du Pô et cependant assez proche. En somme, il aura fallu quatre siècles pour que certains Barbujani s'éloignent de 46 kilomètres de leur lieu d'origine, soit une moyenne d'environ 100 mètres par an. Sachant que vingt générations se sont écoulées depuis le milieu du XVIe siècle, si l'on installait mes vingt ancêtres le long de ces 46 kilomètres, il y en aurait un tous les 2 300 mètres. Je serais heureux de me mettre en route pour discuter avec eux, par exemple avec mon père Fernando, là où la ville se termine et laisse place à des stations-service, ou encore avec mon grand-père Gino, à la hauteur de Barco. Mais que pourrions-nous bien trouver à nous dire, mon quadrisaïeul Matteo et moi, juste au-delà du pont qui enjambe le Pô ? La chose est plus simple chez les familles nobles : il existe parfois un portrait de l'aïeul en question, ou bien l'on sait qu'il s'agissait du marquis Untel, tombé au champ d'honneur lors de telle ou telle bataille. Son nom se charge de connotations, et l'on peut éprouver une vague sensation de familiarité. Mais pour le commun des mortels, c'est-à-dire la quasi-totalité de l'humanité, le passé, le passé connaissable, ne va pas au-delà de deux générations ; et je ne crois vraiment pas être le seul à ne pas connaître le nom de tous mes arrière-grands-parents. Pourtant, je leur dois ma présence ici ; mes yeux, mon nez, ma façon de me pincer les narines quand je cherche un mot, tout cela me vient de l'un d'entre eux. Nous comprendrions-nous, si nous avions la possibilité de nous rencontrer ? Jusqu'où faudrait-il remonter dans le temps pour que je me surprenne à penser qu'au fond, même si j'avais un autre ancêtre, à ce stade cela ne changerait rien ou si peu ?

Je pèche par excès de simplification. Sous l'influence des familles aristocratiques, nous concevons les généalogies comme des lignes droites reliant le présent au passé selon une stricte succession de mâle en mâle. Au paragraphe précédent, je suis moi-même tombé dans ce travers. Mais en réalité, les choses se passent différemment : les généalogies se ramifient, se démultiplient. Deux parents, quatre grands-parents, huit arrière-grands-parents, dont chacun avait à son tour huit arrière-grands-parents... Remonter vingt générations en arrière nous ramène à une époque où nous avions 2^{20} ancêtres (ou un peu moins ; si, si, je vous assure), c'est-à-dire 1 million de personnes (si, si, je vous assure !) : plus ou moins la population de Turin. Par conséquent, le sonneur de cloches mentionné plus haut et venu à Adria en provenance de Barbuglio n'est que l'un de mes nombreux, très nombreux ancêtres. Il avait sans doute épousé une jeune fille d'Adria, et s'il ne l'a pas fait, son fils a dû le faire, et leurs enfants se sont ensuite mêlés aux autochtones ; peu à peu, dans mon sang (comme on disait autrefois), ou dans mon ADN (comme on dit aujourd'hui), sa contribution s'est diluée pour ne plus représenter qu'un millionième du total. Alors qu'avons-nous en commun, à part notre nom de famille ?

D'un point de vue strictement génétique, très peu. À d'autres points de vue, beaucoup : nous sommes tous deux des Barbujani, des hommes originaires de Barbuglio et de la Polésine, des Vénètes, des italophones, des Italiens, des Européens et des êtres humains. Nous possédons à tout le moins une même langue, ou nous bénéficions en tout cas d'une certaine affinité linguistique qui nous permettrait de communiquer ; le cadre de nos existences est un paysage fait de terres basses, de vastes étendues d'eau et de roselières ; nous éprouvons un sentiment d'appartenance à des communautés. Qui sait si ce lointain ancêtre avait la moindre curiosité pour sa lointaine descendance ? Mais à bien y réfléchir, la situation serait-elle vraiment différente si, en lieu et place du premier Barbujani mentionné par des documents, je pouvais discuter avec un autre homme, ou une autre femme, qui ne partagerait avec moi que certains outils linguistiques et un intérêt mutuel ? Quelle serait l'importance véritable de la quantité d'ADN qui me viendrait de lui ou d'elle ? Alors que je suivais le fil de ces pensées, mes yeux sont tombés par hasard sur une reconstruction numérique du visage de l'empereur Néron. Il semblait plutôt sympathique, avec ce petit sourire narquois qui n'avait peut-être, après tout, rien de pervers, un simple sourire, le sourire de quelqu'un qui dirait : « Regardez, je ne suis pas aussi mauvais que d'aucuns le prétendent. C'est important de se regarder en face, vous ne trouvez pas ? »

D'une certaine manière, ce livre a pour sujet l'importance qu'il y a à se regarder en face. Au sens littéral de l'expression : notre album de famille, les traces et les visages de ceux qui ont foulé avant nous le sol de notre planète délivrent un message qui, à travers les générations, est parvenu jusqu'à notre époque, et nous raconte ce que nous avons été. Aujourd'hui, dans la mesure où nous pouvons analyser en détail les ADN de nombreuses personnes, passées et présentes, et interpréter leurs différences, ces vestiges nous donnent une idée des migrations, des échanges, des processus d'adaptation à l'environnement qui ont fait de nous ce que nous sommes.

Mais se regarder en face signifie aussi, selon moi, quelque chose de plus. Ce livre a commencé à prendre forme lors de la période la plus sombre, en Italie, de la pandémie de Covid-19, à la fin de l'année 2020. Après un été d'une sérénité précaire, au cours duquel beaucoup avaient pensé que le pire était derrière nous, les contaminations sont reparties à la hausse et la deuxième vague a commencé. À partir du 8 octobre, le port du masque est redevenu obligatoire ; à partir du 13, les restaurants, les cinémas et les théâtres ont réduit leurs activités ; à la fin du mois, ils ont dû fermer, et on ne pouvait plus se déplacer que pour des motifs graves. Alors qu'on ne s'était pas encore remis de la fatigue accumulée lors de la première vague, il a fallu affronter la perspective de mois très durs à traverser. Vers cette époque, j'ai reçu un coup de fil d'un ami proche, Raffaele Ghirardi, chef du service Covid d'un hôpital de la province de Mantoue ; il avait besoin de parler ; je lui ai prêté une oreille attentive ; à la fin de la conversation, il m'a tout bonnement informé qu'il se sentait à bout de forces.

En fin de compte, Raffaele a tenu bon, comme beaucoup d'entre nous : au prix de mille efforts, en se jetant à corps perdu dans le travail, en tâtonnant, en essayant de ne pas couler. Mais d'autres n'ont pas surmonté l'épreuve. Le 15 juin 2020, quelqu'un qui m'était cher, Giulio Giorello, est mort du Covid. Nous n'étions pas amis au sens strict du terme ; je dirais plutôt que notre degré de familiarité était plus élevé que celui de la connaissance mutuelle ; nous avions beaucoup de centres d'intérêt communs et nous aimions discuter de science. Durant les semaines où l'on attendait le communiqué de 17 heures pour connaître le nombre des contaminations et des décès de la journée, chaque fois, le bilan équivalait à celui d'un accident d'avion ; les victimes n'étaient plus des personnes, ce n'était pas Giulio Giorello ou des individus portant un nom, c'était un chiffre, une abstraction. Je pense qu'il en allait de même pour tout le monde. Les morts devenaient aussitôt des créatures du passé, que l'on peut compter, mais que l'on ne peut plus rencontrer. Et puis, un journal s'est mis à publier quelques photos, quelques récits : alors j'ai pu, pendant un certain temps, percevoir la portée effroyable du drame. Giulio Giorello, Lidia Menapace, le réalisateur Kim Ki-Duk, mes collègues généticiens Luciano Terrenato et Michele Stanca, l'un des premiers à partir, mais aussi le coiffeur du coin et son épouse, qui ne m'ont jamais salué alors que nous nous croisions tous les jours : ce sont, c'étaient des figures familières, dorénavant dématérialisées dans les statistiques qui mesuraient l'ampleur de l'événement. Pour penser à eux, il fallait produire un effort : rappeler à nos mémoires les traits de leur visage, les regarder en face. Et c'est à ce moment-là que je me suis dit que regarder nos ancêtres en face est ou serait, d'une certaine manière, un bon moyen de nous regarder en face nous-mêmes, d'observer, comme dans un miroir, ce que nous avons été et ce que nous sommes : les maillons d'une chaîne généalogique issue des époques les plus reculées et appelée à se prolonger dans l'avenir, si nous ne poussons pas la stupidité au point de rendre notre planète inhabitable.

L'idée peut sembler farfelue, je vous l'accorde : elle ne l'est néanmoins pas tant que ça. Bien que nous ignorions souvent les noms de nos ancêtres, perdus au fil des siècles, ce ne sont pas de parfaits inconnus. N'hésitons pas à le répéter : les os fossilisés et l'ADN que l'on parvient aujourd'hui à en extraire ont beaucoup d'histoires à nous raconter. De plus, des artistes contemporains se consacrent à l'élaboration de magnifiques représentations tridimensionnelles de ces mêmes ancêtres, en s'appuyant sur les techniques de la police scientifique mais aussi, bien entendu, en comblant par leur imagination les lacunes de nos connaissances : je veux parler des jumeaux Adrie et Alfons Kennis, et d'Élisabeth Daynès. Regarder leurs sculptures en face, c'est comme traverser un pont, établir un contact, ténu et précieux, avec nos origines, avec ce que nous étions il y a des milliers ou des millions d'années. Notre curiosité trouve ainsi à se satisfaire grâce au talent de ces artistes, aux compétences des paléontologues qui ont déterré et reconstitué avec amour de vieux squelettes, aux techniques avancées des généticiens qui ont souvent réussi à déchiffrer leur ADN. En se présentant à nos yeux, les images élaborées à partir de cette triple source prennent l'apparence d'êtres humains : plus concrète, mieux en mesure de susciter d'autres curiosités, voire certaines émotions. On se surprend alors à tenter de percevoir le son de leurs voix : et s'ils pouvaient, au bout de toutes ces années, se faire entendre pour commenter leur si insolite destin ?

Lucy,
il y a 3,3 millions d'années

I

Lucy, il y a 3,3 millions d'années

Sur ses deux jambes : *Australopithecus afarensis*

Découverte en 1974 près de Hadar, en Éthiopie, par Donald Johanson, Mary Leakey et Yves Coppens

Fragments retrouvés : 40 % du squelette

Il y a 6 millions d'années — *Il y a 2 millions d'années* — *Il y a 200 000 ans*

Ancêtre commun à l'homme et au chimpanzé — Traces d'*Homo* hors d'Afrique — *Homo sapiens* en Afriqu

Lucy est une célébrité. De tous les australopithèques, elle est la seule dont on parle encore, ce qui n'est sans doute pas dénué de signification. Mais de son vivant, elle n'était qu'un individu parmi tant d'autres. Son succès médiatique – comme celui de tous les héros de ce livre, à l'exception du dernier – est dû aux modalités et au lieu de sa mort. En l'occurrence, les circonstances de l'accès de Lucy à la renommée posthume semblent avoir été particulièrement malchanceuses. Mettez-vous un instant à sa place : une journée fatigante touche à sa fin, mais vous vous sentez bien. Vous avez l'estomac plein, et cela n'arrive pas tous les soirs. Vous bâillez. Les yeux mi-clos, vous contrôlez une dernière fois la situation, car on ne sait jamais ; les autres se tiennent tranquilles et s'apprêtent à aller se coucher. Certains ronflent déjà, tandis que les derniers rayons du soleil donnent une teinte rosée aux troncs des acacias. Parfait. Vous ressentez une vague gêne dans le dos. Vous vous retournez pour mieux voir. Votre pied glisse sur une branche, le monde part à la renverse, votre bras décrit un quart de cercle sans trouver de point d'appui, vous entendez un cri que vous avez peut-être poussé vous-même et voilà, votre folle envolée s'achève aussitôt après avoir commencé.

On ne pense certes pas à la postérité quand on est sur le point de s'écraser contre le sol ; c'est la postérité qui, par la suite, s'intéresse à vous. Lucy est une star parce que ses semblables, les australopithèques de l'espèce *Australopithecus afarensis*, sont les premiers dont on peut affirmer sans risque d'erreur qu'ils marchaient sur deux jambes, comme nous. Nous ignorons, en revanche, s'ils étaient les seuls. Et nous ignorons aussi dans quelle mesure exacte ils maîtrisaient ce mode de locomotion, même après s'y être essayés pendant des millions d'années. Selon toute apparence, ils continuaient à passer la nuit réfugiés au sommet des arbres, à toutes fins utiles, et renonçaient pendant plusieurs heures à la station verticale au profit d'une sensation accrue de sécurité. Selon une reconstitution tout à fait crédible, Lucy serait justement morte en tombant d'un arbre. On l'a alors laissée sur place : à l'époque, ensevelir les morts était une pratique hautement inconcevable. Puis elle a été recouverte par de nombreuses couches géologiques, au gré d'une alternance d'éboulements et d'accumulations de terre. Enfin, deux paléontologues mènent des fouilles dans les environs ; l'un d'eux découvre un squelette ; à des millions d'années de distance, on entend un second cri, qui n'a cependant rien à voir avec celui de Lucy : cette fois-ci, c'est un cri de triomphe, et la jeune fille ne tarde pas à acquérir une notoriété planétaire.

Sur l'image de la page 25, elle semble presque sourire. On serait même tenté de dire qu'elle a une expression quelque peu sournoise ; mais ses longs favoris hirsutes, projetés vers l'avant, contrarient d'emblée tout élan de sympathie envers elle. Ces favoris noirs, qui lui donnent l'aspect sévère d'un haut personnage du XIXe siècle, contrastent avec son nez très épaté et sa couleur de peau, plus claire seulement autour de ses lèvres, qu'elle mordille comme plongée dans ses réflexions. Et puis, il y a son front. Sur ce « portrait » reconstitué, elle a quelque chose de coquet : elle soulève le menton, pour qu'on le remarque moins, mais son front reste projeté vers l'arrière et forme un angle très accentué avec la surface de son visage… Rien n'y fait : à la voir ainsi, on la sent à la fois proche et éloignée de nous. D'ailleurs, comment pourrait-il en aller autrement ? 3 millions d'années, ce n'est pas une bagatelle. Ici, un retour en arrière s'impose.

Nos connaissances sur l'aspect et sur le style de vie de nos lointains ancêtres proviennent généralement de trois types de données : les restes fossiles, dont les plus anciens datent de plusieurs millions d'années ; les artefacts étudiés par les archéologues, dont les plus vieux remontent à l'âge de pierre, il y a 2 millions d'années ; et enfin l'ADN, pour les 100 000 dernières années, celui des époques antérieures étant trop vétuste et en trop mauvais état pour être exploité. Or la découverte d'*Australopithecus afarensis*, d'une importance cruciale dans notre histoire, n'appartient à aucune de ces trois catégories, puisqu'elle est issue d'une série d'empreintes laissées il y a plus de 3 millions d'années.

Elles ont été retrouvées par un groupe de paléontologues placé sous la direction de Mary Leakey, à Laetoli, en Tanzanie, près du Sadiman. Bien qu'aujourd'hui éteint, ce volcan est resté longtemps actif ; il en est résulté, comme de juste, de multiples éruptions de lave et de cendres qui se sont répandues un peu partout aux alentours. La suite de l'histoire pourrait paraître inventée, si différentes sources ne la confirmaient pas : un jour, des collègues d'Andrew Hill, lui-même membre de l'équipe de Mary Leakey, se sont amusés à lui jeter des boules d'excréments d'éléphant ; de toute évidence, les passe-temps à leur disposition ne devaient pas être nombreux et ils s'arrangeaient de leur mieux. Toujours est-il que pour éviter une de ces boules, Hill s'est jeté par terre et s'est mis à examiner de très près les cendres du site G de Laetoli. Parmi des empreintes d'antilopes et de gazelles, il a alors remarqué la présence, passée jusqu'alors inaperçue, de traces qui semblaient avoir été laissées par un pied humain. En 1978, au terme de quatre ans de travaux, on a mis au jour un ensemble de cendres solidifiées d'une longueur de 27 mètres portant 88 traces de créatures dont il ne fait aucun doute qu'elles marchaient sur deux jambes : leurs gros orteils étaient en effet parallèles à leurs autres doigts de pied, comme les nôtres, et non pas divergents, comme chez les singes. Quant à l'âge de ces empreintes, des méthodes précises de datation des cendres volcaniques ont permis de montrer qu'elles avaient 3,6 millions d'années. Or, à cette époque et en ce lieu, le seul être susceptible d'avoir marché sur ces cendres est, précisément, *Australopithecus afarensis*.

Nous sommes si habitués à la station debout et à la bipédie, la faculté de marcher sur deux jambes, que nous les jugeons banales ; elles sont pourtant assez rares parmi les vertébrés. En dehors de notre généalogie et abstraction faite des oiseaux, dont l'histoire est différente, les seuls bipèdes connus sont les kangourous et certains dinosaures, tous caractérisés par une marche différente de la nôtre, une queue massive et une mise en mouvement avec un corps penché vers l'avant contrebalancé par cette même queue. Marcher debout et sans queue est une spécialité humaine qui a entraîné des conséquences considérables et requis des changements profonds, pas toujours à notre avantage, de notre squelette et de notre musculature. Les chimpanzés et les gorilles, voire les ours, peuvent faire quelques pas sur deux pattes, c'est vrai ; il n'en demeure pas moins que ce n'est pas là leur manière habituelle de se déplacer.

Marcher, c'est perdre et retrouver sans cesse l'équilibre ; pour cela, il est indispensable d'avoir des fessiers très musclés (ce qui n'est pas le cas des chimpanzés), une orientation particulière du bassin et, surtout, une structure spécifique de la colonne vertébrale. Chez les quadrupèdes, elle forme un arc horizontal auquel sont suspendus les organes et la cage thoracique, selon un système qui fonctionne très bien. Mais avec l'adoption de la station debout, cette même cage thoracique pèse sur le devant du corps, là où aucun ingénieur doté d'un minimum de cervelle n'aurait jamais eu l'idée de la mettre. L'évolution, c'est bien connu, fait ce qu'elle peut avec ce dont elle dispose : au fil du temps, notre colonne vertébrale s'est courbée à la hauteur de la région lombaire, de façon à obtenir une répartition moins irrationnelle du poids corporel ; cela ne suffira pas pour autant, comme l'expérience nous l'a appris, à éviter les lumbagos, les sciatiques et les piqûres d'antidouleurs. Pire encore : afin de permettre l'incorporation des muscles fessiers, notre bassin s'est modifié et rétréci, ce qui rend l'accouchement plus difficile chez les humains que chez les gorilles et les chimpanzés. Nous avons donc payé très cher le passage à la station debout ; mais si nous sommes encore là malgré tout, cela signifie que d'une manière ou d'une autre ses avantages l'ont emporté sur ses inconvénients. Nous aurons d'ailleurs l'occasion de revenir sur cette question dans les prochains chapitres.

Notre histoire et celle des chimpanzés se sont séparées lorsque certains de nos ancêtres se sont mis à marcher sur deux jambes, et n'ont pas été imités par les singes. Nous ignorons la date exacte de ce phénomène. En revanche, nous savons qu'il y a 6 millions d'années, dans cette Afrique où vivaient les ancêtres communs de l'homme et du chimpanzé, le climat a changé. Jusque-là chaud et humide, il est devenu plus sec, à commencer par les régions de l'extrême est du continent. En conséquence, la forêt a été peu à peu remplacée par un nouveau milieu pauvre en arbres à hauts troncs, la savane. De même que ce changement climatique, la réponse que lui ont apportée nos ancêtres a requis des centaines de milliers d'années. Peu à peu, certains des ancêtres communs de l'homme et du chimpanzé se sont aventurés de plus en plus souvent dans la savane, et ils ont dû s'adapter à ce nouvel environnement ; d'autres sont tout simplement restés dans les arbres. Nous descendons des premiers. En haut des arbres, on se sent assez bien protégé ; mais dans la savane, il est indispensable de s'apercevoir à temps de l'arrivée éventuelle d'une créature hostile. Se tenir droit sur ses deux jambes permet de mieux contrôler l'espace alentour et de s'enfuir au bon moment. C'est peut-être (peut-être) le motif principal de l'apparition de la bipédie dans ce nouvel environnement.

Il y a un peu plus de 3 millions et demi d'années, trois australopithèques, trois individus qui marchaient comme nous et qui avaient des pieds semblables aux nôtres, sont passés par Laetoli. Ce ne sont d'ailleurs pas les seuls : la cendre solidifiée évoquée plus haut a aussi conservé les traces de mammifères, d'oiseaux, d'insectes et même de gouttes de pluie. On peut dire qu'ils étaient trois parce que leurs empreintes n'ont pas toutes des dimensions identiques : certaines sont larges, d'autres plus petites et d'autres minuscules, à tel point qu'elles n'ont été identifiées que dans un second temps, à l'intérieur d'empreintes plus grandes : il s'agit de celles d'un enfant qui, pour ne pas se brûler, posait le pied là où les deux adultes l'avaient déjà mis. Les traces de leur promenade ont été conservées jusqu'à notre époque grâce à la succession de différents phénomènes : une première éruption ; la pluie ; le passage des trois australopithèques ; une autre éruption dont les cendres ont recouvert et préservé le tout jusqu'au jour où l'équipe de Mary Leakey a révélé cet émouvant témoignage de notre passé.

Compte tenu du rapport entre dimensions du pied et taille du corps, les deux adultes pouvaient mesurer entre 1,30 et 1,45 mètre, et l'enfant environ 1,15 mètre. Un homme, une femme et leur petit ? Une famille traditionnelle du tout début de notre préhistoire ? Méfions-nous des conclusions hâtives, nous ne sommes pas au bout de nos surprises. Cette hypothèse, formulée par certains chercheurs, a en effet été démentie à la suite d'une expédition italienne placée sous la direction de Giorgio Manzi, dont on peut suivre le récit : en 2015, toujours à Laetoli, à une centaine de mètres des empreintes retrouvées dans les années 1970, on a découvert un autre bout de piste portant des traces. Elles montrent que deux bipèdes sont passés par là au même moment (la datation des cendres ne ment pas), et qu'ils allaient dans la même direction que les trois premiers. Ils étaient donc cinq, et non pas trois. Surtout, l'un d'eux se distinguait par sa grande taille : il mesurait 1,65 mètre, il aurait chaussé du 41 et il faisait des pas bien plus longs que ses accompagnateurs. Il existait donc de fortes différences de taille parmi les australopithèques ; dans ce genre de cas, les zoologues parlent de dimorphisme sexuel ; chez les primates, cela signifie que les mâles sont plus gros que les femelles. Selon toute probabilité, comme l'a écrit Giorgio Manzi, le site de Laetoli a gardé les traces du passage d'un mâle, de trois femelles (ou peut-être de deux femelles et d'un adolescent) et d'un enfant déjà capable de marcher. À tous ceux qui souhaiteraient trouver ici une confirmation de leurs opinions sur la notion de famille naturelle, je ne peux donc que conseiller de passer leur chemin. La structure sociale des australopithèques, en tout cas celle du groupe en question, rappellerait plutôt celle des gorilles, où un mâle adulte, dit mâle alpha, s'accouple et procrée avec plusieurs femelles.

Jusqu'ici, nous n'avons parlé que d'empreintes. Un fossile revêt quant à lui une tout autre importance. Lucy, justement. Sa découverte est antérieure de quelques années à celle des empreintes de Laetoli, et une fois de plus, le hasard s'en est mêlé. Pas d'excréments, cette fois-ci, mais le choix d'un trajet inhabituel. Procédons par ordre. Donald Johanson, paléoanthropologue à la Case Western Reserve University de Cleveland, et Tom Gray, qui était à l'époque son élève, travaillent ensemble près de Hadar, dans la région de l'Afar, en Éthiopie. Bien que située très au nord de Laetoli, Hadar appartient au même ensemble géologique, la vallée du Grand Rift, une série de failles qui traverse l'Afrique orientale selon un axe nord-sud, de l'Érythrée au Mozambique. Johanson raconte que, le 24 novembre 1974, il se sentait d'humeur assez paresseuse ; Gray insiste malgré tout pour qu'ils aillent au moins relever les coordonnées d'un site qu'ils avaient l'intention de fouiller plus tard. Sur le chemin du retour, afin d'éviter une longue portion de route trop exposée au soleil, ils optent pour un itinéraire qu'ils n'avaient encore jamais emprunté. Johanson garde, comme toujours, les yeux baissés, car c'est ainsi que l'on trouve des fossiles. À un moment donné, il voit dépasser du sol un coude en parfait état de conservation attaché à un cubitus, un des deux os de l'avant-bras. La région de Hafar a beau regorger de restes de babouins, Johanson comprend aussitôt qu'en l'occurrence il s'agit d'un os d'hominien.

(Ici, une parenthèse technique s'impose ; je vous promets qu'elle sera courte. De même que les grands singes – gorilles, chimpanzés, orangs-outans –, nous faisons partie de la famille des hominidés. Les hominiens constituent un sous-ensemble des hominidés, et plus précisément une sous-famille qui inclut, outre *Homo sapiens*, nos parents aujourd'hui disparus appartenant aux genres *Australopithecus*, *Paranthropus* et autres. Nous appelons donc « australopithèques » plusieurs espèces d'hominiens de petite taille qui sont, selon toute probabilité, à l'origine des différentes espèces du genre *Homo*.)

Sur le moment, Tom Gray n'était pas convaincu qu'ils avaient fait une découverte importante. Il n'a cependant pas tardé à changer d'avis lorsque, peu après, il s'est rendu compte qu'il était sur le point de piétiner un crâne. Connu pour son grand calme, il n'a pourtant pas cessé, à en croire le récit de Johanson, de klaxonner tout le reste du trajet vers le camp de base. Et comme ils avaient déjà extrait du même gisement des os d'éléphant datant de plus de 3 millions d'années, ils savaient tous deux qu'ils venaient de tomber sur les restes d'un squelette très ancien. Rien de moins qu'une nouvelle espèce d'australopithèque.

Ils lui ont donné un nom inspiré de la région de sa découverte, *Australopithecus afarensis*, mais c'est son surnom, Lucy, qui a contribué à sa renommée planétaire. L'anecdote est connue : pendant la reconstitution du squelette, Johanson écoutait une cassette des Beatles dont sa chanson favorite était « Lucy in the Sky with Diamonds ». Sans cela, AL 288-1 (le nom scientifique du fossile) n'aurait peut-être pas autant marqué les esprits de millions d'enfants, d'étudiants, de documentaristes et d'anthropologues amateurs. Le squelette de Lucy est assez complet, étant donné son âge vénérable : environ 40 % de l'ensemble, y compris une bonne partie du crâne. Au total, on a retrouvé à Hadar plus de 400 fragments osseux d'*Australopithecus afarensis*, dont on a pu tirer des informations très importantes. L'étude des atomes présents dans les dents de Lucy (et que l'on désigne sous le terme technique d'isotopes) nous a ainsi donné une idée de son régime alimentaire, composé pour l'essentiel de fruits et de légumes, et peut-être aussi de certains insectes. Dans la couche de terre qui l'enveloppait, on a retrouvé aussi de nombreux morceaux d'œufs de tortue et de crocodile, qu'il faut sans doute ajouter à son menu. Lorsque j'affirmais, quelques pages plus haut, que l'espèce de Lucy n'était peut-être pas la seule à marcher sur deux jambes, je me référais à d'autres fossiles remontant à 3 ou 4 millions d'années, exhumés au Kenya et en Éthiopie. Il s'agit toutefois de squelettes beaucoup plus incomplets, dont on ignore, par exemple, la forme des pieds. Sans entrer dans le détail de la question, contentons-nous d'indiquer qu'ils ont été baptisés *Kenyanthropus* et *Ardipithecus*, et qu'on ne sait pas bien s'ils étaient bipèdes ou non. Mais en l'état actuel de nos connaissances, très peu de spécialistes remettent en cause l'hypothèse selon laquelle les fossiles d'*Australopithecus afarensis* témoignent du déclenchement de la succession de changements biologiques ayant conduit à l'humanité actuelle.

Pour conclure, deux mots sur ce que nous avons appelé, en début de chapitre, la « folle envolée » de Lucy. En 2016, John Kappelman et Adrienne Witzel, de l'université d'Austin, au Texas, ont analysé 17 fractures de ses ossements, desquelles ils ont déduit qu'elle était morte en s'écrasant au sol après être tombée d'assez haut, comme le suggéreraient certaines lésions aux bras caractéristiques de la recherche d'un soutien au moment d'une chute. Certains détails, visibles au scanner, laissent en effet penser que ces fractures seraient contemporaines de sa mort et ne seraient donc pas apparues lors des 3 millions d'années ultérieures. D'autres savants, dont Johanson, préfèrent toutefois d'autres explications, peut-être plus simples : peu après son décès, le corps de Lucy aurait ainsi pu être piétiné par des animaux de passage. Je ne me sens pas en mesure de prendre position dans ce débat. Mais si l'on admet que Kappelman et Witzel ont vu juste, il en découle des conséquences peu banales. Selon leurs calculs, inévitablement approximatifs, Lucy pourrait être tombée d'une hauteur de plusieurs mètres ; il en résulterait que malgré ses pieds adaptés à la marche debout, malgré son appartenance à l'espèce qui inaugura l'aventure humaine sur deux jambes, elle continuait à passer une partie de son temps perchée sur des arbres. La transition entre la vie à quatre pattes dans les feuillages et la bipédie serait donc advenue par degrés, sur une longue, très longue durée.

POUR APPROFONDIR

Johanson D. C., Taieb M., « Plio-Pleistocene Hominid Discoveries in Hadar, Ethiopia », *Nature*, 260, 1976, p. 293-297.

Kappelman J., Ketcham R. A., Pearce S., Todd L., Akins W., Colbert M. W., Feseha M., Maisano J. A., Witzel A., « Perimortem Fractures in Lucy Suggest Mortality from Fall out of Tall Tree », *Nature*, 537, 2016, p. 503-507.

Leakey M. D., Hay R. L., « Pliocene Footprints in the Laetolil Beds at Laetoli, Northern Tanzania », *Nature*, 278, 1979, p. 317-323.

Manzi G., *L'ultimo Neanderthal racconta. Storie prima della storia*, Bologne, il Mulino, 2021.

Masao F. T., Ichumbaki E. B., Cherin M., Barili A., Boschian G., Iurino D. A., Menconero S., Moggi-Cecchi J., Manzi G., « New Footprints from Laetoli (Tanzania) Provide Evidence for Marked Body Size Variation in Early Hominins », *eLife*, 5, 2015, e19568.

Wong K., « 40 Years after Lucy : The Fossil that Revolutionized the Search for Human Origins », *Scientific American*, 2014.
L'interview de Donald Johanson est disponible sur le site : https://blogs.scientificamerican.com/observations/40-years-after-lucy-the-fossil-that-revolutionized-the-search-for-human-origins/.

Le garçon du Turkana, il y a 1,6 million d'années

II
Le garçon du Turkana, il y a 1,6 million d'années

À deux mains : *Homo ergaster*

Connu sous le nom de garçon du Turkana, découvert en 1984 par Kamoya Kimeu sur les rives de la Nariokotome, une rivière proche du lac Turkana, au Kenya

On possède 108 de ses os

Il y a 6 millions d'années — *Il y a 2 millions d'années* — *Il y a 200 000 ans*

Ancêtre commun à l'homme et au chimpanzé — Traces d'*Homo* hors d'Afrique — *Homo sapiens* en Afriqu

Le lac Turkana, de même que les sites mentionnés au chapitre précédent, se trouve dans la vallée du Grand Rift. En venant du sud, la route aboutit au village des El-Molo, un millier de personnes qui pratiquaient traditionnellement la pêche mais qui semblent maintenant vivre surtout de l'aumône des touristes. Les enfants y sont très gentils et vous prennent par la main pour vous conduire à un promontoire, d'où l'on aperçoit, en bas, des crocodiles. Lorsque j'y suis allé, l'un de ces enfants portait un tee-shirt délavé sur lequel était imprimée la carte du lac de Garde et de sa région, et qui lui avait été donné par Dieu sait qui ; il a ri quand, quelques centimètres plus loin sur sa poitrine, je lui ai indiqué Padoue, la ville dont je venais. Le lac Turkana se situe plus ou moins à mi-chemin entre Laetoli, où cinq australopithèques ont laissé des traces de leur passage, et Hadar, où Donald Johanson a retrouvé les restes de Lucy. Mais ici, les restes de nos ancêtres sont plus récents, et cela se voit. Comparé à Lucy, le garçon du Turkana nous apparaît d'emblée plus humain, malgré ses arcades sourcilières très saillantes et l'absence de menton en bas de son visage. Et de fait, nous le classons déjà dans le même genre que nous, le genre *Homo* : peut-être à cause du bâton qu'il porte sur ses épaules, ou peut-être encore parce que son visage et sa poitrine sont glabres. À vrai dire, nous en sommes réduits à imaginer son degré de pilosité : pour ce détail comme pour tant d'autres, les jumeaux Adrie et Alfons Kennis ont dû faire appel à leur imagination. Le parti pris de ces deux artistes n'est cependant pas privé de fondement, car il ne fait aucun doute qu'au terme d'un processus de plusieurs millions d'années, nous avons perdu nos poils au point de devenir ce que Desmond Morris a appelé des « singes nus ». Quant à l'explication de ce phénomène, les avis sont partagés. Selon certains, il serait lié à une meilleure régulation de notre température corporelle. Selon d'autres, il serait en rapport avec des motifs d'ordre esthétique. Les deux hypothèses ne sont d'ailleurs pas incompatibles, comme nous le verrons plus loin. Pour le moment, il faut nous occuper de nos mains.

À en croire les diseuses de bonne aventure, toute main présente une « ligne de chance ». Pour les anthropologues, le simple fait de posséder des mains est déjà, en soi, une chance. Le passage à la station debout, nous l'avons vu plus haut, n'a pas été indolore. Mais si l'évolution retient une solution à première vue insatisfaisante, c'est forcément parce que, d'une manière ou d'une autre, elle présente des avantages plus importants que ses inconvénients. En dépit des maux de dos et des accouchements douloureux, la position debout nous a apporté, outre une vision plus claire de l'espace environnant, deux nouveaux organes : les mains. Chez les singes vivant dans les arbres, les mains et les pieds sont identiques et servent au même but : s'agripper aux branches. Chez ceux qui se sont aventurés au sol et qui ont adopté la marche sur deux jambes, les membres antérieurs et postérieurs sont devenus respectivement les membres supérieurs et inférieurs. On m'objectera peut-être que ce changement de nom est sans conséquence. On aurait grand tort. Petit à petit, l'extrémité de nos membres a changé de forme : les mains du garçon du Turkana ne sont pas très différentes des nôtres, avec leur pouce déjà assez long. On observe d'ailleurs cette transformation chez d'autres espèces : les gorilles et les chimpanzés ont, eux aussi, quitté les arbres pour descendre au sol (les premiers d'une manière plus stable que les seconds) ; ils ont, eux aussi, des mains, et savent les utiliser pour un certain nombre de tâches, en particulier s'aider à marcher. Et c'est là justement le point crucial : comme nous n'avons plus besoin de cette aide depuis longtemps, nous avons eu davantage d'occasions de faire de nos mains un organe de plus en plus spécialisé.

Commençons par le commencement, à savoir l'ancêtre commun des primates. Pendant des années, on lui a attribué des mains de singe, dotées d'un pouce court. Une telle idée a quelque chose de naïf, de même que celle qui consiste à dire que nous descendons du singe. En réalité, nous descendons des *mêmes ancêtres* que les singes, et ils devaient être aussi différents de nous que des singes actuels. Cela vaut aussi pour la main. La proportion entre la longueur du pouce et celle de l'annulaire montre sans conteste que les humains ont des pouces plus longs que les gorilles, les orangs-outans et les chimpanzés. Un examen plus attentif permet cependant de constater que les mains qui ressemblent le plus aux nôtres sont celles des gorilles, même si les chimpanzés sont nos plus proches parents ; de manière analogue, les mains des orangs-outans sont similaires à celles des chimpanzés, bien qu'il n'existe pas entre eux de liens de parenté très étroits. Après avoir analysé les statistiques disponibles sur le sujet, Sergio Almécija et ses collaborateurs ont noté que les chimpanzés et les orangs-outans, à l'inverse des gorilles, passent une large partie de leur vie sur les arbres. La forme des mains ne dépend donc pas tant d'un degré de parenté plus ou moins proche que de notre environnement. À partir d'un ancêtre commun (que nous ne connaissons pas, rappelons-le), les différentes espèces concernées ont adopté des modes de vie différents et il en est résulté deux lignes distinctes d'évolution : un allongement du pouce chez l'homme et le gorille ; un allongement des autres doigts chez le chimpanzé et l'orang-outan.

Ce processus, qui porte le nom d'adaptation, est une conséquence de la sélection naturelle, dont Charles Darwin nous a expliqué le fonctionnement. D'ailleurs, cela saute aux yeux : de nombreux organes d'êtres vivants semblent avoir été *expressément conçus* pour bien fonctionner. Les poissons ont des branchies pour respirer sous l'eau et nous avons des poumons pour respirer dans l'air ; les guépards et les antilopes ont des muscles puissants qui leur permettent de courir très vite, les premiers pour chasser leurs proies, les secondes pour tenter d'échapper à leurs prédateurs ; la forme des requins est hydrodynamique pour réduire la friction avec l'eau ; les kangourous ont une poche pour emmener leurs petits en promenade. Dans *Candide*, le célébrissime roman de Voltaire, le docteur Pangloss va jusqu'à affirmer :

> « Remarquez bien que les nez ont été faits pour porter des lunettes ; aussi avons-nous des lunettes. Les jambes sont visiblement instituées pour être chaussées, et nous avons des chausses. [...] et les cochons étant faits pour être mangés, nous mangeons du porc toute l'année. »

Darwin inverse le raisonnement. Aucun Grand Architecte de l'univers n'a conçu le vivant, bien au contraire : c'est le vivant qui s'est adapté à son environnement. Au début, toujours selon Darwin, il a dû y avoir des différences héréditaires : en l'occurrence, entre individus dotés de pouces plus ou moins longs. Leurs différences ont pu impliquer de légers avantages ou de petits inconvénients : ainsi, un pouce plus long permettait peut-être de mieux effectuer certaines tâches manuelles. Au fil du temps, ces avantages ou ces inconvénients ont eu des effets sur la mortalité (plus on sait faire de choses avec ses mains, plus l'espérance de vie augmente), puis sur la fertilité (plus l'espérance de vie augmente, plus on laisse, en moyenne, de descendants). Dès lors, les traits avantageux sont devenus de plus en plus répandus au fil des générations, et les désavantageux de plus en plus rares, voire inexistants. Dans notre généalogie, la sélection naturelle nous a fourni des pouces plus longs, qui nous permettent des opérations manuelles interdites aux autres primates : même le plus aristocratique des chimpanzés est incapable de tenir l'anse d'une tasse à thé entre le pouce et l'index.

La sélection naturelle a aussi (bien entendu) eu des effets sur le développement de notre cerveau. Le volume interne du crâne de Lucy (et, par conséquent, de la matière grise qu'il contenait) est d'environ 400 centimètres cubes ; celui du garçon du Turkana est de 880 centimètres cubes : le double, certes, mais nous sommes encore loin des 1400 centimètres cubes de notre cerveau actuel. Il semblerait donc que l'augmentation de notre volume cérébral et l'utilisation de nos mains soient allées de pair. L'explication la plus cohérente consiste à dire que parmi les australopithèques et les premiers membres du genre *Homo*, certains individus se sont montrés plus habiles que d'autres dans l'exploitation des nouvelles possibilités offertes par l'utilisation des mains. En toute logique, on est en droit de penser que leur dextérité s'est améliorée au fur et à mesure que le nombre de leurs neurones s'est accru. Les cerveaux un peu plus volumineux fonctionnaient mieux que les plus petits ; à long terme, ils les ont remplacés avant de l'être à leur tour par des cerveaux encore plus gros, et ainsi de suite. Darwin, qui ne disposait de presque aucune des données en notre possession, pensait que les trois caractéristiques fondamentales de notre espèce – station debout, cerveau volumineux, maîtrise du langage – avaient évolué en parallèle, au même moment. Ce n'est pourtant pas le cas : les empreintes de Laetoli montrent que la faculté en apparence la moins noble, la capacité à se tenir debout, s'est développée bien avant les facultés cérébrales. Quant à la maîtrise du langage, les théories abondent ; certaines sont d'un intérêt indéniable, mais personne ne pourra jamais dire à quelle date exacte nous avons commencé à parler. Toujours est-il que la station debout a enclenché un formidable processus de sélection naturelle, qui a fini par nous doter d'un cerveau surdimensionné et d'un langage articulé.

Un cerveau volumineux permet de faire davantage de choses : des outils, par exemple. Ce n'est pas par hasard que le garçon du Turkana est représenté avec un bâton sur les épaules, et le moment est d'ailleurs venu d'en dire un peu plus sur lui. L'appellation scientifique de son fossile est KNM-WT 15000, initialement rattaché à l'espèce *Homo erectus*. Mais au fil du temps, les définitions ont changé (nous y reviendrons au chapitre IV) ; à l'heure actuelle, *Homo erectus* ne comprend que des fossiles provenant d'Asie ; de leur côté, les fossiles africains sont regroupés sous la classification *Homo ergaster*, y compris le garçon du Turkana, qui, avec ses 108 os, constitue le squelette le plus complet jamais rencontré dans l'étude de l'évolution humaine. Il appartenait à un garçon de onze ou douze ans susceptible de mesurer à l'âge adulte, s'il l'avait atteint, 1,85 mètre de hauteur, soit au moins 20 centimètres de plus que les australopithèques. Ce n'est d'ailleurs pas là leur seule différence significative. Le bassin étroit du garçon du Turkana montre que son espèce marque le terme de la transition entre une vie semi-arboricole, c'est-à-dire passée pour moitié dans les arbres, et une vie au sol. Enfin, sa mort prématurée s'explique sans doute par sa santé précaire, puisqu'il souffrait à la fois d'une hernie lombaire prononcée et de lésions à la mâchoire.

Des outils, disions-nous. Parmi nos ancêtres figurent des créatures que nous aurions quelque peine à reconnaître comme humaines. Je vous invite une nouvelle fois à observer le portrait de Lucy : si vous la croisiez dans la rue, gageons que vous seriez moins enclins à lui offrir un café qu'à passer un coup de fil à la SPA. Mais alors, quand sommes-nous devenus humains ? La réponse n'est pas simple. À San Diego, en Californie, le Center for Academic Research and Training in Anthropogeny (CARTA) s'emploie à la trouver. Deux de ses membres, Ajit Varki et Tasha Altheide, ont recensé pas moins de 250 différences entre nous et les autres hominidés : de l'absence de poils sur le corps à la longueur du cordon ombilical, de l'épaisseur de l'émail dentaire aux rituels funéraires… Il reste malaisé de préciser dans quel ordre ces différences sont apparues, et surtout celles qui ont joué un rôle décisif dans le devenir de l'humanité. Darwin s'était déjà posé la question, qu'il jugeait toutefois « peu intéressante » ; selon lui, la réponse dépend, en dernier ressort, de notre définition inévitablement subjective de l'humanité. Il avait tout à fait raison, mais dans certains cas il est indispensable de se mettre d'accord au moins sur l'essentiel. Le genre *Homo* apparaît, par convention, au moment où les découvertes archéologiques témoignent de la capacité à *fabriquer des outils au moyen d'autres outils*. La simple utilisation d'outils n'est pas, en effet, l'apanage de l'humanité. Les hérons se servent de morceaux de pain comme appâts pour attirer les poissons ; la pie-grièche, un passereau carnivore, capture les insectes dont elle se nourrit en les immobilisant sur des ronces ou, à défaut, sur du fil barbelé ; de nombreux singes attrapent des fourmis avec de petits bâtons et transportent de l'eau dans des noix de coco. Mieux encore : les chimpanzés sont en mesure de fabriquer certains outils, par exemple en façonnant une branche d'arbre pour en faire une massue. En revanche, même le plus intelligent des chimpanzés n'a jamais réussi (en présence de témoins) à élaborer un outil à partir d'un autre outil : leurs facultés conceptuelles ne vont pas jusque-là. On commence donc à parler du genre *Homo* lorsque cette limite a été franchie, lorsqu'on peut affirmer, preuves à l'appui, que des outils ont été obtenus en frappant un caillou avec un autre caillou. C'est alors le début de l'âge de pierre et, par voie de conséquence, de l'archéologie. La première espèce à avoir laissé des traces de ce type d'activité, toujours en Afrique de l'Est, est appelée *Homo habilis* et représentée par quelques fossiles dont la définition pâtit encore d'incertitudes persistantes. Apparu quelques centaines de millénaires plus tard, le garçon du Turkana est rattaché à une autre espèce parce que *Homo habilis* était de plus petite taille que lui et possédait un cerveau nettement moins gros. Nous les avons néanmoins accueillis tous deux au sein du genre *Homo*, car ils étaient capables, avec leurs mains, de faire des choses hors de portée des chimpanzés, y compris les plus astucieux.

Passons maintenant à l'origine du langage. J'ai affirmé un peu plus haut que nous ne disposons d'aucune donnée fiable à ce sujet, que nous sommes contraints de nous en tenir à une multitude d'hypothèses. Eh bien me voici pris en flagrant délit de contradiction. De fait, nous connaissons la région du cerveau responsable des fonctions liées au langage (ou en tout cas d'une grande partie d'entre elles). Elle se situe à gauche, au niveau du lobe frontal, et s'appelle aire de Broca. Or, sur le crâne du garçon du Turkana, on remarque justement une déformation à cet endroit précis, un développement plus important à gauche qu'à droite, en correspondance avec l'aire de Broca. Ce crâne abritait donc un cerveau susceptible de produire du langage. Faut-il aller jusqu'à en conclure que le garçon du Turkana parlait ? Il reste difficile de se prononcer, dans la mesure où la conformation de son thorax laisse planer le doute sur sa capacité à contrôler assez bien sa respiration pour émettre, comme nous, des sons articulés.

(Loin de moi l'intention d'offenser les gauchers, mais je me dois de préciser que la prédominance de l'hémisphère gauche de notre cerveau sur son hémisphère droit, dont résulte notre tendance à utiliser plus volontiers notre main droite que notre main gauche, est un pur produit de l'évolution. Il existe des gauchers partout et leur nombre est même sous-estimé, compte tenu de la propension de nombreuses cultures à encourager les enfants à se servir de leur main droite. Il n'en reste pas moins que, contrairement à nous, les chimpanzés sont tous ambidextres, et que l'asymétrie de notre cerveau est corrélée à l'utilisation préférentielle d'une main, à l'emploi du langage et à plusieurs autres choses tout aussi importantes.)

Je vous avais promis de revenir sur les raisons de notre transformation en « singes nus ». Besoin de mieux réguler notre température corporelle ? Moins de poils pour davantage de beauté ? La première explication renvoie, une fois de plus, à la sélection naturelle. Dans les arbres, on est abrité de la chaleur par l'ombre des feuilles ; dans la savane, on ne l'est plus. La décision de vivre au sol, qui a eu pour conséquence la bipédie, a entraîné une exposition accrue aux rayons du soleil, et le risque d'une élévation de la température corporelle. Toute personne ayant eu trente-neuf degrés de fièvre sait à quel point le cerveau fonctionne mal quand cela se produit ; il est donc indispensable d'éviter ce type de situation dans toute la mesure du possible, surtout si l'on vit entouré d'animaux féroces. Des mécanismes de régulation de la température existent chez tous les mammifères, où ils relèvent des glandes sudoripares. Mais d'une espèce à l'autre, la quantité de ces glandes varie considérablement, et aucune n'en possède autant que nous. La disparition de nos poils est donc peut-être allée de pair avec le développement de glandes sudoripares plus efficaces et plus nombreuses. Outre tout ce dont nous avons déjà parlé, la station debout nous a en effet permis de réduire la surface de nos corps exposée au soleil.

En dépit de la parfaite logique de cette explication, ce n'est pas la seule possible. Dans son livre sur l'origine de l'homme (nous y reviendrons au chapitre XV), Darwin (« Encore lui ? – Eh bien oui, encore lui ! ») s'est demandé pourquoi, chez certaines espèces, l'aspect des *mâles* semble défier les lois de la sélection naturelle. Les couleurs des paons ou des faisans paraissent faites exprès pour attirer sur eux l'attention des prédateurs, et cela vaut aussi pour de nombreux poissons. Mais alors, comment expliquer que leurs femelles, au contraire, aient des couleurs moins voyantes et plus propices au camouflage ? C'est ici qu'entre en jeu, indépendamment de la sélection naturelle, voire en opposition directe avec elle, un autre mécanisme. Darwin l'a baptisé sélection sexuelle, et il fonctionne de la manière suivante : dans le choix d'un partenaire, les femelles ne sont pas nécessairement attirées par les mâles qui possèdent les meilleurs atouts nécessaires à la survie dans un environnement hostile. Des plumages aux couleurs pâles peuvent se révéler précieux pour se cacher dans un sous-bois ; mais si les femelles raffolent des paons au plumage bleu vif, les mâles aux couleurs plus tendres finiront par se retrouver dans l'impossibilité de transmettre à leurs descendants leurs capacités mimétiques, vouées dès lors à la disparition. (Ces propos vous évoquent le bon vieux lieu commun selon lequel les mâles voudraient plaire à toutes les femelles, dont le rôle se limiterait à accepter ou à refuser leurs avances ? Rien d'étonnant, et force est peut-être de reconnaître que ce cliché contient une part de vérité.) En tout état de cause, comme l'ont prouvé de nombreuses recherches menées en laboratoire ou en milieu naturel, la sélection sexuelle s'est toujours révélée très efficace, c'est-à-dire apte à produire assez vite les changements souhaités dans l'aspect des sujets étudiés. À en croire l'hypothèse de certains spécialistes du comportement, des processus de sélection sexuelle seraient intervenus non seulement dans l'affirmation de la bipédie, mais encore dans la diminution de notre pilosité, en particulier sur nos visages. En d'autres termes, les femmes de nos ancêtres auraient trouvé plus attirants les hommes qui marchaient bien sur leurs deux jambes et dont elles distinguaient mieux la silhouette et les traits. Au vu de nos connaissances actuelles, il reste impossible de trancher entre les deux hypothèses, entre sélection naturelle et sélection sexuelle. D'autant que rien ne nous y oblige. La préférence pour les mâles peu velus pourrait très bien être allée de pair avec la tendance à perdre des poils afin de développer de meilleures glandes sudoripares. Avec, à la clé, une accélération du processus, qui l'a rendu irréversible.

POUR APPROFONDIR

Le site du CARTA, riche en matériaux sur la façon dont nous sommes devenus des humains, est disponible sur le lien https://carta.anthropogeny.org/. Sa consultation, jointe à la prise de conscience du nombre de questions encore sans réponse, du fonctionnement de la recherche scientifique et des difficiles progrès de nos connaissances, peut constituer un antidote utile à la vidéo (https://www.youtube.com/watch?v=nzj7Wg-4DAbs&t=183s, 4,3 millions de vues) où Yuval Noah Harari, avec son habileté consommée et sa tendance marquée à mélanger données incontestables, données moins incontestables, conjectures et banalités, se risque à défendre la théorie selon laquelle les humains seraient les seules créatures capables d'une coopération souple avec des étrangers pour l'accomplissement de tâches complexes.

Almécija S., Smaers J., Jungers W., « The Evolution of Human and Ape Hand Proportions », *Nature Communications*, 6, 2015, n° 7717.

Brown F., Harris J., Leakey R., Walker A., « Early *Homo erectus* Skeleton from West Lake Turkana, Kenya », *Nature*, 316, 1985, p. 788-792.

Darwin C., *The Descent of Man, and Selection in Relation to Sex*, Londres, 1871 ; traduit en français sous le titre : *La Descendance de l'homme et la sélection sexuelle*, Paris, 1872.

MacLarnon A. M., Hewitt G. P., « The Evolution of Human Speech :

The Role of Enhanced Breathing Control », *American Journal of Physical Anthropology*, 109, 1999, p. 41-363.

Schiess R., Haeusler M., « No Skeletal Dysplasia in the Nariokotome Boy KNM-WT 15000 (*Homo erectus*): A Reassessment of Congenital Pathologies of the Vertebral Column », *American Journal of Physical Anthropology*, 150, 2013, p. 365-374.

Varki A., Altheide T. K., « Comparing the Human and Chimpanzee Genomes : Searching for Needles in a Haystack », *Genome Research*, 15, 2005, p. 1746-1758.

Dmanissi 2,
il y a 1,8 million d'années

III

Dmanissi 2,
il y a 1,8 million d'années

Là-haut dans le Caucase : *Homo georgicus*

Un des cinq fossiles découverts par Abesalom Vekua et David Lordkipanidze entre 1991 et 2005 à Dmanissi, en Géorgie

Longtemps attribués à l'espèce *Homo erectus*, mais sans doute rattachables à une espèce à part, *Homo georgicus*

Il y a 6 millions d'années — *Il y a 2 millions d'années* — *Il y a 200 000 ans*

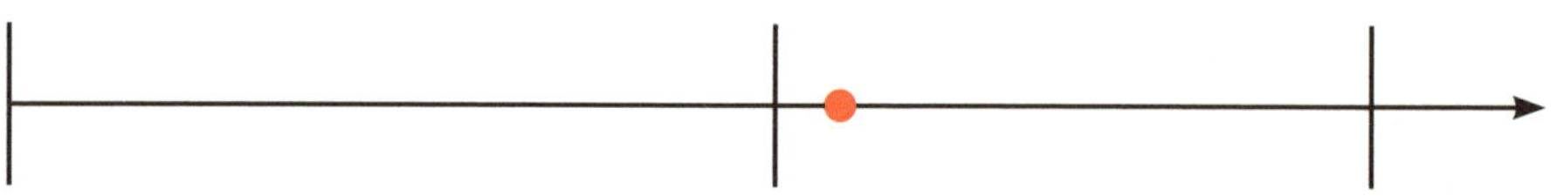

Ancêtre commun à l'homme et au chimpanzé — Traces d'*Homo* hors d'Afrique — *Homo sapiens* en Afrique

On sait encore peu de choses des premiers hominiens à s'être aventurés hors d'Afrique. Savaient-ils parler, et si oui, comment ? De quelle couleur était leur peau ? (Nous disposons, à ce sujet, de certains éléments de réponse dont je reparlerai au chapitre XIII.) Quand leurs migrations ont-elles commencé ? Il y a une trentaine d'années, on estimait que pour parcourir de longues distances il fallait des cerveaux volumineux et de longues jambes, sans pour autant être capable de chiffrer ce volume et cette longueur. Mais au sud de la chaîne du Caucase, dans l'actuelle Géorgie, on a trouvé des preuves qu'en réalité il suffisait d'avoir des pieds bien faits et que, pour le reste, on pouvait toujours s'arranger. Nous ignorons en revanche quelle route ont suivie ces premiers migrants. Nous tenons en quelque sorte pour acquis qu'ils sont partis d'Afrique de l'Est, là où tout a commencé, et qu'ils ont longé le cours du Nil ; mais il se pourrait aussi qu'ils soient directement passés de la Corne de l'Afrique à la péninsule Arabique, à une époque où le niveau de la mer était plus bas qu'aujourd'hui. D'une manière ou d'une autre, ils se sont dirigés vers le nord et ils sont arrivés au Proche-Orient. Tout cela est plausible, voire probable, mais nous ne possédons aucune trace, fossile ou archéologique, de ce déplacement : ni le long de la vallée du Nil, ni dans le Sinaï, ni dans la péninsule Arabique. Notre seule certitude nous vient de fossiles prouvant sans conteste la présence d'hominiens, il y a 1 800 000 ans, dans les vallées de la Géorgie.

Ce sont de très belles régions, et elles devaient déjà l'être par le passé. Dans les environs de Dmanissi, le site d'où proviennent les fossiles rattachés à l'espèce *Homo georgicus*, il pleuvait beaucoup et le paysage abondait en forêts et en lacs qui en faisaient un endroit à la fois agréable à vivre et propice à la chasse. Le crâne qui a servi de point de départ à la reconstitution d'Élisabeth Daynès (Dmanissi 2) a été attribué à une jeune femme. Comparé au nôtre, son front est encore très fuyant ; son visage s'étire au contraire vers l'avant, comme chez les singes et nos ancêtres les plus lointains, et ses narines sont larges. Quant à son expression inquiète, elle s'explique sans doute par les multiples dangers que le monde de son temps devait présenter, pour elle et ses semblables. Cela étant, sur d'autres reconstitutions, elle semble plus sereine, ce qui correspond peut-être tout autant à la réalité. Nous sommes en effet enclins à prêter spontanément aux hommes des cavernes (notre Dmanissi 2 habitait sans doute un abri naturel) l'agitation ou l'anxiété que nous ressentirions si nous étions aussi exposés qu'eux aux prédateurs et aux intempéries, en oubliant au passage qu'ils y étaient habitués. Pour ma part, je serais plutôt tenté de penser qu'ils ne vivaient pas dans un état d'angoisse permanente.

Le volume crânien de Dmanissi 2 (650 centimètres cubes) est encore modeste : inférieur à celui du garçon du Turkana et encore proche de celui d'*Homo habilis*, plus ancien. Toutefois, et c'est ici l'une des singularités d'*Homo georgicus*, on a découvert, sur le site de Dmanissi, cinq crânes très différents les uns des autres non seulement par leur taille (les cerveaux allant de 540 à 770 centimètres cubes), mais encore par la forme de la calotte et de la mandibule. À tel point que, selon l'anthropologue suisse Christoph Zollikofer, si nous les avions découverts en des endroits éloignés les uns des autres, nous les aurions sans doute attribués à des espèces différentes. D'ailleurs, à en croire Ian Tattersall, longtemps conservateur au Muséum d'histoire naturelle de New York, plusieurs espèces humaines seraient représentées à Dmanissi. Leurs fossiles proviennent néanmoins tous du même endroit, et ils ont le même âge (*à 10 000 ans près*, il est bon de le rappeler). Alors de deux choses l'une : soit nous sommes en présence d'un cas, possible mais très inhabituel, de cohabitation entre différentes espèces humaines ; soit il existait de fortes différences d'aspect chez les membres d'une seule et même espèce. Un peu comme aujourd'hui, soit dit en passant. Dès lors, on comprendra sans difficulté pourquoi il a fallu de si longues discussions pour donner un nom aux fossiles de Dmanissi. Les paléontologues géorgiens qui avaient mis au jour les deux premiers les avaient classifiés au sein d'une espèce asiatique bien connue du genre *Homo*, *Homo erectus*, dont nous parlerons dans le prochain chapitre. Les analyses menées par Tattersall en collaboration avec Schwartz et Chi ont cependant montré que cette classification est erronée, tout comme l'idée selon laquelle les crânes de Dmanissi pourraient être rattachés à l'espèce africaine du garçon du Turkana, *Homo ergaster*. En fin de compte, presque tout le monde parle désormais d'*Homo georgicus*, malgré la subsistance de certains doutes (nous reviendrons dans le dernier chapitre sur la signification précise du mot « espèce »).

L'un des quatre crânes, Dmanissi 4, appartenait à un homme adulte qui, au moment de sa mort, n'avait plus qu'une dent. Leurs alvéoles s'étant remplies de tissu osseux, comme cela nous arrive à nous aussi lorsqu'on nous arrache une dent, nous sommes certains qu'il avait perdu toutes les autres de son vivant. Sachant par ailleurs que ce processus de remplissage dure plusieurs mois, il en découle que pendant des mois, voire des années, quelqu'un s'est occupé d'un handicapé, lui a apporté sa nourriture et l'a même broyée, sans doute avec une pierre, pour qu'il puisse l'avaler. Des temps préhistoriques très éloignés nous offrent ainsi le témoignage d'un lien affectif allant bien au-delà des soins ordinaires que les parents accordent à leurs enfants et laissant supposer que la cohésion du groupe, sa tendance à la collaboration et à l'entraide ont été un facteur déterminant pour la survie de ces petites créatures dans un monde impitoyable.

Ajoutons maintenant quelques mots sur l'histoire de ces découvertes. À Dmanissi, on travaillait depuis longtemps à l'excavation de la ville médiévale, située au confluent de deux rivières sur une colline, où se trouvent une cathédrale du VIe ou du VIIe siècle, des fortifications, des ruines de bâtiments thermaux, de boutiques et de deux cimetières, l'un musulman et l'autre chrétien. Lorsque les archéologues ont découvert des fossiles d'animaux très anciens, des outils en pierre et une mâchoire de primate ayant conservé toutes ses dents, les paléontologues ont pris le relais, sous la direction de David Lordkipanidze. Ils ont aussitôt remarqué que les dents de cette mâchoire étaient en bon état, peu usées, et qu'elles avaient donc appartenu à un individu mort jeune, peut-être vers vingt ans : en l'occurrence, notre Dmanissi 2. Entre 1999 et 2015, Lordkipanidze et son équipe ont mis au jour les autres crânes, et c'est alors qu'ont commencé les discussions sur leur identité. Mais quelle que soit la classification retenue, aucun doute ne demeure quant à leur datation : des analyses très sophistiquées, dites en termes techniques « paléomagnétiques », ont permis de dater à 1,8 million d'années la couche de basalte sur laquelle ils reposaient.

L'enjeu n'est pas des moindres. Jusqu'à la découverte d'*Homo georgicus*, on n'avait retrouvé en Europe et dans ses environs qu'un tout petit nombre de fossiles, tous d'âge incertain et très incomplets. On pensait que les premiers membres du genre *Homo* à avoir quitté l'Afrique l'avaient fait il y a 1 million d'années, dans la mesure où ses représentants les plus archaïques, tel *Homo habilis*, auquel *Homo georgicus* ressemble par la taille et par les dimensions du crâne, avaient des jambes courtes et un cerveau peu volumineux. La mise au jour d'*Homo georgicus* a rebattu les cartes et reculé de près de 1 million d'années la première migration en provenance d'Afrique, ce qui soulève des problèmes peu banals. À Dmanissi, on constate la présence simultanée de caractéristiques archaïques (petite taille, front fuyant, cerveau peu volumineux) et de particularités modernes, y compris des proportions corporelles assez similaires aux nôtres et, surtout, des os de la cheville, de l'astragale et du métatarse déjà susceptibles de permettre, comme l'a écrit Lordkipanidze, « une meilleure performance locomotrice terrestre ». L'époque de Lucy est bien loin, et l'on regarde dorénavant les arbres de bas en haut.

Ces observations soulèvent à leur tour deux questions d'ordre plus général. Pourquoi migre-t-on ? Quelles sont les conséquences des migrations ? Au prix d'une schématisation dont je m'excuse auprès des spécialistes en la matière, je dirais qu'aujourd'hui les hommes migrent soit parce qu'ils le veulent (parce qu'ils espèrent trouver ailleurs des conditions de vie plus satisfaisantes), soit parce qu'ils y sont contraints (parce que leur existence est devenue si difficile que partir est la seule solution envisageable). J'ai du mal à imaginer qu'il y a 2 millions d'années certains de nos ancêtres aient voulu migrer : ils n'avaient pas de cartes géographiques, ils ne savaient pas ce qu'ils allaient trouver, et même s'ils l'avaient su, ils ne disposaient pas nécessairement des outils linguistiques adéquats pour en discuter entre eux. Ils se nourrissaient des fruits qu'ils cueillaient, des animaux qu'ils parvenaient à chasser et parfois des carcasses abandonnées par un prédateur plus fort qu'eux. Ils avaient beau être semi-nomades, cela n'implique pas qu'ils aient parcouru de grandes distances. Ils se déplaçaient sans doute souvent, mais sur un espace restreint, au gré des saisons, un peu comme les ours qui, en hiver, descendent dans la vallée, et remontent en altitude avec l'arrivée de l'été.

À l'époque d'*Homo georgicus* (et longtemps encore après), nos ancêtres ont migré par nécessité lorsque l'équilibre s'est rompu entre deux éléments : le premier lié à l'environnement (la quantité de ressources disponibles sur place), et le second à la population (la quantité de personnes appelées à se les partager). Tant que l'équilibre se maintient, il n'existe aucune raison de partir. En revanche, lorsque les ressources se raréfient ou que l'on est trop nombreux à en avoir besoin et qu'il faut combattre pour s'en emparer, prendre le risque de partir devient avantageux ou inévitable. Ce sont peut-être des processus de ce type qui ont scellé le destin d'une espèce beaucoup plus proche de nous, l'homme de Néandertal. Et c'est peut-être pour ne plus avoir à obtenir leur nourriture de haute lutte que certains de nos ancêtres ont quitté l'Afrique et se sont dirigés toujours plus au nord, jusqu'au Caucase.

Quant à ce qui se passe lorsque les groupes se séparent et que certains migrent, c'est ici que la génétique entre en jeu. Quelques précisions techniques sont indispensables à la compréhension de mon exposé ; je tenterai d'être bref, et clair. L'ADN contient des traces de nos vicissitudes passées, de notre histoire, traces que nous sommes en train d'apprendre à déchiffrer. Présent dans toutes les cellules d'une même personne, il y est en substance identique partout et contenu dans 46 longues chaînes, les chromosomes. Quatre types de molécules, ou bases, sont alignées sur chacun d'eux : l'adénine, la cytosine, la guanine et la thymine, que l'on désigne en abrégé au moyen des lettres A, C, T et G. La succession ou séquence des bases de l'ADN porte inscrites les instructions qui conduisent l'ovule de la mère fécondé par le spermatozoïde du père à se multiplier jusqu'à la production des 35 000 milliards de cellules dont nous sommes constitués, puis à assurer leur fonctionnement. La séquence de A, C, T et G compose ainsi une entité tout à fait similaire à un texte ayant pour signification les protéines dont nous sommes formés : comme nous l'a appris le grand biologiste Francis Crick, *c'est l'ADN qui fabrique des protéines, et non pas l'inverse.* Mais en plus de cela, il fabrique aussi d'autres ADN. Toute division cellulaire est en effet précédée d'une réplication de l'ADN : chaque chromosome se partage en deux copies fidèles, que l'on retrouve dans les deux cellules-filles qui dérivent de la division. Et c'est ainsi que le message contenu dans l'ADN se transmet à travers les divisions cellulaires et les générations. Voilà pour la théorie. Mais si, dans les faits, les choses se déroulaient exactement comme cela, un ADN donné produisant toujours les mêmes protéines, nous serions tous identiques. Or, nous ne le sommes pas. Les protéines dont je suis fait ne sont pas toutes semblables à celles d'autrui. Ces différences, dont l'ensemble constitue la biodiversité humaine, sont dues aux erreurs qui, rarement mais à intervalles réguliers, apparaissent lors de la copie de l'ADN. Elles sont appelées mutations et provoquent de légères différences dans la séquence de l'ADN : un C à la place d'un T, un A à la place d'un G, et ainsi de suite. En définitive, ce que nous appelons la diversité biologique humaine est le résultat de mutations accumulées tout au long de notre histoire. (Nous y reviendrons au chapitre V et, plus en détail, au chapitre VIII.)

Il existe une théorie assez développée concernant la façon dont l'évolution agit sur l'ADN, et l'on peut même la vérifier par ordinateur au moyen de simulations. Ainsi, on sait très bien ce qui se passe lorsqu'un ou plusieurs petits groupes se dissocient d'une population, chacun continuant ensuite à évoluer pour son propre compte : d'une part, ces groupes perdent en diversité interne ; de l'autre, chaque groupe devient de plus en plus différent des autres. Tout se passe un peu comme lorsque des bateaux d'une même flotte, après une tempête, se dispersent au gré des vents et des courants ; voilà pourquoi l'on parle, en l'occurrence, de dérive génétique. On pourrait aussi, pour décrire ce phénomène, prendre l'image d'une fête où un bocal contiendrait des bonbons de dix goûts différents. Supposons qu'en partant, un invité en attrape une poignée ; selon toute probabilité, elle n'inclura pas les dix goûts et n'en contiendra que quatre ou cinq. De manière analogue, lorsqu'un groupe d'individus se dissocie d'une population plus importante, ses membres n'emportent avec eux qu'une partie des variantes génétiques présentes dans la population d'origine. Pire encore : si ce groupe demeure restreint, à chaque génération les variantes les plus rares risquent d'être perdues, et donc de ne pas être transmises à la génération suivante. À long terme, au sein des populations isolées, la diversité génétique ne fait donc que diminuer.

Dans le même temps, à l'inverse, les différences d'un groupe à l'autre ne font qu'augmenter. Imaginons maintenant qu'à la fête évoquée plus haut, trois ou quatre invités prennent une poignée de bonbons en quittant les lieux. Il est hautement probable que chacun d'eux emporte un assortiment différent de celui des autres. De même, lorsque plusieurs groupes isolés se dissocient d'une population jusque-là homogène génétiquement, chacun d'eux emporte avec lui sa propre combinaison particulière de variantes génétiques, distincte de celle des autres. Et ce phénomène statistique, qui porte le nom d'effet fondateur, sera d'autant plus marqué que les groupes en question seront petits et isolés.

De plus, les mutations de l'ADN accroîtront elles aussi les différences entre les groupes, s'ils restent isolés. Avec le temps, de nouvelles mutations apparaîtront en leur sein, et elles ne seront pas les mêmes que chez les autres. Peu à peu, chaque groupe développera un ensemble de variantes génétiques que les autres n'ont pas. Le seul moyen de l'éviter consiste à multiplier les contacts avec l'extérieur. En cas d'échanges migratoires, les mutations circuleront et les effets de la dérive génétique seront atténués. En somme, la théorie nous apprend que les petits groupes très isolés tendent à se différencier vite, sauf s'ils entretiennent avec d'autres groupes des échanges migratoires fréquents.

Même si nous ne connaissons pas l'ADN d'*Homo georgicus* et des autres espèces humaines les plus anciennes, nous sommes en droit de supposer que durant la période africaine de nos origines, des populations peu nombreuses disposaient de beaucoup d'espace. En outre, la division en petits groupes obéissait à une raison pratique : pour s'alimenter, il leur fallait chasser presque tous les jours avec succès. En se séparant et en partant à la chasse chacun de son côté, ils multipliaient leurs chances qu'au moins un groupe trouve de la nourriture et survive jusqu'à la génération suivante. Pendant des centaines de milliers ou des millions d'années, leur isolement et leurs échanges migratoires limités ont conduit les espèces humaines les plus anciennes à se différencier. Plusieurs d'entre elles se sont engagées dans une impasse et ont fini par s'éteindre ; d'autres ont survécu, sans quoi vous ne seriez pas aujourd'hui occupés à me lire.

Enfin, compte tenu de la tendance de notre volume cérébral à augmenter au fil du temps, il semble peu probable qu'*Homo georgicus* soit issu d'*Homo ergaster*, qui était doté d'un plus gros cerveau. Il paraît plus vraisemblable qu'avant l'apparition d'*Homo ergaster*, les représentants d'une autre espèce humaine, dont nous ignorons peut-être tout, ont pris la direction du nord, bien entendu sans savoir où ils allaient. Avec sa petite tête et ses pieds si adaptés à la marche, *Homo georgicus* témoigne de la longueur du chemin parcouru.

POUR APPROFONDIR

Bien que ce ne soit pas strictement nécessaire, les lecteurs désireux d'acquérir des notions de base sur la dérive génétique et sur d'autres aspects de la génétique des populations liront avec profit l'ouvrage de John H. Relethford : *Human Population Genetics* (Hoboken, New Jersey, Wiley-Blackwell, 2012).

Le 19 septembre 1957, au congrès de la Society for Experimental Biology de Londres, Francis Crick, qui avait découvert avec James Watson et Rosalind Franklin la structure en double hélice de l'ADN, a déclaré ceci : « Après son entrée dans une protéine, une information ne peut plus en sortir. » En d'autres termes, l'information représentée par la séquence des bases de l'ADN est traduite par la cellule en la séquence des composantes des protéines, les aminoacides ; le contraire, à savoir d'éventuelles répercussions sur l'ADN de changements intervenus au sein des protéines, ne se produit jamais. Le passage de l'information nécessite par ailleurs une étape intermédiaire, qui relève de l'ARN. Cette notion, que Crick lui-même a ironiquement baptisée « dogme central de la biologie » (inutile de préciser qu'en science il n'y a pas de dogme), est communément résumée par la formule : « L'ADN fabrique l'ARN et l'ARN fabrique les protéines, jamais l'inverse. »

Lordkipanidze D. *et al.*, « Postcranial Evidence from Early *Homo* from Dmanisi, Georgia », *Nature*, 449, 2007, p. 305-310.

Dmanissi 2 – *Homo georgicus*

Lordkipanidze D., Ponce de León M. S., Margvelashvili A., Rak Y., Rightmire G. P., Vekua A., Zollikofer C. P. E., « A Complete Skull from Dmanisi, Georgia, and the Evolutionary Biology of Early *Homo* », *Science*, 342, 2013, p. 326-331.

Schwartz J. H., Tattersall I., Chi Z., « Comment on "A Complete Skull from Dmanisi, Georgia, and the Evolutionary Biology of Early *Homo*" », *Science*, 344, 2014, p. 360.

Trinil,
il y a 500 000 ans

IV
Trinil, il y a 500 000 ans

Loin là-bas, en Asie, le feu : *Homo erectus*

Découvert en 1891 par Eugène Dubois près du Solo, un fleuve de Java, en Indonésie

Connu par une voûte crânienne, un fémur et une dent

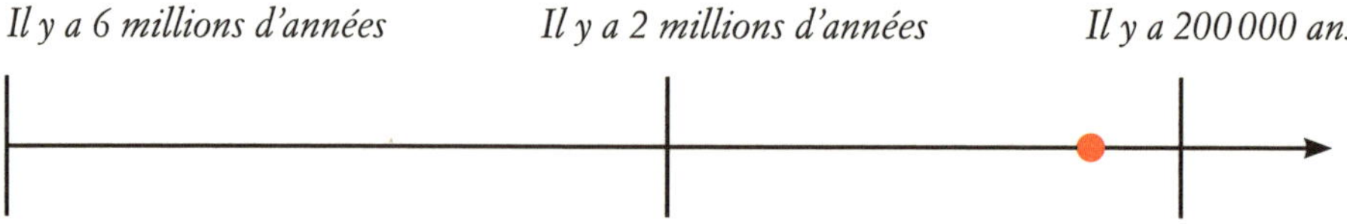

Le mot « pithécanthrope » est tombé en désuétude, mais certains de mes lecteurs l'ont peut-être en mémoire. Il était utilisé, même dans le langage courant, pour fustiger les individus aux goûts ou aux comportements jugés primitifs : en grec ancien, *pithekos* signifie « singe », et *anthropos* « homme ». À mi-chemin entre les deux, il y a le pithécanthrope, cette femme enjouée de la page précédente, quelque peu échevelée, qui semble se demander s'il faut ou non nous prendre au sérieux. Comme d'autres fossiles que nous avons déjà rencontrés ou que nous rencontrerons plus loin, il a changé plusieurs fois de nom : homme de Java, anthropopithèque, pithécanthrope, *Homo erectus*. Disons-le d'emblée : son image, réalisée pour le Muséum royal d'histoire naturelle de Leyde, aux Pays-Bas, est l'une de celles qui ont demandé le plus d'imagination aux artistes ; on dispose en effet pour tout ossement d'une dent, d'une calotte crânienne et d'un fémur, conservés dans le même musée. Cela étant, il serait injuste d'accuser les artistes d'avoir élaboré une œuvre de pure fantaisie : nous possédons en effet de nombreux fossiles d'*Homo erectus*, même si celui de Leyde a été découvert en premier (sa mise au jour remonte à 1891) ; Adrie et Alfons Kennis ont supposé, à juste titre, que ces fossiles avaient beaucoup de points communs, et il en est résulté la reconstitution visible sur la photographie, où les cheveux épais masquent la caractéristique la plus évidente de la voûte crânienne, à savoir sa petitesse. Or un front bas trahit un manque de développement du cortex frontal, une région du cerveau qui revêt pour nous une importance considérable : le cerveau d'*Homo erectus*, que nous ne connaissons pas, n'était donc assurément pas semblable au nôtre. Enfin, le front qui dépasse au-dessus des yeux curieux et attentifs de cette femme forme une sorte d'auvent caractéristique de nombreuses espèces humaines, mais pas de la nôtre.

Au moment de sa découverte sur l'île de Java, en Indonésie, il s'agissait du plus ancien fossile humain. Sa nature de fossile était d'ailleurs évidente, de même que son ancienneté ; en revanche, son rattachement à l'humanité a fait l'objet d'un long et âpre débat. De fait, l'un des aspects les plus difficiles à accepter des théories darwiniennes a toujours été le constat que l'homme tire son origine d'ancêtres non humains. En 1871, Darwin le reconnaissait lui-même avec une certaine ironie :

> « Les Simiadés se sont séparés en deux grandes branches, les singes du Nouveau Monde et ceux de l'Ancien Monde ; et c'est de ces derniers qu'à une époque reculée a procédé l'homme, la merveille et la gloire de l'univers. Nous sommes ainsi arrivés à donner à l'homme une généalogie prodigieusement longue, mais, il faut le dire, de qualité peu élevée. »

En l'état actuel de nos connaissances, le débat est tranché : la vie est apparue sur Terre il y a un peu moins de 4 milliards d'années ; les vertébrés, il y a un peu plus d'un demi-milliard d'années ; les mammifères, il y a environ 200 millions d'années ; *Homo sapiens*, il y a 200 000 ans. En remontant le cours de notre généalogie, on rencontre inévitablement non pas un, mais plusieurs ancêtres non humains, en grande partie inconnus. L'existence d'ancêtres communs à l'homme et aux singes n'est pas une hypothèse fondée sur les théories darwiniennes, c'est un fait prouvé par des fossiles : Darwin n'a fait qu'en prendre conscience avant tout le monde. Cela vaut d'ailleurs pour la totalité du vivant : les animaux, les plantes et même les bactéries ont évolué à partir d'ancêtres différents d'eux, et d'autant plus différents que l'on recule dans le temps.

À la fin du XIXe siècle, on avait peu de connaissances et beaucoup de préjugés. Les fossiles à notre disposition montraient que la flore et la faune avaient changé au fil du temps, mais aucun d'eux ne démontrait que ç'avait aussi été le cas pour le squelette humain : on se heurtait au fameux problème du « chaînon manquant », des ancêtres dont nous ne savons rien et que nous ne pouvons qu'imaginer. En réalité, le premier fossile humain, le célèbre homme de Néandertal, avait été mis au jour dès 1856, trois ans avant la publication de *L'Origine des espèces*. Mais une violente polémique autour de son statut avait suivi cette découverte : pour les uns, il s'agissait bien d'un homme archaïque ; pour d'autres, il s'agissait plutôt d'un homme moderne difforme. Certains savants, à vrai dire de plus en plus isolés, rejetaient en bloc la théorie de l'évolution. Un grand nombre de leurs confrères, tout en acceptant le darwinisme dans son principe, estimaient que nos capacités intellectuelles supérieures nous avaient dispensés des efforts requis par la sélection naturelle. Ce n'étaient pas des fondamentalistes religieux, et l'on comptait parmi eux d'éminentes personnalités de la science et de la médecine. Le grand pathologiste allemand Rudolf Virchow qualifiait par exemple les théories darwiniennes d'attaque contre les fondements moraux de la société et n'hésitait pas à écrire, en 1877 :

« Des formes intermédiaires ne sont imaginables qu'en rêve. [...] Nous ne saurions enseigner, ou accepter comme un fait acquis, que l'homme descende du singe ou de n'importe quel autre animal. »

C'était aussi l'opinion d'un personnage du dernier roman de Thomas Mann, *Les Confessions du chevalier d'industrie Felix Krull*. Dissimulé sous la fausse identité du marquis de Venosta, Krull rencontre, dans le wagon-restaurant d'un train à destination de Lisbonne, le professeur Kuckuck, un paléontologue qu'il interroge alors sur les dernières découvertes scientifiques :

« – Mais l'homme, on entend toujours dire qu'il descend du singe ?

– Mon cher marquis, disons plutôt : il est issu de la nature, il prend ses racines en elle. Nous ne devrions peut-être pas nous laisser trop aveugler par la ressemblance de son anatomie avec celle du singe le plus évolué. On a fait déjà trop d'embarras à ce sujet. Les petits yeux bleus frangés de cils et la peau du porc offrent plus d'analogie avec l'humain qu'un chimpanzé quelconque [...]. Il n'y a pas eu une génération spontanée, mais trois : l'être jaillissant du néant, la vie issue de l'être et la naissance de l'homme. »

Ces propos expriment bien les convictions de Virchow, et atteignent d'emblée leurs limites : si l'on n'accepte pas l'évolution, si nous ne sommes pas plus parents des singes que des porcs, ces trois étapes de l'histoire de la vie sur Terre apparaissent incompréhensibles. Virchow, et Kuckuck après lui, tente de les justifier en recourant à une notion encore plus incompréhensible, ces mystérieuses « générations spontanées ». Toujours est-il que ce dialogue montre à quel point, dans la première moitié du XXe siècle, le débat sur l'évolution humaine ne se limitait pas à un cercle restreint de spécialistes et passionnait aussi un large public cultivé.

Adversaire acharné de Virchow, fervent partisan de l'évolution darwinienne, naturaliste, excellent dessinateur, Ernst Haeckel baptisa « pithécanthrope » le chaînon manquant entre le singe et l'homme, dont on ne savait pourtant rien à son époque : « À la fin du XIXe siècle, la diffusion de la théorie de l'évolution passait davantage par ses textes que par toute autre source, y compris les ouvrages de Charles Darwin lui-même », écrit à ce sujet l'historien des sciences Robert Richards. Quoi qu'il en soit, l'apostolat de Haeckel aboutit à des résultats spectaculaires. Lecteur assidu de ses publications, le médecin hollandais Eugène Dubois se fixe pour tâche de retrouver le « chaînon manquant ». Il travaille alors à l'université d'Amsterdam et il a déjà dirigé des fouilles en Europe, mais il est convaincu que l'origine de l'homme doit être recherchée ailleurs, et plus précisément sous les tropiques. Il donne donc sa démission, s'enrôle dans l'armée et obtient d'être envoyé avec sa femme et son fils aux Indes néerlandaises, l'actuelle Indonésie. Ses conditions de travail, en pleine forêt, sont épouvantables. Plusieurs de ses collaborateurs prennent la fuite ; l'un d'eux meurt ; Dubois ne renonce pas pour autant. Il mène des fouilles d'abord à Sumatra, puis à Java. En 1891, sur le site de Trinil, il obtient la juste récompense d'une détermination inébranlable, découvre la dent, la calotte et le fémur – aujourd'hui conservés au Muséum de Leyde – et les attribue à une espèce « intermédiaire entre l'homme et le singe », qu'il appelle « anthropopithèque » avant d'adopter le terme inventé par Haeckel, *Pithecanthropus erectus*. Mais nous n'en sommes encore qu'au début d'une histoire riche en rebondissements.

De retour en Europe, Dubois ne reçoit pas l'accueil triomphal auquel il s'attendait. Les doutes sont nombreux : l'homme de Java est peut-être un homme difforme, voire, tout simplement, un singe. Dubois aggrave en outre sa situation lorsqu'il a la maladresse d'écrire que l'homme de Java « ressemble à un gibbon géant ». Il entend ainsi mettre l'accent sur la composante simiesque de l'anatomie de son fossile, mais de fait il finit par renforcer la position des savants convaincus qu'il n'a découvert que des os de singe. D'une certaine manière, Darwin aussi, bien que mort à cette date, apporte des arguments aux contradicteurs du médecin hollandais : il a en effet affirmé que, dans la mesure où les gorilles et les chimpanzés, qui sont nos plus proches parents, vivent en Afrique, il est logique de penser que l'espèce humaine est apparue sur ce continent (et une fois encore, il a vu juste). L'idée que Dubois ait pu retrouver le « chaînon manquant » en Asie déconcerte ainsi même les darwiniens les plus convaincus ; aucun d'entre eux ne peut imaginer qu'en réalité il n'y a pas un mais plusieurs « chaînons manquants ». Bien que ses mérites soient reconnus au fil du temps, Dubois s'isole de plus en plus de la communauté scientifique et vieillit dans l'amertume.

Entre-temps, les fouilles se sont poursuivies et plusieurs nouveaux squelettes ont été exhumés, toujours à Java et surtout près de Pékin, à Choukoutien, l'actuelle Zhoukoudian, où ils sont d'abord attribués à une espèce baptisée *Sinanthropus pekinensis*. Se pose alors la question de savoir si le *Pithecanthropus* et le *Sinanthropus* sont deux genres distincts, ou bien deux espèces appartenant au même genre. Jusqu'au milieu du XXe siècle, il sera impossible d'y répondre, étant donné l'extrême confusion qui règne encore dans la taxonomie humaine.

La taxonomie, c'est-à-dire la classification scientifique des organismes, est née au XVIIIe siècle avec le grand naturaliste suédois Carl von Linné. Il a en effet été le premier à attribuer un nom de famille et un prénom, à savoir un genre (avec une majuscule) et une espèce (en minuscules), à tous les organismes vivants : *Homo sapiens*, *Felis catus* (le chat), *Quercus robur* (le chêne), et ainsi de suite. Les genres sont ensuite regroupés en familles (nous sommes des hominidés), les familles en ordres (nous sommes des primates), les ordres en classes (nous sommes des mammifères), les classes en embranchements (nous sommes des vertébrés) et les embranchements en règnes (ici, une nouveauté : nous n'appartenons plus au règne animal, comme on nous l'a appris à l'école, mais, comme les plantes et à l'exclusion des bactéries, à celui des eucaryotes). Linné était par ailleurs créationniste, comme tout le monde à son époque : il pensait que les espèces avaient toujours été les mêmes, qu'elles étaient immuables. En son temps, la taxonomie avait donc à accomplir une tâche certes ambitieuse, mais conceptuellement assez simple : mettre la bonne étiquette sur chacune des multiples espèces existantes. Avec Darwin, et déjà avant lui avec Lamarck, on a découvert que les espèces changent avec le temps, qu'elles sont issues de l'évolution des espèces précédentes. Dès lors, les genres, les familles et les ordres ne sont plus de simples regroupements d'organismes présentant des ressemblances ; ils renvoient à des ancêtres communs, plus ou moins éloignés, qui nous ont légué ces similitudes. Dans les dernières pages de *L'Origine des espèces*, Darwin l'a d'ailleurs affirmé haut et fort : « Nos classifications sont appelées à devenir, autant que possible, des généalogies. » La mise en œuvre de ce programme ne va cependant pas sans difficultés : c'est seulement depuis quelques années que la comparaison des ADN de divers organismes nous permet de mesurer les niveaux de similitude entre espèces, et ensuite de construire des généalogies n'ayant rien de subjectif. En tout état de cause, au XXe siècle, la combinaison des théories de Darwin et des découvertes de la génétique a confirmé l'hypothèse selon laquelle les organismes évoluent par étapes, en vertu des principes de la sélection naturelle.

Les paléoanthropologues ignoraient ou négligeaient ces nouveautés. On pouvait leur accorder le bénéfice de circonstances atténuantes : formés à l'étude de l'anatomie, ils exerçaient une spécialité consistant pour l'essentiel à identifier des ossements, même à partir de fragments minuscules. C'étaient en quelque sorte des disciples attardés de Linné, qui baptisaient d'un nouveau nom chaque fossile mis au jour, avec une parfaite insouciance. Jusqu'au jour où quelqu'un les a obligés à ouvrir les yeux. En 1950, on comptait 15 genres humains, allant d'*Australopithecus* à *Homo* en passant, entre autres, par *Palaeoanthropus*, *Protanthropus*, *Africanthropus*,

Pithecanthropus et *Sinanthropus* : ce chiffre déraisonnable suscitait la désapprobation des zoologistes et des botanistes, qui, fatigués de ne pas être entendus, ont fini par organiser un colloque à Cold Spring Harbor, près de New York. Devant un parterre de paléoanthropologues d'abord embarrassés, puis résignés, les principaux représentants de la pensée évolutionniste ont mis en pièces les classifications existantes. Le plus sévère d'entre eux, Ernst Mayr, enseigna pendant plus d'un demi-siècle à l'université Harvard. C'est lui qui a jeté les fondements de la taxonomie moderne grâce à sa définition du concept biologique d'espèce, que l'on peut schématiquement illustrer de la manière suivante : si l'âne et le cheval appartiennent à des espèces différentes, c'est parce que les animaux issus de leurs croisements, les mulets et les bardots, sont stériles (nous reviendrons, dans le dernier chapitre, sur les limites de ce concept). À Cold Spring Harbor, Mayr déclare que les noms en circulation impliqueraient une complexité de l'évolution humaine inouïe dans le monde des vivants, et qu'ils sont donc tous erronés. Selon lui, trois espèces suffisent au genre *Homo* : *transvaalensis* (que nous appelons aujourd'hui « australopithèque »), *erectus* et *sapiens*. Mayr crée ainsi *Homo erectus* en regroupant l'homme de Java, l'homme de Pékin et d'autres fossiles africains ou européens. Mieux encore : ces trois espèces seraient, à l'en croire, issues les unes des autres, selon une progression linéaire de modifications graduelles et inévitables ; on serait donc d'abord passé d'*Homo transvaalensis* à *Homo erectus*, puis d'*Homo erectus* à *Homo sapiens*, l'espèce la plus complexe.

La formidable simplification imposée par Mayr aux paléoanthropologues a eu le mérite de nous débarrasser d'un grand nombre d'étiquettes inutiles ou arbitraires ; elle a cependant vite atteint ses limites, dans les décennies suivantes, avec l'apparition de nouveaux fossiles. Elle péchait en effet par l'excès inverse, négligeant le fait que le passage d'une forme humaine à une autre n'a été ni linéaire ni inévitable. Nos cerveaux n'ont pas grossi peu à peu : certaines espèces se sont engagées dans des impasses et se sont éteintes ; et d'autres, par exemple l'homme de Néandertal, se sont éteintes alors même qu'elles disposaient d'un cerveau volumineux. En somme, Mayr avait réuni sous l'appellation *Homo erectus* des formes fossiles qui se ressemblent, certes, mais qui portent les traces d'existences menées dans des environnements bien distincts et éloignés les uns des autres (les steppes froides du nord de la Chine, les forêts chaudes et humides de l'Indonésie, l'Afrique, l'Europe…), et qui méritaient sans doute des noms différents. Aujourd'hui, seuls l'homme de Pékin et l'homme de Java sont classés au sein de l'espèce *Homo erectus*.

Permettez-moi à présent une petite digression. Lors d'un dîner à Florence en compagnie de Ian Tattersall, au dessert je lui ai demandé pourquoi, à son avis, Mayr avait eu autant d'influence. Tattersall est convaincu que, de toute sa vie, Mayr n'a jamais tenu un crâne humain entre ses doigts ; c'était un ornithologue, il avait des connaissances très limitées en anthropologie. Mais la force de ses arguments, qui n'avaient jamais été pris en considération jusque-là, ajoutée à la virulence de ses propos, a abasourdi et humilié les paléoanthropologues. Après Cold Spring Harbor, pendant des années, ils ont même évité de définir des espèces : pour ne pas risquer de se tromper, ils ont pris l'habitude de parler de leurs fossiles en les désignant uniquement sous le nom des sites où ils les avaient découverts. Dans certains cas, c'est inévitable, et je l'ai fait moi-même avec l'homme de Java et celui de Pékin. Il n'en demeure pas moins que la taxonomie, comme nous l'avons vu, apporte des points de repère indispensables, même si ce n'est pas une science exacte. Selon Tattersall, un cadre de référence plus équilibré est en train de prendre forme, et nous sommes amenés à reconnaître dans l'histoire de l'humanité *plusieurs lignes évolutives* : au lieu d'un progrès linéaire, de nombreuses tentatives parallèles dont une seule, celle d'*Homo sapiens*, a abouti jusqu'à nous.

Revenons maintenant à *Homo erectus*. Même en excluant les fossiles africains et européens (*Homo ergaster*, c'est-à-dire le garçon du Turkana, et *Homo heidelbergensis*, dont nous parlerons dans le prochain chapitre), cette espèce s'est maintenue sur une période d'une durée exceptionnelle. Selon les calculs de Yahdi Zaim et de ses collaborateurs, l'homme de Sangiran aurait vécu à Java entre 1 500 000 et 900 000 ans ; l'homme de Trinil, entre 540 000 et 430 000 ans (mais on a avancé, par le passé, un chiffre beaucoup plus élevé, jusqu'à 900 000 ans) ; l'homme de Ngandong, seulement 100 000 ans. On aurait donc ici la preuve d'une très longue occupation de l'île, qui se serait terminée avant l'arrivée d'*Homo sapiens* dans la région (ainsi, nous ne serions en rien responsables de sa disparition). Quant à la Chine, *Homo erectus* y serait arrivé il y a environ 800 000 ans, et il y serait resté jusqu'à il y a 280 000 ans. En résumé, à Java et à Pékin, on a sans doute retrouvé les vestiges de deux groupes d'*Homo erectus* qui, sortis d'Afrique ensemble, se sont séparés quelque part en Asie, ont évolué chacun de leur côté et se sont éteints indépendamment l'un de l'autre. Mais ici, les choses se compliquent à cause d'une mystérieuse affaire.

À partir des années 1920, les fouilles de Zhoukoudian avaient exhumé une quarantaine de squelettes d'*Homo erectus*, alors conservés au Peking Union Medical College. En 1941, sous la menace de l'avancée de l'armée japonaise, on les a déposés dans deux grandes caisses en bois, avec l'intention de les mettre en sécurité sur un navire américain ancré dans un port voisin, afin de les transporter à New York. Ces caisses ont alors disparu. Nul ne sait si les Japonais les ont saisies en cours de route et les ont ensuite abandonnées quelque part, si elles sont bien parvenues à bord avant que le navire soit coulé, ou si les os, pilés, ont servi d'ingrédient à des préparations de la médecine traditionnelle chinoise. En tout état de cause, d'autres fossiles ont été découverts après guerre à Zhoukoudian ; mais la collection initiale, perdue, avait été étudiée selon les méthodes de la première moitié du XXe siècle, assez rudimentaires par rapport aux nôtres.

En dépit de ces obstacles, nos connaissances se sont beaucoup enrichies. De nos jours, la définition d'*Homo erectus* a acquis des contours plus précis, grâce entre autres à l'exclusion des fossiles africains et européens que Mayr y avait intégrés. Sa capacité à se tenir debout nous est indiquée par son nom lui-même et il était par ailleurs plus grand que ses prédécesseurs, d'une taille parfois supérieure à 1,80 mètre. De même, le volume moyen de son cerveau, environ 1 000 centimètres cubes, était plus élevé que celui des formes humaines précédentes, mais encore bien loin du nôtre et de celui des Néandertaliens. À Java, on a mis au jour le crâne d'un enfant mort à un an, dont le cerveau devait mesurer environ les trois quarts de celui d'un adulte. On pourrait être tenté d'y voir un avantage, le gage d'un développement rapide de facultés cognitives vite amenées à des niveaux très avancés. On aurait tort. À la naissance, les poulains sont capables de se déplacer par leurs propres moyens et n'ont besoin de leurs parents que pendant une très courte période ; pour les bébés humains, c'est l'exact contraire. Mais la longue durée de l'enfance, de cette phase de dépendance envers les adultes, est justement la condition nécessaire à la transmission culturelle des parents à leur progéniture qui caractérise notre espèce. Grâce à cette enfance prolongée, les expériences passent de génération en génération et nos descendants ne sont pas contraints de tout réapprendre depuis le début. Chez *Homo erectus*, en raccourcissant l'enfance, le développement rapide du cerveau a fini par être un handicap.

D'autre part, un cerveau plus volumineux consomme davantage d'énergie et nécessite une nourriture abondante. Près des sites occupés par *Homo erectus*, on a retrouvé des os de grands mammifères : rhinocéros, éléphants, équidés et porcins. Selon toute apparence, les protéines animales jouaient un rôle fondamental dans son alimentation ; à tel point que, selon certains spécialistes, son extinction au Proche-Orient aurait été causée par celle, plus ou moins simultanée, de l'éléphant à défenses droites (*Palaeoloxodon antiquus*). Comme on pouvait s'y attendre, les différentes communautés d'*Homo erectus* adaptaient leur régime alimentaire en fonction des ressources disponibles. Sur le territoire de l'État d'Israël, il y a 700 000 ans, on mangeait des noix, des graines et des tubercules ; des restes de crustacés et de mollusques ont été retrouvés sur des sites proches de la côte, et des fossiles de crocodiles et de poissons-chats à proximité des lacs. Bien que la viande de la plupart de ces animaux soit coriace, *Homo erectus* semble avoir trouvé le moyen de la ramollir, il y a au moins 400 000 ou 300 000 ans. En les cuisant.

Traditionnellement, on attribue en effet à *Homo erectus* l'invention du feu. À Zhoukoudian, les surfaces de certaines grottes ont été noircies et l'on a décelé la présence de carbone dans le sol ; dans les deux cas, il s'agit sans doute des effets d'une combustion de bois. Nous ne savons pas si cela signifie qu'*Homo erectus* était capable d'allumer des feux par lui-même, ou s'il se contentait de conserver allumés des morceaux de bois frappés par la foudre. Surtout, nous ne savons pas non plus si d'autres espèces humaines antérieures avaient les mêmes capacités : les traces de l'utilisation du feu disparaissent en général très vite. Quoi qu'il en soit, nous sommes ici à l'un des tournants de notre histoire. Le feu nous a offert la possibilité de nous réchauffer, de nous éclairer, de garder à distance les animaux hostiles, de forger des outils de plus en plus sophistiqués et, bien sûr, de cuisiner.

L'adoption d'une nourriture cuite a peut-être joué un rôle clé dans le développement du cerveau humain. Dès 1876, Friedrich Engels développa cette hypothèse dans un essai intitulé *Le Rôle du travail dans la transformation du singe en homme.* Bien entendu, Engels n'avait pas la moindre idée de la qualité et de la quantité de fossiles et d'objets archéologiques qu'on allait découvrir au XXe siècle ; mais selon Richard Wrangham, primatologue à l'université Harvard, il pourrait avoir vu juste. Wrangham s'est interrogé sur la nature exacte de l'avantage apporté par la cuisson des aliments. Il pourrait résulter du fait que les aliments cuits sont, dans une certaine mesure, prédigérés, ce qui entraîne une économie d'énergie (jusqu'à 35 %, selon certaines études). La cuisson permettrait en outre d'exploiter un plus large éventail de ressources alimentaires. Enfin, les températures élevées tuent les bactéries, favorisant l'hygiène. En tout état de cause, il est avéré que les performances physiques des consommateurs d'aliments cuits sont nettement supérieures à celle des autres (par exemple certains aborigènes australiens dont le régime alimentaire se compose à 87 % d'aliments crus). Au vu de ces données, Wrangham interprète le développement du corps et du cerveau, observable entre *Homo habilis* et *Homo erectus*, comme la conséquence d'un accroissement de l'énergie disponible, dû à son tour au développement d'un régime cuit. Si tel est bien le cas, le mérite de cette innovation (et donc de l'utilisation systématique du feu) doit être mis au crédit de différentes espèces humaines, y compris *Homo erectus*, qui y seraient parvenues indépendamment les unes des autres, à des moments différents.

Une dernière question, pour conclure : qu'est-il arrivé à *Homo erectus* ? S'est-il tout simplement éteint ? A-t-il légué quelque chose aux espèces humaines ultérieures ? Aujourd'hui, plus personne n'oserait soutenir l'hypothèse de Mayr, qui voyait en lui l'ancêtre commun d'*Homo sapiens* et de l'homme de Néandertal. Cette idée avait toutefois abouti à une théorie qui connut un certain succès pendant une quarantaine d'années, la théorie multirégionale. Bien qu'elle ne soit plus du tout d'actualité, il vaut la peine d'en parler pour comprendre la progression parallèle des découvertes scientifiques et du débat théorique qu'elles nourrissent. Dans les années 1930, on avait noté plusieurs similitudes entre *Homo erectus* et les populations chinoises modernes, en particulier les incisives spatulées. On en avait conclu un peu vite qu'il aurait été l'ancêtre direct des Asiatiques actuels, que les Néandertaliens auraient été les ascendants des Européens et que les Africains auraient tiré leur origine d'espèces archaïques difficiles à définir. *Homo sapiens* aurait ainsi évolué de manière indépendante dans trois régions géographiques, voire cinq, selon certaines versions de la théorie multirégionale.

Une telle vision des choses se heurte à de nombreuses objections. En premier lieu, on n'a jamais observé, de tout le règne animal, un phénomène aussi étrange que la fusion de trois espèces en une seule. Lorsque différents groupes se séparent, nous l'avons vu plus haut, ils ont tendance à multiplier les différences entre eux et l'on ne voit pas bien comment ils pourraient, au bout du compte, se ressembler au point de pouvoir fusionner. En comparant des crânes modernes et archaïques provenant du monde entier, l'anthropologue argentine Marta Mirazón Lahr a montré qu'il ne fallait pas accorder trop de poids à la similitude (certes réelle) entre les incisives des Asiatiques de la préhistoire, *Homo erectus*, et celles des Asiatiques modernes, dans la mesure où il existe d'autres similitudes tout aussi évidentes entre des espèces humaines archaïques et modernes apparues sur des continents différents.

Enfin, la génétique a porté le coup de grâce à la théorie multirégionale ; elle a, pour le dire dans un style imagé, « planté le dernier clou dans son cercueil ». À ce jour, personne n'a encore réussi à obtenir et à étudier l'ADN d'*Homo erectus* ; en revanche, nous connaissons celui des Néandertaliens, qui forment une branche distincte de l'arbre généalogique de l'humanité, à égale distance des Européens et des Asiatiques. L'homme de Néandertal, en d'autres termes, est un cousin de tous les *Homo sapiens*, et non pas un ancêtre des seuls Européens. Au stade actuel de nos connaissances, il est légitime d'affirmer qu'une population d'origine africaine (dont nous parlerons dans les prochains chapitres) s'est répandue dans le monde entier et qu'elle y a donné naissance à *Homo sapiens*. Il s'agit là de ce qu'on appelle la théorie de l'origine africaine de l'homme moderne. On débat encore d'un certain nombre de ses aspects marginaux, mais pas du fait, désormais bien établi, que nous venons tous d'Afrique. *Homo erectus* n'a rien à voir avec tout cela, ce n'est pas un ancêtre direct de l'homme moderne : après une très longue existence qui n'a, je vous l'accorde, rien d'anodin, il s'est tout simplement éteint.

POUR APPROFONDIR

Je remercie Ian Tattersall pour les innombrables informations qu'il m'a fournies sur l'histoire de la paléontologie humaine lors de discussions prolongées devant des bouteilles contenant l'objet de la seconde passion de sa vie, les boissons fermentées, à propos desquelles il fait autorité. Voir *A Natural History of Wine*, 2014, et *A Natural History of Beer*, 2019, tous deux cosignés avec Rob DeSalle et publiés par la Yale University Press (New Haven et Londres).

La citation de Thomas Mann est extraite des *Confessions du chevalier d'industrie Felix Krull*, roman traduit de l'allemand par Louise Servicen, Paris, Albin Michel, « Bibliothèque Albin Michel », 1991, p. 308-309.

J'ai trouvé la citation de Virchow dans le livre de Ronald L. Numbers, *Antievolutionism before World War I : Volume 1*, Garland Reference Library of the Humanities, Taylor & Francis, Milton Park, 1995, p. 101.

Gowlett J. A. J., « The Discovery of Fire by Humans : A Long and Convoluted Process », *Philosophical Transactions of the Royal Society B*, 371, 2016.

Mayr E., « Taxonomic Categories in Fossil Hominids », *Cold Spring Harbor Symposia in Quantitative Biology*, 15, 1950, p. 109-118.

Richards R. J., « Ernst Haeckel : A Dream Transformed », in *Dreamers, Visionaries, and Revolutionaries in the Life Sciences*, sous la direction de

Harman O. et Dietrich M., The University of Chicago Press, Chicago et Londres, 2018, p. 35-50.

Sandgathe D., « Identifying and Describing Pattern and Process in the Evolution of Hominin Use of Fire », *Current Anthropology*, 58, 2017, S360-S370.

Tattersall I., « Paleoanthropology and Evolutionary Theory », *History and Philosophy of Life Sciences*, 34, 2012, p. 259-282.

Wrangham R., *L'intelligenza del fuoco. L'invenzione della cottura e l'evoluzione dell'uomo*, Turin, Bollati Boringhieri, 2014.

Zaim Y. *et al.*, « New 1.5 Million-Year-Old *Homo erectus* Maxilla from Sangiran (Central Java, Indonesia) », *Journal of Human Evolution*, 61, 2011, p. 363-376.

L'homme de Steinheim, il y a 350 000 ans

V

L'homme de Steinheim, il y a 350 000 ans

Une jungle généalogique : *Homo heidelbergensis*

Découvert par Fritz Berckhemer
et Max Bock en 1933
à Steinheim an der Murr,
près de Stuttgart

Connu seulement par son crâne

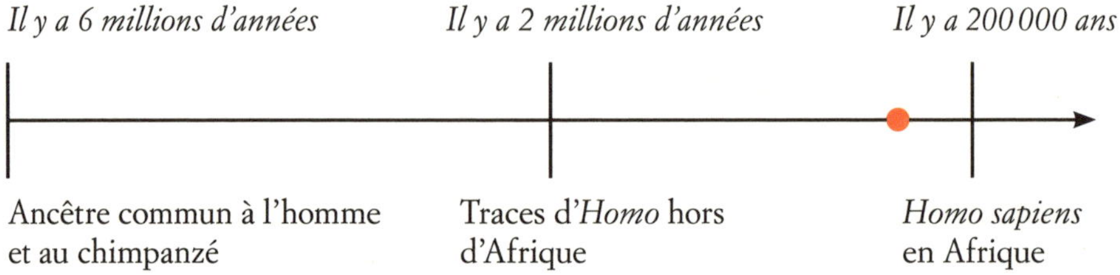

Il nous faut donc abandonner *Homo erectus* à son triste sort ; ce n'est pas de lui que nous descendons. Mais alors, de qui ? Les relations de parenté entre espèces humaines (la seule qui ait survécu et toutes celles qui ont disparu) sont complexes, souvent ambiguës et difficiles à analyser : elles ressemblent moins à un arbre généalogique qu'à une jungle. Nous pouvons toutefois raisonner à leur sujet, et la dame représentée sur la page précédente est une candidate sérieuse au statut d'ancêtre d'*Homo sapiens*. Elle provient de Steinheim an der Murr, en Allemagne, et elle est âgée de 350 000 ans. Cette ancienne habitante du Bade-Wurtemberg a encore une mâchoire beaucoup plus massive que nos mâchoires actuelles, je vous l'accorde, et elle est privée de menton : elle ne nous ressemble qu'en partie. Elle a toutefois un front plus large que tous ceux que nous avons rencontrés jusqu'à présent, ce qui montre que la forme de son cerveau commence elle aussi à se rapprocher de la nôtre. Et puis, avec ses 1 000 centimètres cubes (un litre), ce cerveau est plus volumineux que ceux des espèces humaines antérieures. Les conséquences de cet accroissement apparaissent d'emblée : notre jeune femme tient à la main une pierre tranchante, plus fine et mieux travaillée que les outils retrouvés sur les sites où vivait le garçon du Turkana (*Homo ergaster*) : au fur et à mesure que le cerveau grossit, la technologie devient plus sophistiquée. À Schöningen, toujours en Allemagne, on a mis au jour neuf javelots en bois de sapin et de pin, vieux de 300 000 ans. Cette découverte est d'une importance exceptionnelle, à la fois parce que les objets en bois se conservent rarement aussi longtemps et parce qu'il s'agit des plus anciennes armes de jet parvenues jusqu'à nous. Pour les réaliser, il a fallu du feu : *Homo heidelbergensis* n'avait pas seulement réussi à fabriquer des projectiles lui permettant d'atteindre ses proies à distance (y compris des chevaux, dont les ossements abondent à Schöningen) ; il utilisait aussi le feu pour les aiguiser et, selon toute probabilité, pour beaucoup d'autres choses. Enfin, triste précision : la dame de la photo souffrait d'un méningiome, une tumeur au cerveau. Si elle sourit malgré cela, c'est peut-être parce que ce type de tumeur se développe lentement, et il n'est pas certain qu'elle en ait trop souffert, ni même qu'elle en soit morte.

Ne nous laissons pas induire en erreur par son nom. Cette espèce humaine est appelée *heidelbergensis* parce que son premier fossile a été découvert dans les environs de Heidelberg, mais elle habitait dans plusieurs autres endroits, y compris en Asie et en Afrique. Et c'est justement là une des raisons de sa singularité : l'ancêtre commun d'*Homo sapiens* et des Néandertaliens (ancêtre qui, répétons-le, n'était pas *Homo erectus*) a dû se répandre sur un vaste territoire avant d'évoluer, d'une part, sous sa forme européenne (*Homo neanderthalensis*), et, d'autre part, sous sa forme africaine (*Homo sapiens*). Son anatomie devait par ailleurs ressembler à celle d'*Homo ergaster*, à partir de laquelle il avait peut-être évolué à son tour ; or, c'est précisément le cas d'*Homo heidelbergensis*. Au fil du temps, outre les ossements de Heidelberg (600 000 ans) et de Steinheim an der Murr, on a classé au sein de cette espèce des fossiles découverts à Ceprano, près de Rome (450 000 ans), à Petralona, en Chalcidique (700 000 ans), à la Caune de l'Arago, en France (peut-être 500 000 ans), à Dali et à Jinniushan, en Chine (environ

260 000 ans), à Kabwe, en Zambie (600 000 ans) et à Bodo, dans la vallée du Rift, en Éthiopie (600 000 ans).

La plupart de nos connaissances sur *Homo heidelbergensis* nous viennent cependant d'un site espagnol, Atapuerca, et en particulier de la Sima de los Huesos (le Puits des Os). Depuis les années 1990, on y a exhumé des milliers de fossiles appartenant à au moins 28 individus qui habitèrent là il y a environ 430 000 ans. Ils n'ont d'ailleurs pas vécu longtemps, puisqu'un seul d'entre eux avait plus de quarante-cinq ans au moment de sa mort. Certains de leurs crânes étaient assez gros et contenaient un cerveau d'une taille comparable à celle du nôtre. On a aussi découvert beaucoup d'ossements d'animaux, et en particulier d'ours des cavernes : la coexistence avec eux devait être difficile, mais il n'y avait, semble-t-il, pas d'autre solution. Les restes humains incluent un crâne d'enfant difforme, conséquence d'une grave maladie du développement, la craniosynostose, qui provoque une soudure trop rapide des os et qui est souvent due à un traumatisme survenu dans l'utérus pendant la grossesse. Malgré un tel handicap, cet enfant a survécu jusqu'à l'âge de cinq ans. Cela signifie nécessairement que des membres de sa communauté ont pris soin de lui, dans une société où trouver sa nourriture était pourtant une tâche quotidienne ardue. Ce n'est d'ailleurs pas une nouveauté : chez *Homo georgicus*, nous avons déjà observé un exemple d'assistance aux handicapés.

N'allons pas pour autant en conclure qu'à la Sima de los Huesos la concorde régnait sans partage, et ajoutons tout de suite qu'on y a aussi retrouvé les traces du plus ancien meurtre connu.

Le crâne 17 présente en effet, sur l'os frontal, deux trous produits par deux coups portés selon le même angle d'incidence. Les paléontologues de l'équipe dirigée par Juan Luis Arsuaga et Eudald Carbonell, qui ont supervisé toutes les recherches les plus importantes de la Sima de los Huesos, ont analysé ce crâne au microscope suivant les critères de la police scientifique. Ils en ont conclu que ces trous ne résultent pas de la morsure d'un animal carnivore, dont les dents auraient laissé d'autres marques faciles à reconnaître, et totalement absentes ici. Difficile d'imaginer par ailleurs qu'un événement accidentel ait pu se répéter deux fois en laissant deux marques identiques. L'explication la plus simple consiste à dire que les trous ont été produits avec l'intention de tuer, par une arme utilisée deux fois selon le même angle d'incidence et brandie lors d'un combat au corps-à-corps. L'aide aux handicapés et l'homicide ont donc tous deux une longue histoire, et de ce double point de vue aussi, *Homo heidelbergensis* nous a peut-être ouvert le chemin.

On s'est beaucoup interrogé sur les raisons de l'accumulation au même endroit d'un si grand nombre de corps. Arsuaga et ses collègues ont envisagé quatre hypothèses : phénomène géologique tel qu'un mouvement des eaux souterraines ; tanière où un animal carnivore traînait ses victimes pour les dévorer en toute tranquillité ; chute accidentelle de 28 individus dans un puits ; sépultures volontaires. Les deux premières hypothèses n'ayant finalement pas été retenues, de deux choses l'une : soit *Homo heidelbergensis* menait une vie téméraire, souvent interrompue par une chute fatale dans un trou (le crâne 17 appartiendrait alors à quelqu'un qui aurait été jeté dans ce même trou) ; soit on ensevelissait déjà les morts, il y a 430 000 ans, en des lieux qui leur étaient réservés. Faut-il en déduire qu'à la Sima de los Huesos, on pratiquait des rites funéraires ? Que les mentalités de ses habitants étaient déjà assez complexes pour imaginer une vie au-delà de la mort ? Je suis au regret d'avouer que je ne me sens pas en mesure de répondre à ces deux questions si délicates.

Je tiens en revanche à ajouter quelques mots sur un thème que nous nous sommes contentés d'effleurer dans le chapitre sur *Homo ergaster*. Au cours de l'évolution, notre cerveau et notre crâne sont devenus asymétriques ; en d'autres termes, les hémisphères gauche et droit ne sont pas spéculaires. En parallèle au développement de ces asymétries, nous avons commencé à utiliser une main plus volontiers que l'autre. Pour déterminer si une personne est droitière ou gauchère, il suffit d'observer son comportement, mais encore faut-il qu'elle soit vivante. Pour les morts, nous devons recourir à l'étude des crânes, à celle des outils en pierre et, ce qui vous surprendra peut-être, à celle de l'usure des dents. Sur les crânes, des scanners et des IRM permettent de déceler des différences parfois minimes entre les deux hémisphères cérébraux. Quant aux outils, dans de nombreux cas, leurs éraflures indiquent s'ils ont été fabriqués de la main droite ou de la main gauche. Une méthode similaire est applicable aux dents, que nos ancêtres utilisaient non seulement pour mâcher leur nourriture, mais aussi pour s'aider dans leurs opérations manuelles. Pendant qu'ils les effectuaient, il arrivait parfois qu'un morceau de leur outil en pierre se détache et laisse une petite marque sur leurs dents. Ils ne s'en rendaient peut-être même pas compte, ou peut-être au contraire lançaient-ils des imprécations préhistoriques avant de se remettre au travail. Des analyses microscopiques récentes ont révélé que sur 20 sujets étudiés à la Sima de los Huesos, 19 présentaient des microtraumatismes de ce genre sur la partie droite de leur denture : ils tenaient donc le matériau à transformer entre leur main gauche et leurs dents, et le façonnaient de la main droite. Plusieurs recherches menées ailleurs sur des crânes et des outils ont en outre confirmé la prédominance progressive, à travers les millénaires, de l'usage de la main droite. Une dernière curiosité : à la Sima de los Huesos, des signes d'usure sont apparus sur les dents d'un enfant de quatre ans ; *Homo heidelbergensis* nous a donc aussi précédés dans l'exploitation du travail des enfants.

En résumé, *Homo heidelbergensis* apparaît comme le candidat idéal au statut d'ancêtre commun à *Homo sapiens* et à l'homme de Néandertal. D'autant plus qu'une troisième espèce humaine, l'homme de Denisova, pourrait avoir la même origine. Si je ne lui consacre pas un chapitre à part, accompagné d'une reconstitution de son apparence, c'est parce qu'il ne reste presque plus rien de lui. La grotte de Denisova se trouve en Sibérie, dans les montagnes de l'Altaï. Elle doit son nom à un ermite, Denis, qui y vécut au XVIIIe siècle. Les fouilles menées par les archéologues russes pendant plus de cinquante ans ont permis de retrouver des outils datés de 50 000 à 30 000 ans, y compris une aiguille, qui pourrait être la plus ancienne connue à ce jour, et des ossements. La plupart de ces derniers appartenaient à des *Homo sapiens* ou à des Néandertaliens (nous en reparlerons dans les chapitres suivants), mais deux dents présentaient un aspect très particulier, de même qu'un os minuscule où l'on a reconnu, dans un second temps, la phalange d'un petit doigt. Aux basses températures de la Sibérie, l'ADN se conserve bien mieux que sous les climats chauds ; Svante Pääbo, un anthropologue et généticien dont nous reparlerons souvent, est parvenu à extraire de cette phalange un ADN en excellent état, qui n'appartient ni à *Homo sapiens* ni à l'homme de Néandertal. L'homme de Denisova est ainsi la première espèce décrite non pas sur le fondement de son anatomie, que nous ne connaissons pas, mais sur celui de son génome. Et son ADN nous autorise à affirmer qu'il est notre parent, bien qu'un peu moins proche que les Néandertaliens. À ce stade, je crains qu'une brève digression technique ne s'impose.

Comme nous l'avons vu plus haut, lorsque l'ADN est répliqué, des erreurs, appelées mutations, sont susceptibles de se produire. Ce sont des événements rares, rarissimes ; mais il faut d'un autre côté prendre en compte l'abondance de l'ADN dans nos cellules. En admettant qu'une erreur intervienne environ une fois sur un milliard, on peut s'attendre en moyenne à trois nouvelles mutations dans chaque ovule et dans chaque spermatozoïde, qui contiennent 3 milliards de bases. La suite dépend des conséquences de ces mutations, qui peuvent être considérables, légères ou inexistantes. Rappelons-nous en effet que seule une petite proportion de l'ADN, un quart tout au plus, est représentée par des gènes, c'est-à-dire contient les instructions nécessaires à produire les protéines dont notre corps est formé. Lorsque la mutation d'un gène en produit une dans une protéine, le mécanisme de la sélection naturelle décrit au chapitre II peut s'enclencher. Si le processus fonctionne, le porteur ou la porteuse transmet la protéine mutée à ses enfants, qui la transmettent ensuite à leur descendance, et ainsi de suite ; la nouvelle protéine restera donc en circulation et contribuera à la diversité biologique de la population. Si le processus ne fonctionne pas, la sélection naturelle finira, plus ou moins vite selon les cas, par éliminer cette même protéine, et avec elle le gène muté qui l'a fabriquée. Les effets de la sélection naturelle étant aussi difficiles à prévoir que faciles à reconnaître a posteriori, pour comprendre les liens de parenté, il est préférable de porter nos observations ailleurs, en dehors des gènes, sur les mutations sans conséquences.

La majeure partie de l'ADN, environ les trois quarts, se situe en dehors des gènes : on parle à son sujet d'ADN non codant. Les mutations qui le concernent n'ont ni effet positif ni effet négatif, elles ne modifient aucune protéine, elles ne sont pas affectées par les mécanismes de la sélection naturelle et sont appelées, de ce fait, « mutations neutres ». De nombreuses études ont par ailleurs montré qu'elles s'accumulent à un rythme à peu près constant au fil du temps. Les espèces qui ont des ancêtres communs récents (par exemple, les gorilles et nous) diffèrent par un petit nombre de mutations neutres, tandis que les espèces qui ont des ancêtres communs lointains (par exemple, les tortues et nous) manifestent de plus grandes différences. Dès lors, nous pouvons recourir à l'ADN non codant pour mesurer le temps écoulé depuis le moment où deux espèces n'en formaient qu'une. On désigne ce procédé sous le nom de « méthode de l'horloge moléculaire » : en substance, les molécules d'ADN fonctionnent comme une horloge marquant les étapes de l'évolution ; simplement, au lieu de se déplacer à chaque minute, ses aiguilles le font à chaque mutation. Prenons un exemple concret : nous avons vu que l'ancêtre commun à l'homme et au chimpanzé a vécu il y a environ 6 millions d'années. Si, dans une région non codante de l'ADN, nous trouvons douze différences entre les humains et les chimpanzés, cela signifie que ces différences se sont accumulées au rythme de 2 chaque million d'année. À partir de là, si, dans la même région, les différences entre les humains et les gorilles sont de 20, une équation nous permet de calculer la date de séparation entre les humains et les gorilles :

12 différences / 6 millions d'années = 20 différences / x

et de conclure que cette séparation a eu lieu il y a environ 10 millions d'années. La taxonomie moderne, qui classe les animaux et les plantes en fonction de leurs relations généalogiques, utilise souvent cette méthode.

En comparant notre ADN et celui des Néandertaliens, nous avons pu nous faire une idée du temps écoulé depuis notre ancêtre commun. Les estimations varient en raison d'une marge d'erreur expérimentale inévitable, mais on ne risque pas de se tromper beaucoup si l'on retient une fourchette allant de 500 000 à 700 000 ans. Elle correspond à la période où *Homo heidelbergensis* a laissé des traces indiscutables de sa présence en Europe, et n'est donc pas en contradiction avec l'hypothèse selon laquelle il serait l'ancêtre commun d'*Homo sapiens* et de l'homme de Néandertal. Le problème vient de ce que plusieurs *Homo heidelbergensis* sont plus récents (environ 200 000 ans). Faut-il en conclure qu'à l'époque où les populations européennes d'*Homo heidelbergensis* se transformaient en Néandertaliens et ses populations africaines devenaient les premiers *Homo sapiens*, d'autres populations conservaient leurs caractéristiques ancestrales ? Il y aurait là quelque chose de très étrange, n'est-ce pas ? Mais vous aurez sans doute compris, à ce stade, qu'il est toujours ardu d'établir une chronologie précise de la fin d'une espèce et des débuts d'une autre. La tâche est encore plus malaisée quand les fossiles à disposition couvrent une période de 400 000 ans et une aire géographique incluant trois continents, comme dans notre cas. En bref, notre généalogie reste une jungle et *Homo heidelbergensis* n'a pas fini de nous donner du fil à retordre, surtout en Europe, où il est difficile de tracer une limite entre ses derniers représentants et les premiers Néandertaliens.

La lumière s'est faite sur certains points lorsque, en 2016, l'équipe de Svante Pääbo a publié les premières données disponibles sur l'ADN des fossiles de la Sima de los Huesos. Le résultat obtenu était tout à fait exceptionnel : auparavant, personne n'avait jamais réussi à étudier des échantillons aussi anciens d'un ADN qui se réduisait en outre à des fragments de quelques dizaines de bases. Pour donner une idée de l'effort accompli, notons qu'il a fallu analyser plus de 3 milliards de ces fragments, obtenus à partir des cellules de deux fémurs, d'une omoplate et de deux dents. Il en est ressorti des liens de parenté étroits avec les Néandertaliens, et beaucoup plus éloignés avec *Homo sapiens* et l'homme de Denisova. Rien de surprenant, à la réflexion : les habitants de la Sima de los Huesos appartenaient à la population européenne d'*Homo heidelbergensis*, dont les Néandertaliens sont probablement issus. Quant aux ancêtres directs des Africains (nous) et des Asiatiques (les Dénisoviens), il faudra sans doute les rechercher au sein d'autres groupes d'*Homo heidelbergensis*, que nous espérons être tôt ou tard en mesure d'étudier. Ou peut-être même ailleurs, puisque, ne l'oublions pas, il n'est pas certain qu'*Homo sapiens* descende d'*Homo heidelbergensis*.

Reste enfin une question : faut-il voir en *Homo heidelbergensis* le premier Européen ? Une fois n'est pas coutume, la réponse est claire, et en l'occurrence négative. De même qu'en Afrique, en Europe on a retrouvé de très vieilles empreintes de créatures bipèdes, et plus précisément sur la plage d'une petite ville de la côte est de l'Angleterre, au nom bien choisi de Happisburgh. Demeurées enfouies pendant 800 000 ans sous d'épaisses sédimentations, elles ont été mises au jour à la suite d'un glissement de terrain survenu en 2013. Deux semaines plus tard, la marée les avait déjà effacées ; entre-temps, des spécialistes du British Museum étaient parvenus à les photographier en 3D et par conséquent, en un sens, à les conserver. On a pu déterminer leur âge exact, mais l'identité de ceux qui les ont laissées reste obscure. Une conclusion certaine, malgré tout : ces êtres humains ne pouvaient provenir que d'Afrique, et donc d'une population qui, bien avant *Homo heidelbergensis*, avait traversé la moitié de l'Europe avant d'atteindre à pied l'embouchure de la Tamise, alors située beaucoup plus au nord qu'aujourd'hui – le niveau de la mer étant plus bas à l'époque.

Pour se faire une idée de l'aspect des premiers Européens, il convient de revenir à Atapuerca, non plus à la Sima de los Huesos mais tout près de là, à la Gran Dolina (la Grande Doline) et à la Sima del Elefante (le Puits de l'Éléphant), où l'on a mis au jour de très anciens fossiles. Le plus vieux, un minuscule fragment de mâchoire dotée d'un menton et de quelques alvéoles des dents, date d'1,2 million d'années ; il reste difficile, pour le moment, de dire à quoi ressemblait son propriétaire. D'autres fossiles, tout aussi fragmentaires mais plus nombreux, sont âgés de 780 000 ans. Le mieux conservé d'entre eux appartenait à un enfant mort à l'âge de dix ans. Les caractéristiques particulières de ces vestiges ont amené Juan Luis Arsuaga à les attribuer à une espèce qu'il a située entre *Homo georgicus* et *Homo heidelbergensis* et qu'il a baptisée *Homo antecessor*, l'ancêtre, le pionnier. Bien qu'il s'agisse peut-être là d'un parent de ceux qui ont marché sur la plage de Happisburgh, on ne voit pas bien comment le prouver. Enfin, étant donné l'âge de tous ces fossiles, il paraît très improbable que l'on puisse un jour en extraire un ADN analysable, qui serait pourtant des plus utiles pour clarifier nos idées.

POUR APPROFONDIR

Me voici dans l'embarras. En classe de quatrième, j'ai lu une nouvelle de Mark Twain où le narrateur, à travers une étrange combinaison de mariages, devient son propre grand-père (le texte est consultable sur le site http://www.natemaas.com/2010/11/more-musical-genealogy.html). J'ai longtemps été convaincu que son titre était *Genealogic Jungle*, et je l'ai repris pour ce chapitre. Il n'apparaît cependant nulle part sur Internet, où l'on pourra en revanche retrouver, outre l'histoire réelle qui a inspiré Mark Twain, la chansonnette qu'on en a tirée : pour l'écouter, il suffit de saisir « My Own Grandpa » sur n'importe quel moteur de recherche. Un doute atroce s'est alors emparé de moi : et si j'avais, purement et simplement, inventé ce titre ? De là une autre interrogation (plus grave encore) : et si j'avais inventé, sans en avoir conscience, tant d'autres choses dont je suis convaincu ?

J'ai traité un peu vite de l'horloge moléculaire. Je conseille à mes lecteurs désireux d'en apprendre davantage de commencer par la page Wikipedia : https://fr.wikipedia.org/wiki/Horloge_mol%C3 %A9culaire. Ou bien de s'adresser à Omar Rota Stabelli sur le site de RaiScuola : https://www.raiscuola.rai.it/scienze/articoli/2021/02/Omar-Rota-Stabelli-Lorologio-molecolare-d692706a-e336-4202-b5c0-40f94145a872.html.

On trouvera une mine d'informations sur les premiers Européens, exposées dans un style toujours aussi limpide et ensorcelant, dans le livre de Giorgio Manzi *Ultime notizie sull'evoluzione umana*, Bologne, il Mulino, 2017.

Ashton N. *et al.*, « Hominin Footprints from Early Pleistocene Deposits at Happisburgh, UK », *PLoS ONE*, 9, 2014, e88329.

Czarnetzki A., Schwadere E., Pusch C. M., « Fossil Record of Meningioma », *The Lancet*, 362, 2003, p. 408.

Lozano M., Mosquera M., Bermudez De Castro J. M., Arsuaga J. L., Carbonell E., « Right Handedness of *Homo heidelbergensis* from Sima de los Huesos », *Evolution and Human Behavior*, 30, 2009, p. 369-376.

Manzi G., Mallegni F., Ascenzi A., « A Cranium for the Earliest Europeans : Phylogenetic Position of the Hominid from Ceprano, Italy », *Proceedings of the National Academy of Sciences USA*, 98, 2001, p. 10011-10016.

Meyer M. *et al.*, « Nuclear DNA Sequences from the Middle Pleistocene Sima de los Huesos Hominins », *Nature*, 531, 2016, p. 504-507.

Reich D. *et al.*, « Genetic History of an Archaic Hominin Group from Denisova Cave in Siberia », *Nature*, 468, 2010, p. 1053-1060.

Sala N., Arsuaga J. L., Pantoja Pérez A., Pablos A., Martínez I., Quam R. M., Gómez-Olivencia A., Bermudez De Castro J.M., Carbonell E., « Lethal Interpersonal Violence in the Middle Pleistocene », *PLoS ONE*, 10, 2016, e0126589.

Stringer C., « The Status of *Homo heidelbergensis* (Schoetensack 1908) », *Evolutionary Anthropology*, 21, 2012, p. 101-107.

Thieme H. , « Lower Palaeolithic Hunting Spears from Germany », *Nature*, 385, 1997, p. 807-810.

Feldhofer 1,
il y a 40 000 ans

VI
Feldhofer 1, il y a 40 000 ans

Un monsieur à l'ancienne : *Homo neanderthalensis*

Découvert en Allemagne par des mineurs, en 1856, dans la carrière de Feldhofer, à Néandertal

Connu par une voûte crânienne, des fémurs, cinq os des bras, un ilium, des fragments de côtes et d'omoplates

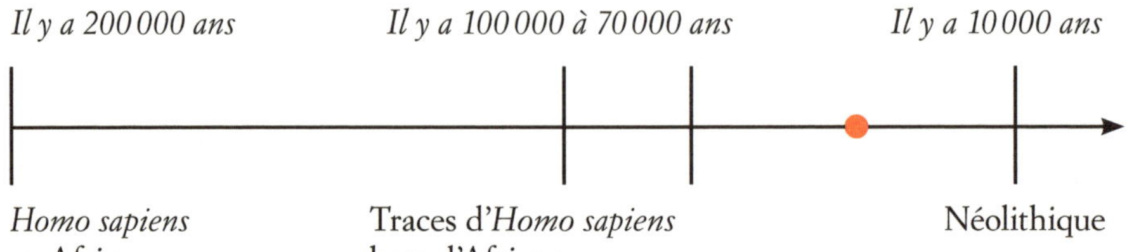

Le soleil brille sur Néandertal, et cet autochtone plutôt âgé plisse les yeux. Il a l'air fatigué. Rien d'étonnant : il en a vu de toutes les couleurs. On peut dire que la paléontologie humaine est apparue avec lui, non pas le jour de sa venue au monde (il y a 40 000 ans), mais le jour où, dans la carrière de Feldhofer, on a déterré son squelette (en 1856). Ajoutons qu'au fil du temps sa réputation s'est beaucoup améliorée. Sur une célèbre illustration de 1909, le peintre tchèque František Kupka l'avait imaginé sous l'aspect d'une grosse bête velue à l'affût derrière un rocher, qui brandissait une massue gigantesque et certainement animé des pires intentions. Kupka n'était d'ailleurs pas une exception : les spécialistes du début du XXe siècle insistaient tous sur la non-humanité des Néandertaliens. Et, en 1953, les affiches d'un film de série B américain, *The Neanderthal Man*, le présentaient encore comme « moitié homme, moitié bête » (dans le film, il se comportait comme tel). Rien à voir avec la reconstitution, que je serais tenté de qualifier d'affectueuse, des jumeaux Kennis, qui ont tenu à souligner nos points communs avec ces anciens Européens.

Monsieur Feldhofer 1 a un gros nez et la peau claire, deux formes d'adaptation à l'environnement. Quand il fait froid (n'oublions pas que nous sommes en Allemagne, près de Düsseldorf), on risque moins de tomber malade si l'air, avant de descendre vers les poumons, se réchauffe dans une large cavité nasale. Concernant la peau, nous verrons un peu plus loin ce qui nous prouve qu'elle était blanche et, dans quelques chapitres, pourquoi c'était une bonne chose. Dans la reconstitution, notre homme tient son bras gauche baissé : il se l'est fracturé, on ne sait comment, et il ne peut plus le tendre complètement, en raison d'une mauvaise soudure des os. De son autre bras, il s'appuie sur un bâton ou peut-être sur un javelot ; dans le second cas, on ignore s'il était en mesure de le lancer : à ce jour, on n'a retrouvé sur aucun site néandertalien, en Europe ou en Asie, de javelots comparables à ceux dont *Homo heidelbergensis* se servait pour chasser, des dizaines de siècles auparavant. Le bois se détériore vite, certes, et on ne saurait donc exclure a priori leur existence ; mais il se pourrait aussi qu'ils ne soient pas parvenus jusqu'à nous tout simplement parce que les Néandertaliens ne les utilisaient pas. Une seconde raison, liée à leur anatomie, permet de douter qu'ils aient manié des armes de jet. En règle générale, l'os du bras, l'humérus, présente une section elliptique. Lancer des objets en faisant tournoyer son bras en l'air l'oblige à un effort qui, au fil des ans, l'amène à devenir plus robuste et à se remodeler. Si on le met beaucoup à contribution – c'est par exemple le cas pour les lanceurs de javelot ou les joueurs de base-ball –, il tend à prendre une forme circulaire. Or la section de l'humérus néandertalien décrit une ellipse très accentuée (beaucoup plus que celle des premiers *Homo sapiens*), ce qui, ajouté à d'autres considérations elles aussi d'ordre anatomique, laisse penser qu'ils étaient bel et bien incapables d'effectuer une rotation ascendante du bras, peut-être parce que leurs ligaments les en empêchaient. Si tout cela est exact, ils auraient pu jouer aux boules, mais pas au base-ball. Nous ignorons bien entendu jusqu'à quel point cette limitation les chagrinait, mais nous avons pu en évaluer les conséquences pratiques. Même à défaut de les employer comme armes de jet, il reste toujours loisible de chasser avec des lances, en leur imprimant un mouvement de bas en haut dans une lutte au corps-à-corps. Mais il faut alors, par définition, s'approcher très près de l'animal choisi pour proie, qui, s'il est gros et fort, rend l'opération des plus dangereuses. Les Néandertaliens pratiquaient la chasse au gros gibier : sur leurs lieux d'habitation, on a retrouvé des restes de mammouths, de bisons, d'ours des cavernes et même d'aurochs, de gigantesques ancêtres des bovins éteints au XVIIe siècle. Les ossements d'*Homo neanderthalensis* présentent par ailleurs un nombre impressionnant de fractures : tout au long de leur existence, les traumatismes étaient chez eux très fréquents. Une bonne nouvelle, enfin, pour les partisans des sociétés égalitaires : aucune différence majeure n'apparaît entre les hommes et les femmes, et selon toute apparence, les risques de la chasse au gros gibier étaient équitablement partagés, y compris avec les enfants. Après avoir comparé les mêmes lésions sur des fossiles néandertaliens et sur les squelettes d'individus modernes, Thomas Berger et Erik Trinkaus en ont conclu que de nos jours la seule catégorie professionnelle où les os subissent des traumatismes comparables est celle des cavaliers de rodéo américains.

En réalité, nous ne savons pas à quelle date exacte se sont développées les techniques de combat à distance, dans la mesure où, n'hésitons pas à le rappeler, le bois se détériore rapidement. À partir d'une certaine période, il y a environ 80 000 ans, les sites occupés par *Homo sapiens* contiennent des pointes de pierre sans doute destinées à être fixées sur des lances ou des flèches. Au moment de sa sortie d'Afrique, *Homo sapiens* disposait donc d'armes qui lui permettaient de se battre à distance. À l'inverse, on n'a jamais découvert de telles pointes de pierre sur les sites des Néandertaliens, ce qui, compte tenu une nouvelle fois de la structure de leur humérus, laisse entendre qu'ils employaient un armement différent, moins efficace. Les conséquences de ce phénomène sont bien visibles à Shanidar, en Irak, où l'on a mis au jour les squelettes plus ou moins complets de neuf Néandertaliens ayant vécu il y a 65 000 à 35 000 ans. L'un d'eux, Shanidar 3, aujourd'hui exposé au Smithsonian National Museum of Natural History de Washington, présente sur la neuvième côte gauche les traces d'une blessure causée par un objet tranchant, incompatible avec une chute accidentelle. Elle est assez profonde pour suggérer que le poumon a été endommagé au point de ne plus fonctionner. Après celui de la Sima de los Huesos, nous voici donc en présence d'une nouvelle affaire d'homicide. À la Duke University, Steven Churchill et son équipe ont mené des expériences (pas sur des sujets humains vivants, rassurez-vous, mais sur des carcasses de porcs) afin de comprendre comment une pointe de pierre pouvait provoquer de tels dommages. Sachant que les coups assénés de près avec une lance ou un poignard endommagent invariablement les côtes voisines et que ce n'est en l'occurrence pas le cas, il ne reste qu'une seule explication possible : Shanidar 3 a été frappé d'une petite pointe dotée d'une « faible énergie cinétique », c'est-à-dire une pointe de flèche. Dès lors, l'agresseur n'était pas un Néandertalien, ce ne pouvait être qu'un *Homo sapiens*, dont la présence en Asie occidentale, précisément à cette époque, est attestée. Dès que notre espèce entre en jeu, la coexistence pacifique n'est plus une mince affaire pour personne.

Par chance pour lui, Feldhofer 1 vivait sur le territoire de l'Allemagne actuelle, où il était à peu près à l'abri. On notera par ailleurs qu'il s'est rasé, même si le résultat obtenu est assez discutable du point de vue esthétique. Les jumeaux Kennis ont ajouté ce détail parce qu'on a découvert, sur les sites néandertaliens, des coquilles et des lames d'obsidienne susceptibles d'avoir servi de rasoirs. De manière analogue, plusieurs autres reconstructions, toujours dues aux jumeaux Kennis, montrent des stries noires sur les bras et les épaules : les sites archéologiques les plus récents portent des traces de pigments, et il semblerait donc que l'homme de Néandertal ait orné de peintures certaines parties de son corps, du moins vers la fin de son histoire. Caché par sa barbe, son menton est fuyant, et non pas pointu comme le nôtre. Son front est, lui aussi, très incliné, comme chez toutes les espèces humaines archaïques, et dessine une sorte d'auvent caractéristique en forme de M au-dessus de ses yeux. Si Feldhofer 1 se tenait de profil, nous constaterions que sa boîte crânienne se déploie en profondeur vers l'arrière, dans la région occipitale : son cerveau pourrait donc avoir été plus volumineux que le nôtre. Et c'est justement cette observation qui a suscité, en particulier chez Thomas Huxley, les premiers soupçons quant à une éventuelle relation entre les Néandertaliens et nous. À ce propos, un retour en arrière dans l'histoire des sciences s'impose.

Au milieu du XIXe siècle, la théorie de l'évolution suscitait de très vifs débats. Les idées de Charles Darwin commençaient à se répandre, mais elles se heurtaient à trois principaux obstacles. Le premier était, d'une certaine façon, dû à Darwin lui-même, ou plutôt à sa réticence à livrer un exposé systématique écrit de sa théorie, qui circulait pourtant déjà : la première édition de *L'Origine des espèces* ne date que de 1859. Le deuxième obstacle, peut-être le plus difficile à surmonter, était de nature psychologique : beaucoup de gens répugnaient à admettre que l'homme descend d'ancêtres non humains, de surcroît communs avec les singes ! Le troisième obstacle était le manque de preuves fossiles. Certains squelettes d'animaux anciens, par exemple les mammouths, sont à la fois assez similaires aux squelettes d'animaux actuels, par exemple les éléphants, pour suggérer l'existence de liens de parenté, et assez différents pour montrer qu'ils ont changé au fil du temps, qu'ils ont, pour le dire en d'autres termes, *évolué*. L'application à l'homme d'un raisonnement analogue ne pouvait toutefois pas encore s'appuyer sur des preuves empiriques, des vestiges d'espèces humaines différentes de la nôtre ; de là les doutes et les théories extravagantes examinés au chapitre IV.

À vrai dire, on avait déjà découvert des fossiles humains archaïques : d'abord en 1830, à Engis, en Belgique, puis à Gibraltar ; mais leur importance n'avait pas été comprise. La paléontologie humaine est née officiellement quelques années plus tard, à Néandertal, une vallée ainsi appelée en l'honneur d'un pasteur protestant du XVIIe siècle, Joachim Neumann. En allemand, « vallée » se dit *Tal*, mais par le passé, on pouvait aussi l'orthographier *Thal*, et chacun est donc libre d'ajouter ou non ce *h*. Neumann signifiant par ailleurs « homme nouveau », ce même pasteur avait, selon la mode de son temps, plus ou moins hellénisé son nom de famille en Neander (et j'imagine sans difficulté la grimace que doivent faire mes lecteurs familiarisés avec le grec ancien). D'un point de vue étymologique, Néandertal serait donc la « vallée de l'homme nouveau » ; et c'est aussi (quelle coïncidence !) le lieu où l'on a mis au jour, dans la carrière de Feldhofer, les premiers restes d'un homme ancien sans conteste différent de nous : deux fémurs, des os du bras, une omoplate et, surtout, une calotte crânienne très aplatie. En août 1856, les auteurs de la découverte, des mineurs, remettent ces ossements à l'instituteur du village voisin, Johann Carl Fuhlrott. Grâce à ses études de géologie, il se rend compte d'emblée de leur extrême ancienneté ; mais il est tout aussi conscient des limites de ses connaissances et décide donc de s'adresser au professeur d'anatomie de l'université de Bonn, Hermann Schaaffhausen. Ce jeune scientifique passionné n'a pas eu d'accès direct aux travaux de Darwin ; il en a toutefois assez entendu parler pour publier une étude où il a déclaré que l'immuabilité des espèces « n'est pas démontrée ». Il a maintenant entre les mains la preuve que l'espèce humaine a évolué, il le comprend aussitôt. Et comme c'est aussi un savant d'une parfaite honnêteté intellectuelle, il présente l'année suivante, au congrès d'une société naturaliste, un mémoire qu'il cosigne avec Fuhlrott, bien que ce dernier ne soit pas un universitaire. Les auteurs y concluent que le crâne découvert à Feldhofer devait appartenir à une « race sauvage et barbare d'humains », sans doute contemporaine des mammouths. Abstraction faite de ces qualificatifs quelque peu outranciers (et d'ailleurs tout à fait excusables si on les replace dans le contexte de l'époque), c'est là une intuition digne d'estime.

Il faudra néanmoins, avant de parvenir à un accord général sur l'identité de l'homme de Néandertal, un bon nombre d'années et de violentes controverses. Nous avons déjà vu que Rudolf Virchow, notre vieille connaissance, niait toute relation de parenté entre l'homme et le singe et soutenait qu'au fond nous avions davantage de points communs avec les porcs. Pathologiste compétent, il était aussi, contrairement à Schaaffhausen, influent et célèbre, en sa double qualité de fondateur et de président de la Société berlinoise d'anthropologie, d'ethnologie et de préhistoire. Après s'être fait remettre les ossements retrouvés à Feldhofer, il déclare qu'ils ne sont pas si anciens qu'on le prétend, qu'ils ont tout au plus un siècle et que leur propriétaire souffrait de pathologies graves : arthrite, rachitisme, voire mongolisme. D'autres experts vont encore plus loin et proposent de voir dans le squelette de Feldhofer celui d'un « cosaque mongol ou polonais rabougri » mort dans cette carrière lors des campagnes napoléoniennes. Bien entendu, aucun Mongol ni aucun Polonais n'a jamais été doté d'une telle calotte crânienne, et il n'y aurait pas beaucoup d'efforts à produire pour s'en assurer. Mais comme souvent, rien n'y fait : dans l'Allemagne de l'époque, la force de l'évidence peine à l'emporter sur celle des préjugés, et le débat s'enlise. Des dessins et des moulages du crâne de Feldhofer commencent cependant à circuler dans toute l'Europe. En Angleterre, le paléontologue George Busk les compare aux restes retrouvés à Gibraltar. Il se permet alors une remarque sarcastique : même avec la meilleure bonne volonté du monde, il reste difficile d'imaginer *un deuxième cosaque mongol rabougri* ayant achevé ses jours au fin fond de la péninsule Ibérique. En 1861, l'espèce humaine archaïque à laquelle appartiennent les fossiles de Feldhofer, de Gibraltar et d'Engis reçoit le nom d'*Homo neanderthalensis* (en latin, le *h* est obligatoire).

De son côté, lorsqu'il publie *L'Origine des espèces* (1859), Darwin n'a pas lu l'article de Schaaffhausen et Fuhlrott, publié dans une revue de second ordre et traduit en anglais à une date plus tardive. Mais en 1871, lorsqu'il publie *La Descendance de l'homme et la sélection sexuelle*, il en a certainement entendu parler. Pourtant, il ne prend pas de position très claire et se contente d'une phrase des plus lapidaires : « Quelques crânes très anciens, comme le fameux crâne du Néanderthal, sont bien développés et très spacieux. » Pas d'analyse plus fouillée, pas le moindre effort pour approfondir les perspectives ouvertes par la nouvelle découverte. Ce n'est donc pas à Darwin que revient le mérite d'avoir introduit les Néandertaliens dans notre généalogie, mais à son ami et collaborateur Thomas Huxley. Après avoir obtenu un moulage du crâne de Feldhofer, Huxley le définit comme « le plus pithécoïde », c'est-à-dire le plus simiesque, de tous les crânes connus. Mais étant donné ses dimensions, il se refuse à y voir un maillon de la chaîne de transformations qui ont abouti à l'homme moderne et préfère se demander par quelle bizarrerie l'évolution produirait des cerveaux de plus en plus volumineux pour, à un moment donné, changer de direction. Et il conclut : « Les os de Néandertal ne peuvent en aucun cas être considérés comme les restes d'un être humain intermédiaire entre l'homme et les singes. Ils prouvent tout au plus l'existence d'espèces humaines en quelque sorte proches du type pithécoïde. »

Son opinion s'est révélée exacte et il fallait, pour la soutenir à son époque, un certain courage. À l'heure où les découvertes de fossiles néandertaliens semblent permettre la résolution du problème crucial de l'établissement d'un lien entre *Homo sapiens* et les singes, Huxley refuse toute solution de facilité au profit d'une hypothèse qui sera difficile à prouver : les « chaînons manquants » sont nombreux et l'évolution a conduit, en dehors de nous et en parallèle, à d'autres espèces humaines. Beaucoup de temps s'écoulera avant que cette idée soit enfin acceptée. D'ailleurs, aujourd'hui encore, on trouve un peu partout, sur des sites web ou des tee-shirts, des dessins représentant l'évolution de l'homme sous la forme de quelques êtres vus de profil et disposés en file indienne, allant des singes à nous. Ces images ne correspondent pas à la réalité, le progrès du genre humain n'a pas été linéaire. Le moment est toutefois venu de mettre un terme à notre incursion dans l'histoire des sciences au XIXe siècle, d'autant plus que nous aurons l'occasion de reparler en détail, dans le prochain chapitre, de la relation entre *Homo sapiens* et les Néandertaliens.

Dans l'immédiat, je souhaiterais revenir sur une étude très récente ouvrant des perspectives passionnantes sur la façon dont les Néandertaliens raisonnaient. On peut la résumer abruptement en trois mots : pas comme nous. Il n'existe pas de fossiles de leurs cerveaux, cela relève de l'évidence ; la conformation de leur boîte crânienne et l'analyse d'un de leurs gènes nous ont malgré tout apporté des connaissances précieuses sur la composition et le fonctionnement de leur matière grise. Car les formidables capacités cognitives de l'homme s'expliquent non seulement par la taille de son cerveau (et donc le nombre de neurones qui le constituent), mais aussi par la structure complexe de sa région la plus superficielle, le cortex. En particulier, beaucoup d'informations, venues aussi bien de l'extérieur que de l'intérieur de notre corps, convergent dans le cortex préfrontal, le lieu où se développent les processus mentaux les plus sophistiqués. Selon certains spécialistes, ce serait même le siège de notre personnalité. Bien que l'hypothèse demeure difficile à démontrer, c'est en tout cas grâce au cortex préfrontal que nous prenons des décisions, que nous concevons des projets, que nous élaborons des stratégies pour les mettre en œuvre, que nous réagissons à nos émotions... Des chercheurs des Instituts Max-Planck de Dresde et de Leipzig (parmi lesquels Svante Pääbo) ont décelé à l'intérieur du gène TKTL1 une petite dissemblance entre, d'un côté, *Homo sapiens* et, de l'autre, les Néandertaliens et les grands singes : une base différente dans l'ADN. Loin d'être négligeable, comme on pourrait le penser à première vue, elle a d'immenses conséquences. Le gène TKTL1 est en effet le principal responsable de la multiplication des progéniteurs neuronaux, c'est-à-dire des cellules dont sont issus les neurones cérébraux (en termes techniques, on parle de « cellules souches neurales de la glie radiale »). Les chercheurs des Instituts Max-Planck ont inséré le gène de Néandertal dans des embryons de souris et des cultures de cellules nerveuses humaines. Dans les deux cas, ils ont constaté une faible multiplication des progéniteurs neuronaux, une limitation de la production de neurones et, en définitive, un développement restreint du cortex préfrontal. Ainsi, dans le cerveau néandertalien, qui contenait peut-être autant, voire davantage de neurones que le nôtre, les plus importants d'entre eux étaient rares. Les hommes de Néandertal ne disposaient pas de l'*équipement génétique* nécessaire à notre forme de pensée. Bien qu'il soit aujourd'hui encore difficile de préciser en quoi consiste l'intelligence, que ses définitions abondent et qu'elles soient même parfois contradictoires, personne ne contestera qu'elle a à voir avec notre manière d'élaborer nos expériences, notre conscience de nous-mêmes et de nos affects, notre capacité à prévoir les actions des autres, notre imagination, notre pensée critique… Autant de facultés difficiles à exercer, en l'absence d'un cortex préfrontal performant. Et cette limite pourrait bien être l'une des raisons de la défaite des Néandertaliens dans la compétition qui les a opposés à *Homo sapiens*.

J'aimerais maintenant ajouter quelques mots sur leur mode de vie, avec leur cerveau si volumineux et si différent du nôtre. Nous disposons en effet, à ce sujet, d'un certain nombre d'informations.

Ils étaient robustes, dotés de courtes jambes massives, et se caractérisaient par une tendance marquée à recevoir des blessures. Parfois, ils en guérissaient. Leurs ossements présentent en effet de nombreux exemples de fractures ressoudées dont témoigne leur cal osseux, c'est-à-dire le tissu qui se forme au fil des semaines et qui répare les dommages, à la condition, bien entendu, que l'on ne soit pas mort entre-temps. Dans certains cas, il s'agit de lésions très graves. Un autre squelette provenant de Shanidar, Shanidar 1, appartenait à un homme parvenu à l'âge vénérable (pour un Néandertalien) d'environ quarante ans. À une date que nous ignorons, il a reçu à la tête des coups d'une telle violence qu'ils ont déformé son crâne et qu'ils l'ont aussi, selon toute probabilité, privé de l'usage de son œil et de son oreille gauche. Un malheur n'arrivant jamais seul, Shanidar 1 souffrait en outre d'une maladie dégénérative des os qui, à la fin de sa vie, l'empêchait de marcher, et il avait été amputé du bras droit sans doute à la hauteur de l'humérus. (Il pourrait s'agir ici de la plus ancienne opération chirurgicale connue.) Si, malgré tant de vicissitudes, il a vécu aussi longtemps, cela signifie nécessairement que quelqu'un lui a prodigué des soins.

Les relations sociales préhistoriques sont difficiles à appréhender : elles n'ont laissé à peu près aucune trace. Des cas comme celui de Shanidar 1 et quelques autres, analogues, déjà rencontrés à Dmanissi et à la Sima de los Huesos, montrent toutefois qu'au sein du genre humain l'assistance mutuelle date d'environ 2 millions d'années. Des formes d'altruisme ont été observées chez les chimpanzés aussi, je vous l'accorde ; mais dès que le niveau de compétition s'élève, le « chacun pour soi » tend à s'imposer, à l'exception notable des mères avec leurs jeunes enfants. Il en va autrement chez les humains. Shanidar 1 ne pouvait certes pas bénéficier de la protection de sa mère et la lutte pour la survie était, à son époque, encore très féroce. Pourtant, de même que certains *Homo georgicus* et *Homo heidelbergensis* très vulnérables, il a survécu quelque temps à de graves infirmités. On est donc autorisé à imaginer l'existence d'un réseau, probablement fragile mais parfois efficace, de protection des individus incapables de chasser ou, comme à Dmanissi, de se procurer leur nourriture tout seuls. Jean-Jacques Hublin estime d'ailleurs que l'un des traits caractéristiques de l'humanité serait précisément la compassion. La tendance à aider des membres de sa propre communauté, même en l'absence de liens de parenté, a peut-être été un facteur déterminant pour rivaliser avec d'autres groupes moins unis. Nous en sommes hélas réduits aux hypothèses quant à la façon dont cette tendance s'est développée ; mais une fois de plus, les relations prolongées entre mères et enfants ont dû compter beaucoup, en particulier durant la période où l'obligation de s'occuper de leurs petits empêche les mamans de participer à la chasse. L'habitude de compter parmi ses membres des individus non autonomes pourrait ainsi avoir favorisé la diffusion de comportements altruistes, ensuite étendus à l'ensemble de la communauté parce qu'ils sont, en définitive, dans l'intérêt de tout le monde.

Revenons à l'image de Feldhofer 1. Il a, comme tous les Néandertaliens, la peau claire. La pigmentation de notre peau, de nos cheveux et de nos yeux résulte de cellules, les mélanocytes, spécialisées dans la production de deux pigments, les mélanines : l'une, la phéomélanine, tend à jaunir ; l'autre, l'eumélanine, tend à brunir. Plusieurs protéines intervenant par ailleurs dans la chaîne des réactions biochimiques qui conduisent à la synthèse des mélanines, notre couleur de peau, de cheveux et d'yeux dépend donc d'environ 70 gènes. Et c'est lors d'une étape fondamentale de ces réactions qu'entre en jeu celui qu'on appelle le MC1R (Récepteur 1 de la mélanocortine). Jaume Bertranpetit, qui a le bonheur d'habiter Barcelone et d'y travailler dans une excellente université, la Pompeu Fabra, a eu de plus la chance de découvrir d'emblée le bon gène, lorsqu'il a étudié la couleur de peau des Néandertaliens. En collaboration avec Carles Lalueza Fox et Michael Hofreiter, de l'université de Potsdam, il a en effet remarqué, dans les génomes de l'homme de Néandertal, une mutation du MC1R jamais observée chez l'homme moderne. Pour comprendre l'effet produit, ils ont transplanté le gène de Néandertal dans une culture de cellules humaines. Et ils ont pu constater qu'au terme de cette mutation, les mélanocytes parviennent à fabriquer de la phéomélanine, mais pas d'eumélanine. Les Néandertaliens avaient donc la peau claire et, selon toute probabilité, les cheveux roux et des taches de rousseur.

D'après une méthode analogue, l'analyse de l'ADN extrait de leurs fossiles nous a permis de déterminer le groupe sanguin de l'un d'entre eux, en l'occurrence le groupe O. De plus, nous avons vu qu'ils ne digéraient le lait que pendant leur petite enfance, comme ceux d'entre nous qui sont allergiques au lactose. Cela n'a d'ailleurs rien d'étrange : tant qu'on ne consomme que du lait maternel, il n'y aurait aucun avantage à posséder un gène permettant de le digérer même après le sevrage. Or, le lait non humain n'est devenu disponible pour l'homme qu'avec l'élevage d'ovins et de bovins, au néolithique, à une époque où les Néandertaliens avaient déjà disparu (nous en parlerons au chapitre XIV). Il est plus intéressant de noter qu'ils avaient, comme nous, le gène FOXP2, qui a défrayé la chronique à la publication des résultats d'une étude menée sur une famille anglaise, dite KE, dont le vrai nom a été gardé secret par souci de respect de la vie privée. Quinze de ses membres, sur trois générations, étaient atteints de dyspraxie verbale, c'est-à-dire incapables de prononcer correctement les syllabes et les mots à cause d'une mauvaise coordination des mouvements des lèvres, de la langue et de la gorge, nécessaires à l'émission de sons bien articulés. Et ils présentaient tous, contrairement aux autres membres de leur famille, la même mutation du gène FOXP2. Cette découverte a suscité un si large écho que certains sont allés jusqu'à dire (ou, pire encore, à écrire) que FOXP2 serait « le gène du langage ». C'est faux, et pour plusieurs raisons, la principale étant qu'un gène serait incapable de régir, à lui seul, une faculté aussi complexe ; il en va de même pour la couleur de la peau et des cheveux, l'intelligence, la tendance à la délinquance, l'autisme, la schizophrénie et, de manière plus générale, l'ensemble de nos caractéristiques psychologiques. Tout cela relève en partie d'une composante génétique, et il ne saurait en être autrement : en notre qualité d'animaux, nous sommes soumis à des contraintes biologiques, définies justement par nos gènes : nous n'effectuerons jamais mille opérations mathématiques par seconde, nous ne courrons jamais le marathon en une demi-heure, et l'on pourrait multiplier les exemples. Les opérations qui sont au fondement de notre vie relationnelle nécessitent la mobilisation de centaines, voire de milliers de gènes encore largement inconnus, et toujours en lien avec de nombreux facteurs environnementaux. Ce n'est pas une simple mutation de FOXP2 qui nous a dotés de la faculté de parler, de même que nous n'avons pas appris du jour au lendemain à marcher sur deux jambes.

Cela dit, bien qu'il ne soit pas *le* gène du langage, FOXP2 joue un rôle important dans sa maîtrise, toujours très perturbée s'il ne fonctionne pas. Aujourd'hui, nous savons qu'il entre en action très tôt, au cours du développement de l'embryon, lorsque l'ovule fécondé produit les milliards de cellules dont nous sommes constitués et les ordonne en tissus ou en organes. Afin de garantir le bon déroulement du processus, les gènes doivent agir de manière coordonnée, fabriquer des protéines lorsqu'elles sont nécessaires et arrêter de le faire lorsqu'elles ne le sont plus. Cette fonction de coordination est assurée par une catégorie particulière d'entre eux, appelés « gènes régulateurs », qui en activent ou en désactivent d'autres et se comportent, en quelque sorte, comme des commutateurs. FOXP2 en est un : il produit une protéine qui contrôle l'activité d'autres gènes. En cas de mutation, on observe des troubles dont la famille KE nous a donné un parfait exemple. De nombreuses espèces de mammifères possèdent FOXP2, mais les Néandertaliens sont les seuls à en avoir eu un identique au nôtre. De ce point de vue, les chimpanzés et les gorilles seraient plutôt proches des souris. Nous ne savons pas et nous ne saurons jamais comment les Néandertaliens parlaient. Une certitude, malgré tout : ils disposaient du patrimoine génétique nécessaire au langage.

D'autres hypothèses sur leur mode de vie nous ont été suggérées par l'étude de populations humaines actuelles de Nouvelle-Guinée, d'Afrique et d'Amérique du Sud qui, comme eux, vivent de chasse et de cueillette. Il ne s'agit jamais de grands groupes, qui auraient du mal à trouver chaque jour la nourriture requise pour la totalité de leurs membres, mais plutôt d'une ou de quelques familles. On a de fortes raisons de croire que c'était aussi le cas chez les Néandertaliens, surtout au vu des données fournies par une série d'empreintes humaines vieilles de 80 000 ans, et remontant donc à une époque où ils étaient les seuls habitants de l'Europe. Le groupe qui les a laissées, en Normandie, était composé d'une quinzaine d'individus, voire moins : pour la plupart des enfants, quelques adolescents et sans doute deux adultes. Nous ne saurons jamais s'ils formaient une seule unité familiale ; en tout état de cause, ils se déplaçaient ensemble, probablement selon les saisons, entre des terrains de chasse estivaux et hivernaux jamais trop éloignés. Ils habitaient en général des grottes, mais certaines régions chaudes, par exemple en Israël ou en Ukraine, ont conservé les traces d'occupations de sites en plein air dont il reste difficile de dire s'il s'agissait de véritables résidences ou de simples espaces destinés à dépecer en toute tranquillité les animaux tués à la chasse. Dans de si petits groupes, on finit par être tous parents. Même en supposant l'existence d'attractions intermittentes pour des étrangers ou des étrangères, une fréquence élevée d'unions consanguines devient vite inéluctable. L'ADN d'une Néandertalienne découverte dans la grotte de Denisova, en Sibérie, a ainsi révélé que ses parents étaient les enfants de la même femme et de deux pères différents. Avec de tels niveaux de consanguinité, il n'est pas étonnant que l'on ait observé tant de malformations et d'anomalies physiques au sein de nombreuses communautés néandertaliennes.

Nous ignorons et nous sommes contraints d'imaginer ce qui se passait lorsqu'elles se rencontraient. Trois comportements étaient envisageables : s'éviter, coopérer ou entrer en conflit. La première stratégie a sans aucun doute été favorisée par la faible densité démographique de l'époque : selon les estimations disponibles, inévitablement approximatives, la population néandertalienne, répartie sur une superficie correspondant à la moitié de l'Europe et de l'Asie occidentale, n'a pas dépassé les 70 000 personnes. À propos de la collaboration, notons que des coquillages ou des objets en obsidienne, une pierre dure susceptible de servir à fabriquer des lames, ont parcouru des centaines de kilomètres avant d'arriver sur le site néandertalien où ils ont été retrouvés ; ce sont bien sûr des exceptions, mais elles démontrent l'existence de réseaux que nous pourrions qualifier de commerciaux et qui impliquaient, cela va de soi, des relations de bon voisinage entre différents groupements. Quant aux conflits, les données disponibles ne sont pas claires. Nous avons vu que Shanidar 3 a été tué d'une flèche, selon toute vraisemblance décochée non pas par un autre *Homo neanderthalensis*, mais par un *Homo sapiens*. Sur le squelette d'un jeune adulte néandertalien mis au jour en France, à Saint-Césaire, on a décelé les traces d'une blessure de près de 7 centimètres infligée au côté droit de la voûte crânienne et causée par une lame qui a frappé de haut en bas. L'angle d'incidence du coup nous permet de dire que l'agresseur se tenait devant ou derrière sa victime, mais il demeure impossible de déterminer son espèce : l'âge du fossile, 36 000 ans, correspond à une période où Néandertaliens et *Homo sapiens* étaient tous deux présents en Europe. Les données sur le cannibalisme, en revanche, remontent à des millénaires antérieurs à l'arrivée d'*Homo sapiens* sur le territoire européen ; elles ne laissent par conséquent aucun doute sur l'identité de l'espèce qui se livrait à ces sinistres repas.

À Moula-Guercy, en France, à Goyet, en Belgique, et enfin à Krapina, en Croatie (mais là avec une certaine marge d'incertitude), on a retrouvé les mêmes signes d'abattage sur des os d'animaux et sur des ossements néandertaliens. Ils ont été laissés par des lames et des pointes de pierre qui ont incisé des tendons, découpé des muscles pour les arracher et brisé des os pour en extraire la moelle. Dans la grotte de Moula-Guercy, aucun morceau de chair n'a été laissé de côté : la bouche d'un adolescent montre par exemple les traces de l'ablation de sa langue, et les phalanges de ses doigts ont gardé les empreintes de dents néandertaliennes impossibles à confondre avec des dents d'ours ou d'autres prédateurs. Ajoutons tout de suite, à ce sujet, que manger des hommes (« les animaux les plus dominants du monde », selon la définition de Darwin) est une très mauvaise stratégie de survie ; mieux vaudrait se nourrir de lions. Il est nettement préférable, dans toute la mesure du possible, de se nourrir de fruits ou de petits animaux. Oui, mais que faire quand il n'y en a pas ? Le cannibalisme a été l'ultime recours de groupes désespérés, lors d'une période de famine.

Quant au menu ordinaire des Néandertaliens, il nous est connu par la composition chimique de leurs dents et comprenait pour l'essentiel des quantités gigantesques de viande. Pendant des dizaines de milliers d'années, il leur a été assez facile de se les procurer : ils habitaient principalement les steppes froides d'Europe centrale, où les rennes, les rhinocéros, les grands cervidés et les mammouths abondaient. Or les climatologues nous apprennent qu'il y a 120 000 ans, les températures ont augmenté, l'environnement s'est modifié et les plantes à tronc bas ont été remplacées par des arbres. Bien que lent et graduel, ce processus a eu des conséquences profondes sur le milieu naturel des régions touchées. Les forêts sont habitées par des cerfs, des daims ou des lapins : autant d'animaux plus petits que ceux des steppes, plus difficiles à chasser et qui dispensent, même en cas de succès, des quantités moindres de calories. L'émail des dents néandertaliennes trahit les conséquences de cette lente crise : au fil des millénaires, il s'est réduit au point de ne plus former qu'une couche très mince, preuve indéniable de malnutrition. Le cannibalisme évoqué plus haut témoigne d'une longue crise, qui a sans doute jeté les bases de l'extinction d'*Homo neanderthalensis* avant même que l'arrivée d'*Homo sapiens* ne l'accélère.

Un dernier mot sur Feldhofer 1. À 40 millénaires de distance, il a encore l'étoffe d'un pionnier. Non content d'avoir marqué les débuts de la paléontologie humaine au moment de sa découverte, il a en outre inauguré, à travers l'étude de son ADN, les recherches d'une autre discipline nouvelle, l'archéogénétique. En 1997, le groupe de Leipzig placé sous la direction de Svante Pääbo (« Encore lui ? – Eh oui, encore lui ; il a été, pendant vingt ans, à la pointe des investigations sur la génétique préhistorique ») a réussi pour la première fois à déchiffrer l'ADN d'une espèce humaine éteinte. Il s'agissait en l'occurrence d'une portion assez petite, moins compliquée à étudier que les autres et dénommée ADN mitochondrial. Situé en dehors des chromosomes, il est transmis par la mère à l'enfant ; celui d'un individu donné est donc identique à celui de sa grand-mère maternelle, de ses propres frères et sœurs et des enfants des sœurs de sa mère, le cas échéant. Feldhofer 1 présentait un ADN jamais observé auparavant, différent des milliers d'ADN mitochondriaux modernes examinés par ailleurs. Cette donnée de fait a ensuite été confirmée par d'autres analyses de fossiles néandertaliens réalisées en Russie, en Croatie, en Espagne, en Belgique et sur les monts Lessini, près de Vérone (à l'occasion d'une collaboration entre notre laboratoire de Ferrare et celui de David Caramelli, à Florence) : aucun *Homo neanderthalensis* ne possède l'ADN mitochondrial présent chez les hommes modernes, et inversement ; de plus, il n'existe aucune relation particulière entre les Européens actuels et les Néandertaliens. On sera sans doute tenté de voir là la preuve définitive que les Néandertaliens ne font pas partie de notre généalogie, ni en tant qu'humains ni en tant qu'Européens. Leur espèce paraît relever davantage de l'altérité que de la proximité, différer de nous à la fois par son aspect et par son patrimoine génétique. Pourtant, des recherches récentes ont une nouvelle fois rebattu les cartes. Elles méritent un chapitre à part. Le prochain.

POUR APPROFONDIR

Pour voir comment František Kupka, un peintre par ailleurs très talentueux, imaginait l'homme de Néandertal, il suffit de saisir « Kupka Neandertal » sur Google Images. On trouvera d'autre part l'affiche du film *The Neanderthal Man* à partir du lien suivant : https://en.wikipedia.org/wiki/The_Neanderthal_Man.

Berger T. D., Trinkaus E. , « Patterns of Trauma among the Neanderthals », *Journal of Archaeological Science*, 22, 1995, p. 841-852.

Churchill S. E., Franciscus R. G., McKean-Peraza H. A., Daniel J. A., Warren B. R., « Shanidar 3 Neanderthal Rib Puncture Wound and Paleolithic Weaponry », *Journal of Human Evolution*, 57, 2009, p. 163-178.

Duveau J., Berillon G., Verna C., Laisné G., Cliquet D., « The Composition of a Neanderthal Social Group Revealed by the Hominin Footprints at Le Rozel (Normandy, France) », *Proceedings of the National Academy of Sciences USA*, 116, 2019, p. 19409-19414.

Hublin J.-J., « The Prehistory of Compassion », *Proceedings of the National Academy of Sciences USA*, 106, 2009, p. 6429-6530.

Lalueza-Fox C. *et al.*, « A Melanocortin 1 Receptor Allele Suggests Varying Pigmentation among Neanderthals », *Science*, 318, 2007, p. 1453-1455.

Pinson A. *et al.,* « Human TKTL1 Implies Greater Neurogenesis in Frontal Neocortex of Modern Humans than Neanderthals », *Science,* 377, 2022, eabl6422.

Rougier H. *et al.*, « Neanderthal Cannibalism and Neanderthal Bones Used as Tools in Northern Europe », *Scientific Reports*, 6, nº 29005, 2016.

Schmitt D., Churchill S. E., Hylander W. L., « Experimental Evidence Concerning Spear Use in Neanderthals and Early Modern Humans », *Journal of Archaeological Science*, 30, 2023, p. 103-114.

Trinkaus E., Villotte S., « External Auditory Exostoses and Hearing Loss in the Shanidar 1 Neanderthal », *PLoS ONE*, 12, 2017, e0186684.

Zollikofer C. P. E., Ponce de León M. S., Vandermeersch B., Léveque F., « Evidence for Interpersonal Violence in the St. Césaire Neanderthal », *Proceedings of the National Academy of Sciences USA*, 99, 2002, p. 6444-6448.

L'homme d'Altamura, il y a 150 000 ans

VII
L’homme d’Altamura, il y a 150 000 ans

L’homme dans la stalactite : *Homo neanderthalensis*

Découvert en 1993 par Lorenzo Di Liso, Marco Milillo et Walter Scaramuzzi dans la grotte de Lamalunga, à Altamura, dans les Pouilles

Squelette probablement complet, mais bloqué dans des stalactites et des stalagmites

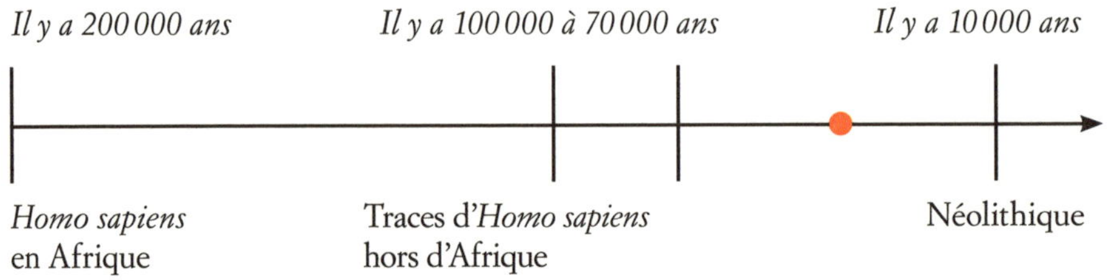

On l'a rebaptisé Ciccillo, variante du prénom Francesco dans le dialecte napolitain. Malgré son expression méfiante et son air de dur, à Altamura, c'est un personnage populaire ; en entendant les gens parler de lui, on s'attendrait presque à le rencontrer sur la place centrale, assis à la table d'un café. Impossible : ses restes ne sortiront pas de la grotte de Lamalunga, où ils sont conservés depuis des millénaires. Du haut de ses 150 000 ans, Ciccillo est presque quatre fois plus âgé que Feldhofer 1 ; si je n'en parle que maintenant, c'est parce que sa découverte est beaucoup plus récente.

Son histoire est des plus tristes. Nous ne savons rien de son enfance et de sa jeunesse, mais sa dépouille témoigne d'une fin atroce. Comme d'autres fossiles, hôtes de la grotte, Ciccillo a dû y tomber : peut-être à la poursuite d'une proie qu'il était en train de chasser ; peut-être, tout simplement, pour jeter un coup d'œil. Le sol, friable et parcouru par des eaux souterraines, a cédé ; une chute catastrophique a suivi ; Ciccillo s'est fracturé un bras et une omoplate. Ensuite, la malchance s'en est mêlée : il n'a pas pu remonter, il a été contraint de chercher une autre sortie, il a emprunté le mauvais chemin. Je l'imagine soutenant son bras cassé avec son bras sain, serrant les dents, s'enfonçant de plus en plus profondément dans le noir, jusqu'au moment où il est parvenu à l'endroit que l'on appelle aujourd'hui l'« abside », et qui est sans issue.

Dans *Voyage au centre de la Terre*, Jules Verne fait dire au héros, Axel, demeuré seul et sans lumière à trente lieues sous la croûte terrestre :

« Je ne puis peindre mon désespoir. Nul mot de la langue humaine ne rendrait mes sentiments. J'étais enterré vif, avec la perspective de mourir dans les tortures de la faim et de la soif. »

Il en est allé plus ou moins de même pour Ciccillo, plongé pendant des jours dans une obscurité totale, blessé, sans rien à boire ou à manger, et au bout du compte mort d'épuisement.

Sur sa reconstitution, on ne voit pas bien à quel point son front était fuyant et combien les os de son crâne dépassaient au-dessus de ses orbites. Ce sont là des caractéristiques communes à tous les Néandertaliens, mais beaucoup plus marquées chez lui. Et de fait, les premiers anthropologues qui ont réussi à l'étudier, dans la grotte, l'avaient prudemment qualifié de « prénéandertalien ». En réalité, c'est un homme de Néandertal à part entière, comme l'atteste son ADN. Mais les incertitudes initiales sur son espèce se justifient par le contexte affreusement difficile de son étude.

La grotte de Lamalunga est constituée d'un ensemble de cavités creusées par l'eau, dites « cavités karstiques », reliées par des tunnels horizontaux et des passages verticaux que les experts appellent des « drains ». Au fil du temps, ces passages se remplissent de débris, qui s'enfouissent si l'on marche dessus ; ou bien l'eau souterraine use peu à peu les couches de roche jusqu'à ce qu'elles cèdent et s'effondrent. Ce sont, en somme, autant de pièges naturels, et il est aisé de le constater : au cours des millénaires passés, des daims, des cerfs, des bovins et des mammifères aujourd'hui éteints dans les Pouilles, comme les hyènes, y sont tombés tour à tour. Au nord, la grotte se termine par l'« abside » évoquée plus haut ; c'est là, en 1993, qu'un groupe de spéléologues locaux ont découvert Ciccillo. Son squelette était, et il est resté, incorporé en totalité au carbonate de calcium des stalactites et des stalagmites qui sont apparues autour de lui. Avec le passage du temps, ses os se sont mélangés : son crâne est à l'envers et repose sur son fémur ; tout autour, des concrétions de calcaire ont formé des sortes de bulles, qui brillent à la lumière des torches. Giorgio Manzi et Giacomo Giacobini ont présenté un projet visant à extraire le crâne, bien entendu avec toutes les précautions nécessaires, et à le rapporter à la surface afin de pouvoir l'analyser dans de meilleures conditions ; on ne peut qu'espérer qu'il soit approuvé. Pour le moment, on a jugé préférable de ne rien toucher : enlever tous les os sans les endommager serait une tâche très ardue, voire impossible. Nos connaissances actuelles sur Ciccillo nous viennent donc de mesures effectuées au moyen de lasers et d'autres instruments employés pour des relevés tridimensionnels ; et la tête élaborée par les jumeaux Kennis résulte, elle aussi, d'un dispositif informatique. La petite portion d'ADN à notre disposition a été prélevée sur un fragment d'omoplate situé dans la partie arrière, non visible, de la stalactite, grâce à un procédé inspiré de la cœlioscopie, la technique chirurgicale qui permet d'opérer un patient en insérant dans son abdomen un tube souple équipé d'une caméra.

Ciccillo mesurait peut-être 1,65 mètre de hauteur ; il était très robuste, doté d'un bassin très large et du gros nez propre aux Néandertaliens. Il est mort à environ trente-cinq ans, ce qui, pour l'époque, était un âge assez avancé. Son ADN, ou plus exactement la petite quantité d'ADN mitochondrial que l'on a pu extraire de son fossile, est typique de son espèce et ressemble à celui des *Homo neanderthalensis* venus environ 100 000 ans plus tard, comme Feldhofer 1, et d'autres encore retrouvés dans des pays du sud de l'Europe (Italie, Espagne, Croatie). L'ADN des Néandertaliens de Russie est quelque peu différent, tout comme ceux d'un troisième groupe septentrional découvert en France et en Belgique, et d'un deuxième Néandertalien de Feldhofer, Feldhofer 2, qui a lui aussi un ADN nordique. On peut en tirer deux conclusions : hier comme aujourd'hui, les différences génétiques entre les populations éloignées dans l'espace tendent à se multiplier ; déjà en ces temps anciens, les habitants d'un même lieu n'avaient pas nécessairement tous le même ADN.

Bien que nous ne possédions pas assez de matériau pour décrypter le reste de l'ADN de Ciccillo, d'immenses progrès ont été réalisés dans ce domaine. Depuis 2010, l'étude de l'ADN néandertalien s'est enrichie de nouvelles données qui ne se limitent plus au petit segment mitochondrial et s'étendent à l'ensemble de l'ADN, le génome. Les premiers à les obtenir ont été, une fois de plus, des chercheurs de l'équipe dirigée par Svante Pääbo, à partir de l'assemblage de fragments osseux de trois individus exhumés dans la grotte de Vindija, en Croatie. Le premier génome néandertalien connu résulte ainsi de la synthèse de trois fossiles, et il n'y a là rien d'étrange : le premier génome humain publié provenait de cinq individus.

Nous avons vu, au chapitre précédent, que l'ADN mitochondrial de tous les Néandertaliens diffère de celui de tous les êtres humains modernes. Prise à la lettre, une telle donnée semblerait indiquer que nous sommes en présence de deux espèces distinctes. Toutefois, dans ce domaine comme dans d'autres, il est toujours dangereux de se laisser aller à des conclusions hâtives. Et de fait, lorsque l'on a réussi à analyser la totalité du génome néandertalien, notre vision d'ensemble s'en est trouvée modifiée ; car le génome de Vindija a beaucoup plus de points communs avec les génomes modernes que l'ADN mitochondrial. Nous approfondirons la question au chapitre IX. Pour le moment, concentrons-nous sur la relation entre Vindija et les cinq génomes actuels que l'équipe de Pääbo a étudiés pour l'occasion : deux africains, un français, un chinois et un dernier provenant de Papouasie-Nouvelle-Guinée. Il ressort de cette recherche que l'ADN néandertalien ressemble moins à ceux des Africains qu'aux autres. L'écart est certes faible : environ 2 à 4 %. Mais il est constant : plusieurs autres comparaisons avec d'autres génomes modernes ont confirmé l'observation. Que faut-il en déduire ?

On peut imaginer deux scénarios : l'hybridation ou la descendance commune. L'hybridation signifierait qu'il y a environ 50 000 ans, des Néandertaliens présents en Europe depuis longtemps seraient entrés en contact avec les premiers *Homo sapiens* venus d'Afrique. Cette rencontre aurait été lourde de conséquences. Des membres des deux espèces auraient eu des enfants ensemble (ils se seraient hybridés, pour le dire en termes techniques), et ensuite des descendants aux caractéristiques génétiques néandertaliennes et modernes mêlées. Il se serait d'ailleurs agi, comme l'indique la proportion de 2 à 4 % mentionnée plus haut, d'un mélange déséquilibré, où la contribution de quelques Néandertaliens se serait amalgamée à celle de nombreux *Homo sapiens* ; les caractéristiques génétiques archaïques n'auraient pas pour autant été perdues en totalité, puisque nous pouvons, aujourd'hui encore, les reconnaître. Dans cette hypothèse, l'hybridation expliquerait la proximité accrue des Néandertaliens par rapport aux Européens, et aussi par rapport à des humains habitant des lieux où les Néandertaliens n'ont jamais mis les pieds, comme la Chine ou la Papouasie-Nouvelle-Guinée, mais qu'avaient peuplés les *Homo sapiens* qui, des générations auparavant, s'étaient peut-être reproduits avec des *Homo neanderthalensis*.

Ce n'est cependant pas la seule hypothèse plausible. Si l'on compare nos génomes à ceux des kangourous et des chimpanzés, on remarquera que les seconds nous ressemblent davantage que les premiers. Il n'en découle pas que nous nous soyons jamais hybridés avec des chimpanzés, mais simplement que nos cellules ont conservé les traces d'une ascendance commune plus longue : nous partageons, avec les chimpanzés, des ancêtres communs plus récents qu'avec les kangourous. De manière analogue, une similitude de longue date pourrait expliquer pourquoi les non-Africains partagent 2 à 4 % d'ADN en plus avec les Néandertaliens que les Africains. Nous y reviendrons dans le prochain chapitre, mais précisons d'ores et déjà ceci : les ancêtres des Européens, des Asiatiques et même des habitants de Papouasie-Nouvelle-Guinée étaient originaires d'Afrique du Nord, c'est-à-dire d'une région peu éloignée de celle où se trouvaient les Néandertaliens ; ils avaient donc avec eux, selon toute probabilité, des ancêtres communs plus récents qu'avec les Africains qui occupaient l'ouest, l'est et le sud du continent. Ces derniers, au cours des millénaires, ont peut-être accumulé les différences qui, aujourd'hui, éloignent davantage des Néandertaliens les populations de l'Afrique prise dans son ensemble que celles des autres continents.

On ne saurait, bien entendu, s'en tenir à la formulation de telles hypothèses ; il faut aussi les vérifier, chiffres à l'appui. Sans entrer dans un excès de données statistiques, retenons que l'hybridation et la descendance commune, avancée quant à elle par un généticien italien qui travaille à Cambridge depuis de nombreuses années, Andrea Manica, sont susceptibles l'une comme l'autre d'expliquer les différences observées entre nos génomes et ceux de Néandertal. Le débat reste donc ouvert. Sachant que Svante Pääbo est nettement favorable à la première interprétation, son point de vue doit, à n'en pas douter, être pris très au sérieux. Il n'en demeure pas moins légitime d'exprimer quelques doutes à son propos. À supposer qu'il y ait bien eu hybridation entre deux espèces humaines, il devrait exister quelque part un crâne montrant des caractéristiques anatomiques intermédiaires entre les nôtres et celles des Néandertaliens ; or, à ce jour, on n'en a découvert nulle part. En outre, les études les plus récentes ont avancé la date de disparition d'*Homo neanderthalensis* et nous indiquent qu'il s'est éteint en Europe il y a environ 38 000 ans ; il a donc vécu au contact de nos ancêtres africains quelques millénaires de moins qu'on ne l'estimait par le passé. Enfin, tous les fossiles européens remontant à cette période de coexistence sont soit modernes, c'est-à-dire plus ou moins comme nous, soit archaïques, c'est-à-dire néandertaliens.

Quant aux raisons de l'extinction d'*Homo neanderthalensis*, il n'existe pas de réponse simple. Plusieurs facteurs ont dû entrer en jeu. Nous avons déjà évoqué son retard technologique dans le domaine de l'armement et la difficulté qu'il éprouvait à affronter de loin des *Homo sapiens* ou de grands mammifères. La différence de sophistication technologique saute en effet aux yeux, si l'on compare les outils en pierre néandertaliens (on parle à leur propos d'industrie lithique moustérienne) et ceux qui proviennent des sites où vivaient des *Homo sapiens* ; elle était peut-être en rapport avec les quantités de neurones présentes dans le cortex préfrontal, dont nous avons aussi parlé plus haut. Il convient, d'autre part, de prendre en considération une intéressante étude de Mark Sorensen et William Leonard sur le métabolisme basal, c'est-à-dire, en substance, les besoins énergétiques des deux espèces humaines concernées. Les deux chercheurs sont partis d'une équation simple, élaborée par l'Organisation mondiale de la santé, qui permet de calculer la dépense moyenne de calories en fonction du poids corporel ; ils ont ensuite corrigé leurs estimations pour tenir compte des climats froids où vivait l'homme de Néandertal et de son activité physique. De nos jours, un individu sédentaire a besoin d'environ 1 500 à 2 500 kilocalories par jour. Dans la mesure où, à l'époque préhistorique, personne ne menait une vie sédentaire, on est en droit de supposer que même les premiers *Homo sapiens* avaient des besoins plus élevés que les nôtres. Il n'empêche : les Néandertaliens battaient tous les records. Selon les calculs de Sorensen et Leonard, ceux qui ne partaient pas à la chasse consommaient malgré tout plus de 4 000 kilocalories, et ceux qui chassaient toute la journée dépassaient les 6 000 kilocalories. Sachant qu'un kilo de viande contient 2500 kilocalories, le Néandertalien moyen avait donc besoin de plusieurs kilos de viande par jour. Sachant par ailleurs qu'un bon boucher obtient 4 quintaux de viande à partir d'un bœuf de 7 quintaux (les bovidés préhistoriques étaient plus maigres que les bovidés actuels, mais passons), un gros bœuf ne suffisait qu'un peu plus d'une semaine pour nourrir un groupe de 20 Néandertaliens. Ce sont là des calculs très approximatifs et (je dois l'avouer) improvisés ; l'idée qu'ils suggèrent n'en est pas moins exacte. À de tels niveaux de consommation, les Néandertaliens ne pouvaient subvenir à leurs besoins qu'en se procurant chaque jour des quantités colossales de nourriture. Des études plus récentes ont certes montré que leur régime alimentaire comprenait aussi des légumes et, au Proche-Orient, des céréales. Un fait demeure : ils étaient contraints de procurer à tous les membres de leur communauté, chaque jour, des quantités de viande largement supérieures à celles qui étaient nécessaires aux *Homo sapiens* ; à long terme, ce désavantage a pu rendre la compétition insoutenable. Enfin, bien que nous n'ayons aucune donnée pour le prouver, on ne saurait exclure un phénomène similaire à celui qui s'est produit beaucoup plus tard en Amérique, à l'arrivée des Européens : la propagation de parasites ou de bactéries contre lesquels *Homo sapiens* était immunisé, et qui auraient eu à l'inverse des conséquences dévastatrices sur les Néandertaliens.

Au vu de tous ces facteurs, et aussi de l'effet débilitant des degrés élevés de consanguinité dont nous avons déjà parlé, il semble logique de penser que, face à l'avancée d'une population mieux équipée et sans doute mieux organisée qu'eux, les Néandertaliens aient tenté d'échapper à la compétition : au bout d'un certain nombre d'expériences négatives, ils ont dû abandonner aux envahisseurs les meilleurs terrains de chasse et gagner des régions moins hospitalières. Ce faisant, ils ont sans doute provoqué une fragmentation accrue de leur population ; il a dû devenir de plus en plus difficile de se nourrir et de trouver des partenaires aptes à garantir la survie de l'espèce. Le cannibalisme et l'inceste sont pour nous des tabous absolus (Gino Strada, le fondateur de l'ONG Emergency, espérait que la guerre le serait aussi ; ce n'est, hélas, manifestement pas le cas). Les Néandertaliens ont néanmoins fini par les pratiquer. On connaît la suite. Une certitude, par conséquent : à long terme, la victoire a été remportée par l'espèce porteuse d'une culture plus avancée, mieux à même de développer et de transmettre les connaissances indispensables pour se doter de meilleurs outils, d'une meilleure protection contre le froid, de meilleurs systèmes de chasse et d'une organisation sociale plus efficace.

On a toutefois de sérieuses raisons de penser qu'avant de s'éteindre les Néandertaliens ont vendu chèrement leur peau. En février 2022, un groupe d'archéologues français dirigé par Ludovic Slimak a découvert à l'intérieur de la grotte de Mandrin, dans la vallée du Rhône, les plus anciens témoignages de la présence d'*Homo sapiens* en Europe : une dent, des pointes de flèches et des lames datant d'il y a 54 000 ans, c'est-à-dire antérieures de 10 000 ans aux plus vieux objets connus jusqu'alors et retrouvés en deux endroits (Bacho Kiro, en Bulgarie, et la Grotta del Cavallo, dans les Pouilles). Cette présence a cependant été de courte durée, à peine quelques décennies. Avant et après, pendant des millénaires, ce sont des *Homo neanderthalensis* qui ont occupé la grotte de Mandrin ; les auteurs de la découverte ont donc préféré parler de « brèves incursions » d'*Homo sapiens* en territoire néandertalien. Ces premiers envahisseurs avaient beau être déjà équipés d'armes plus sophistiquées que les outils moustériens des Néandertaliens, ils n'ont réussi à les supplanter que pendant quelques années, avant de disparaître pour un certain temps. L'avancée d'*Homo sapiens* n'a donc rien eu d'une marche triomphale ; elle a plutôt ressemblé à une longue campagne désorganisée et non programmée au terme de laquelle, pour toute une série de raisons, ils sont restés seuls. Il est encore trop tôt pour en tirer des conclusions définitives, mais une si longue période de coexistence pas toujours pacifique de deux espèces humaines sur un même territoire nous force à réfléchir aux changements culturels dont témoignent les découvertes archéologiques les plus récentes sur des sites néandertaliens.

Vers la fin de son aventure terrestre, quelque chose a changé dans le monde culturel immobile de l'homme de Néandertal. Des objets et des habitudes demeurés identiques depuis l'époque de Ciccillo, des dizaines de millénaires auparavant, se modifient. On trouve ainsi des traces de craies ayant sans doute servi d'ornement corporel, des os d'oiseaux dont les plumes ont probablement été arrachées à des fins décoratives, des corps déposés de telle manière que l'on songe à des rituels funéraires. Sur ce dernier point, les opinions divergent. Lorsque, à l'occasion de fouilles archéologiques, on met au jour un squelette en position fœtale, il est difficile de déterminer s'il s'est recroquevillé au moment de sa mort ou si quelqu'un l'a enseveli ainsi. Dans le second cas, cela signifierait que la pensée d'*Homo neanderthalensis* était assez évoluée pour concevoir un culte des morts, et donc une vie dans l'au-delà. En attendant d'en apprendre davantage, retenons bien ceci : il y a environ 40 000 ans, des bouleversements sont intervenus au sein des sociétés néandertaliennes. Si, comme le suggèrent les objets découverts dans la grotte de Mandrin, cela correspond bien à la période au cours de laquelle les hommes de Néandertal et *Homo sapiens* se sont rencontrés, observés d'abord de loin et ensuite de plus près, combattus mais aussi, d'une certaine façon, apprivoisés, alors une perspective nouvelle s'ouvre devant nous. L'innovation culturelle a peut-être été alimentée par des mécanismes d'imitation, un peu comme lorsque de jeunes enfants construisent des châteaux de sable en prenant exemple sur des enfants plus âgés. Ainsi, les derniers Néandertaliens se sont peut-être mis à suivre des modes introduites par les nouveaux venus : à Cueva de los Aviones et à Cueva Antón, en Espagne, ils ont percé des coquillages pour en faire des colliers ; à Fumane, près de Vérone, ils ont chassé des oiseaux non comestibles pour leur enlever leurs plumes et, vraisemblablement, les utiliser à des fins esthétiques. Colorer son corps, revêtir des ornements, enterrer (peut-être) les corps des êtres chers, peindre (peut-être) les premières fresques rupestres dans la grotte d'El Castillo, en Espagne : la disparition des Néandertaliens, qui marque le passage du paléolithique moyen au paléolithique supérieur, à savoir l'âge de pierre d'*Homo sapiens*, a été précédée de mutations profondes. Nous ignorons la nature des sentiments qu'elles ont provoqués chez l'homme de Néandertal. De la peur et de la désorientation ? C'est probable. Mais peut-être aussi l'impression qu'une stagnation plurimillénaire avait pris fin, que son temps immobile s'était (à titre tout à fait provisoire, comme nous le savons) remis en mouvement.

POUR APPROFONDIR

On trouvera de nombreuses informations sur le style de vie et sur la culture des Néandertaliens dans le beau livre de Silvana Condemi et François Savatier, *Néandertal, mon frère. 300 000 ans d'histoire de l'homme* (Paris, Flammarion, « Champs », 2019).

Eriksson A., Manica A., « Effect of Ancient Population Structure on the Degree of Polymorphism Shared between Modern Human Populations and Ancient Hominins », *Proceedings of the National Academy of Sciences USA*, 109, 2014, p. 13956-13960.

Green R. E. *et al.*, « A Draft Sequence of the Neanderthal Genome », *Science*, 328, 2010, p. 710-722.

Greenbaum G. *et al.*, « Disease Transmission and Introgression Can Explain the Long lasting Contact Zone of Modern Humans and Neanderthals », *Nature Communications*, 10, 2019, p. 5003.

Hajdinjak M. *et al.*, « Reconstructing the Genetic History of Late Neanderthals », *Nature*, 555, 2018, p. 652-656.

Lari M. *et al.*, « The Neanderthal in the Karst : First Dating, Morphometric and Paleogenetic Data on the Fossil Skeleton from Altamura (Italy) », *Journal of Human Evolution*, 82, 2015, p. 88-94.

Pääbo S., « The Human Condition : A Molecular Approach », *Cell*, 157, 2014, p. 216-226.

Prüfer K. *et al.*, « The Complete Genome Sequence of a Neanderthal from the Altai Mountains », *Nature*, 505, 2014, p. 43-49.

Slimak L. *et al.*, « Modern Human Incursion into Neanderthal Territories 54,000 Years ago at Mandrin, France », *Science Advances*, 8, 2022, eabj9496.

Sorensen M. V., Leonard W. R., « Neanderthal Energetics and Foraging Efficiency », *Journal of Human Evolution*, 40, 2011, p. 483-495.

L'Ève mitochondriale,
il y a 200 000 ans

VIII
L'Ève mitochondriale, il y a 200 000 ans

La grand-mère de toutes les grands-mères : *Homo sapiens*

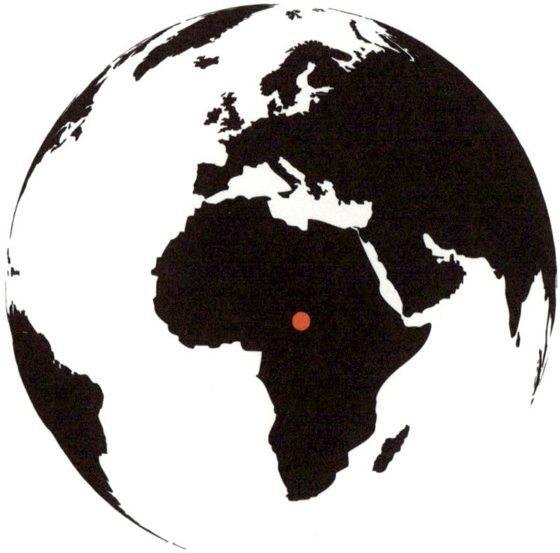

Son existence a été démontrée en 1987 grâce à une analyse génétique effectuée par Rebecca Cann, Mark Stoneking et Allan Wilson

Sa localisation en Afrique est compatible avec toutes les données fossiles, génétiques et archéologiques disponibles à ce jour

Il y a 200 000 ans — *Il y a 100 000 à 70 000 ans* — *Il y a 10 000 ans*

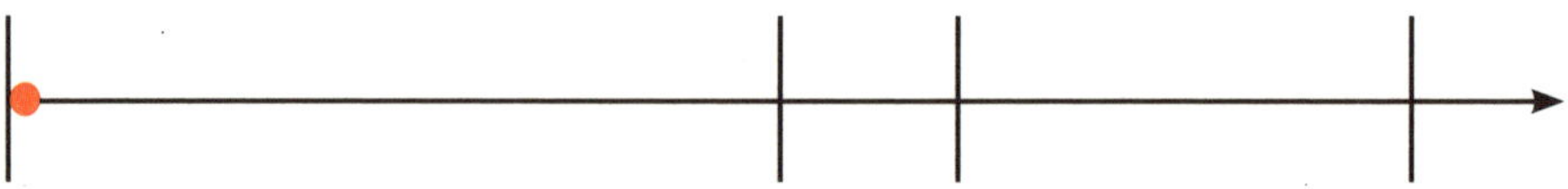

Homo sapiens en Afrique — Traces d'*Homo sapiens* hors d'Afrique — Néolithique

L’image de la page précédente correspond à la reconstitution d’une femme en chair et en os qui a sans aucun doute existé, mais dont aucun reste fossile n’est parvenu jusqu’à nous (et si nous en retrouvions à l’avenir, nous ne serions pas en mesure de les reconnaître). Elle a pourtant joué un rôle important dans notre histoire, à tel point qu’on lui a donné un nom qui revient souvent dans les publications scientifiques et qui apparaît parfois aussi dans les magazines et les journaux : l’Ève mitochondriale. Nous savons des choses sur elle, même si nous ignorons à quoi elle ressemblait. Les artistes d’Ecofauna, une entreprise installée près de Pise qui produit des modèles éducatifs tridimensionnels d’animaux et de plantes, ont créé cette sculpture à l’occasion d’une exposition présentée en 2017 au Palazzo delle Esposizioni de Rome, et intitulée « ADN. Le grand livre de la vie de Mendel à la génomique ». Ève s’y tenait assise au centre d’une vaste pièce plongée dans la pénombre, visiblement enceinte, et tout aussi visiblement pleine d’espoir. A posteriori, on est en droit d’affirmer qu’elle avait raison de l’être, puisqu’elle nous a transmis, à nous tous, un peu de son ADN, et qu’elle est la grand-mère de toutes les grands-mères du monde. Je vais vous expliquer. Mais concentrons-nous dans l’immédiat sur la personne que nous avons sous les yeux. C’est le premier membre de l’espèce *Homo sapiens* que nous rencontrons dans ce livre, et cela saute aux yeux : à la forme de son visage, à son front droit, à son menton, aux proportions de son corps. On ne le voit pas ici mais, sur la sculpture, ses genoux sont rugueux et sales : dans les sociétés de chasseurs-cueilleurs (peu nombreuses aujourd’hui, mais il en existe encore ici ou là), les femmes passent beaucoup de temps à genoux, à cueillir des fruits et des racines et à les broyer ; or il se trouve justement qu'Ève appartenait à une population qui, comme toutes les autres jusqu'au néolithique, il y a 10 000 ans, se procurait sa nourriture par la chasse et la cueillette. Par ailleurs, ses cheveux sont imprégnés de la terre rouge qui a aussi servi à fabriquer ses colliers et à tracer une ligne à hauteur de ses sourcils. Vouloir se faire beau n'est pas l'apanage de notre espèce, et nous venons de voir que les Néandertaliens ornaient leurs corps de coquillages et de plumes d'oiseaux. Mais chez *Homo sapiens*, faire bonne figure est un impératif catégorique, et en dépit de son âge vénérable (200 000 ans) Ève n'a pas cherché à s'y soustraire. Il n'empêche qu'on est d'abord et avant tout frappé, en regardant sa statue, par ses mains posées sur son ventre. Le moment est donc venu de parler du fils qu'elle porte en elle. Ou plutôt de la fille, puisque dans cette histoire, pour une fois, ce sont les femmes qui comptent. Ou, plus exactement encore, des filles, car Ève en a eu au moins deux.

Si nous savons qu'elle a existé et si nous avons une idée de la date de son existence, c'est grâce aux travaux d'Allan Wilson, un remarquable biologiste néo-zélandais. Dans son laboratoire de Berkeley, près de San Francisco, on a mis au point les méthodes d'analyse de l'ADN ancien, l'ADN d'organismes ayant vécu il y a des dizaines de milliers d'années. Quelques-uns des chercheurs les plus importants de la génération suivante y ont été formés, en particulier Svante Pääbo mais aussi Mark Stoneking, un excellent généticien des populations dont nous reparlerons bientôt. En 1987,

Allan Wilson a eu une idée brillante sur le procédé à suivre afin de reconstituer notre histoire à partir de notre ADN.

(Je regrette déjà la phrase que je viens d'écrire : elle suggère l'image d'une ampoule qui s'allumerait soudain dans la tête d'un savant, par exemple celle de Geo Trouvetou, le héros de bande dessinée ; et la voilà, belle et prête à l'usage, l'intuition géniale. Ce n'est bien entendu pas ainsi que les choses se passent. À l'époque d'Archimède – le vrai, celui de Syracuse – peut-être. Mais de nos jours, les scientifiques discutent entre eux, lors de congrès ou à distance ; ils explorent le champ des possibles ; ils se passionnent et il leur arrive même de hausser le ton ; plus ou moins à contrecœur, ils finissent par rejeter des hypothèses qui paraissaient lumineuses et qui se sont révélées décevantes ; peu à peu, tous ensemble, ils précisent la bonne méthode ou le bon raisonnement à appliquer pour effectuer un petit pas en avant. Aucune découverte moderne n'est le fruit d'un seul esprit, aussi génial soit-il. Je ne supprime cependant pas la dernière phrase du paragraphe précédent, car il faut reconnaître à Allan Wilson le mérite d'avoir été le premier à voir quelque chose qui était sous les yeux de tout le monde, mais dont personne n'avait eu la clairvoyance de bien comprendre toutes les implications.)

Imaginons un groupe d'une centaine de personnes et livrons-nous à une expérience mentale consistant à remonter le cours de leurs lignes généalogiques de filiation sur trois, quatre, mille générations. Mais ne nous précipitons pas : au sein de notre espèce, et de beaucoup d'autres, tout individu a un père et une mère ; par conséquent, lorsque l'on va du présent au passé, le nombre d'ancêtres double à chaque génération : quatre grands-parents, huit arrière-grands-parents, et ainsi de suite… Cela devient vite trop compliqué. Afin de nous faciliter la tâche, rappelons-nous qu'on n'a qu'une mère, et concentrons-nous sur elle. Pour notre centaine de personnes, il n'existe que deux possibilités : soit elles ont toutes une mère différente, et il y en avait donc cent à la génération précédente ; soit deux ou plusieurs d'entre elles ont eu la même mère, et alors leurs mamans ne sont plus que 99 ou 98, voire moins. Intéressons-nous maintenant à la troisième génération : un phénomène identique sera observable et le nombre de grands-mères ne peut que rester constant ou diminuer. Dès lors, au fur et à mesure que nous reculons dans le passé, le nombre de nos aïeules ne fera que se restreindre jusqu'au moment où il n'en restera plus qu'une seule, l'ancêtre commune la plus récente de la totalité du groupe pris en considération.

En génétique, on appelle coalescence le processus en vertu duquel, à rebours dans le temps, deux lignes généalogiques se rencontrent chez le même individu. Si l'on part de 100 personnes et que l'on remonte les lignes généalogiques féminines, au terme de 99 coalescences, on rencontrera nécessairement, mais à une date impossible à prévoir, leur ancêtre commune. Inutile d'ajouter que le même raisonnement est valable pour les lignes généalogiques masculines. À partir de là, envisageons les choses en grand, comme Allan Wilson : au lieu d'une centaine de personnes, prenons toute l'humanité, ou du moins un échantillon représentatif comprenant des individus originaires de tous les continents. Le raisonnement fonctionne toujours, à cette différence près que l'aïeule commune apparaît à une époque beaucoup plus éloignée (en moyenne, les Messinaises ont une ancêtre commune plus récente avec les Palermitaines qu'avec les Coréennes). Si elle est l'ancêtre de toute l'humanité, il est légitime de la prénommer Ève, et de prénommer Adam son homologue masculin. Elle a eu au moins deux filles, par définition, puisqu'elle correspond au dernier point de coalescence de la totalité des généalogies. Avant de nous enliser dans de graves problèmes théologiques, hâtons-nous toutefois de préciser qu'il ne faut pas prendre nos affirmations au pied de la lettre. Rien ne nous garantit que notre Ève et notre Adam aient vécu au même moment et au même endroit, et donc qu'ils se soient rencontrés. En réalité, c'est à peu près impossible. Car jusqu'à présent, nous avons parlé de liens de filiation. Mais pour situer correctement Adam et Ève dans le temps, il est nécessaire de recourir à la génétique.

À l'intérieur de chacune de nos cellules, notre génome est contenu dans 46 chromosomes : une moitié nous vient de notre mère ; l'autre, de notre père. À deux exceptions près : un petit tronçon d'ADN, l'ADN mitochondrial, n'est transmis que par la mère, à tous ses enfants ; un chromosome, le chromosome Y, n'est transmis que par le père, à ses enfants de sexe masculin. Si Ève est l'ancêtre commune à l'ensemble de l'humanité, toutes les personnes aujourd'hui en vie ont hérité d'elle leur ADN mitochondrial. Il n'est cependant pas resté identique à lui-même, génération après génération : petit à petit, sous l'effet d'un processus normal de mutation, il a changé et produit de nombreuses variantes. Au chapitre V, nous avons vu qu'elles apparaissent à un rythme plus ou moins régulier et nous avons parlé, à ce propos, d'horloge moléculaire. À partir des différences constatables sur les ADN contemporains, on peut donc effectuer un calcul approximatif du temps qui s'est écoulé depuis l'époque de la grand-mère de toutes les grands-mères. En conjuguant la théorie de la coalescence avec l'horloge moléculaire, Allan Wilson et deux de ses collaborateurs, Rebecca Cann et Mark Stoneking, sont parvenus à la conclusion qu'il a peut-être fallu 200 000 ans pour qu'un vaste échantillon de l'humanité, comprenant des personnes provenant de tous les continents, développent les différences observables sur leurs ADN mitochondriaux. De plus, en représentant ces différences sous la forme d'un arbre, avec des branches courtes entre ADN similaires et des branches longues entre ADN moins similaires, Cann, Stoneking et Wilson ont dessiné une sorte de pyramide au sommet de laquelle, par définition, se situe l'Ève mitochondriale. Et ils ont ainsi remarqué que, comme elle, plusieurs de ses descendantes, nos lointaines aïeules, vivaient en Afrique ; à l'inverse, c'est seulement à une période plus récente qu'on en voit apparaître en Asie, en Europe et en Amérique. Un tel constat ne laisse donc pas la moindre place au doute : la première phase de notre évolution s'est déroulée en Afrique et c'est en partant de là, plus tard, que des *Homo sapiens* se sont aventurés sur d'autres continents.

Les fossiles à notre disposition et les objets mis au jour lors de fouilles archéologiques indiquaient déjà que nous venons d'Afrique. L'étude menée par l'équipe d'Allan Wilson a ajouté une troisième pièce au puzzle, une donnée génétique qui complète à la perfection les deux autres. Pour comprendre son importance, il n'est pas inutile de rappeler que dans les années 1980 on ne savait pas encore bien s'il fallait chercher les premiers représentants de notre espèce en Afrique (comme le proposaient les paléontologues), en Asie (comme le suggéraient des études effectuées sur un nombre limité de gènes) ou un peu partout (comme le pensaient les partisans de la théorie multirégionale, dont nous avons parlé au chapitre IV). Un an après la publication de l'article de Cann, Stoneking et Wilson, une couverture du magazine *Newsweek* montrait un jardin d'Éden où une Ève manifestement africaine tendait une pomme à un Adam tout aussi manifestement africain ; mais sur une des pages intérieures on lisait que la théorie de l'origine africaine de l'homme moderne demeurait « controversée ». À l'époque, peut-être ; et encore. Mais ce n'est plus le cas aujourd'hui. Enfin, si vous étiez tenté de prendre ladite couverture un peu trop au premier degré, souvenez-vous que l'Ève mitochondriale a été dans l'impossibilité de tendre la pomme à un Adam identifié à partir d'une étude menée sur le chromosome Y, et ce pour une raison très simple : ils ont vécu à des époques différentes. Ils étaient tous les deux Africains, c'est une certitude ; mais selon les calculs les plus récents, Adam aurait précédé Ève d'environ 50 000 ans.

« Comment est-ce possible ? » me demanderez-vous. Je vous répondrai que notre génome est immense, que ses diverses régions ont connu des sorts différents et qu'elles n'ont donc pas toutes la même généalogie. Nous pouvons avoir les yeux de notre grand-mère paternelle, les pommettes de notre grand-père maternel et les mains d'une autre aïeule : de manière analogue, plusieurs portions d'ADN peuvent nous venir de plusieurs ancêtres. Si nous étions en mesure de retracer l'histoire de chacune d'entre elles, elle nous conduirait tour à tour jusqu'à un ancêtre différent de toute l'humanité. En d'autres termes, nous aurions beaucoup d'Adam et beaucoup d'Ève, chacun responsable de la transmission d'un tronçon d'ADN différent, et tous situés en divers lieux et en diverses époques. Deux d'entre eux, ceux de la couverture de *Newsweek*, ont pu être identifiés grâce à deux lignes de descendance plus faciles à suivre : la ligne mitochondriale, exclusivement féminine, et celle du chromosome Y, exclusivement masculine.

En somme, ce sont les paléontologues qui avaient raison. Le plus ancien *Homo sapiens*, ou plutôt le plus ancien fossile connu présentant des caractéristiques anatomiques modernes, provient du site éthiopien d'Omo Kibish, et il est âgé de 190 000 ans. Une dizaine de milliers d'années seulement le séparent donc d'Ève, mais il ne faut pas y attacher une importance excessive et il n'existe aucune raison particulière pour que leurs deux âges coïncident. D'une part, le squelette d'Omo Kibish témoigne de la présence en Afrique, il y a 190 000 ans, d'un homme qui, correctement vêtu, pourrait s'asseoir près de nous dans un bus sans que nous y fassions attention ; en revanche, selon Steve Jones, si un Néandertalien faisait de même, nous descendrions du bus. D'autre part, Ève est une femme qui occupe une place singulière parmi nos ancêtres et qui a vécu plus ou moins à la même période dans la même région ; elle n'est pas pour autant la première représentante féminine de l'espèce *Homo sapiens*. Elle a eu une mère, une grand-mère, des aïeules. Après s'être unie à un membre de sa communauté, elle a engendré des filles qui ont légué son ADN mitochondrial aux leurs, et ainsi de suite. De sorte qu'il lui est échu d'être à l'origine de tous les ADN mitochondriaux encore en circulation, d'être l'ancêtre commun *le plus récent* de notre ADN mitochondrial. Les autres ancêtres communs à toute l'humanité ont vécu soit après elle, soit un peu avant (Adam, pour n'en citer qu'un), soit longtemps avant. Une forte variabilité caractérise par exemple les HLA (antigènes des leucocytes humains), qui ont pour fonction de réguler le système immunitaire ; ce qui explique, soit dit en passant, pourquoi divers sujets répondent différemment, voire très différemment, aux mêmes infections. L'horloge moléculaire nous apprend que notre ancêtre commun, si l'on considère certains de ces gènes, a vécu il y a plusieurs millions d'années ; mais il nous est impossible de préciser s'il s'agissait d'un homme ou d'une femme. En définitive, notre génome est un manteau d'Arlequin dont chaque pièce nous a été léguée, à travers différentes voies, par des ancêtres qui ont vécu à des époques variées. D'ailleurs, étant donné le nombre incommensurable de nos ancêtres, le contraire serait étonnant.

Forts de nos certitudes sur nos origines africaines, nous nous sommes débarrassés de maintes théories erronées et nous pouvons désormais nous concentrer sur les vicissitudes qui ont conduit à la propagation de notre espèce, la seule à avoir survécu jusqu'à présent, sur la totalité de la planète. Quelle vie nos ancêtres *sapiens* ont-ils menée, durant la longue phase africaine de leur histoire ? Dans l'ensemble, une vie assez misérable, il reste peu de doute à ce sujet. Comme nous l'avons vu plus haut, ils étaient incapables de produire des denrées alimentaires : avant la naissance de l'agriculture, il y a 10 000 ans (nous en reparlerons au chapitre XIV), ils n'avaient donc le choix qu'entre la chasse et la cueillette de fruits ou de racines. Ce n'était pas obligatoirement désagréable, lors des périodes fastes : leurs repas du jour assurés, rien ne leur interdisait de baguenauder ; les paysans, en revanche, sont contraints de travailler toute la journée, comme nous le confirme l'étude comparée de populations contemporaines pratiquant soit la chasse-cueillette, soit une agriculture rudimentaire. Mais tôt ou tard, la chance tournait et les ennuis survenaient. Sur les sites occupés par des chasseurs-cueilleurs, qui datent donc de plus de 10 000 ans, les archéologues n'ont jamais retrouvé de récipients destinés à conserver de la nourriture. Et pour cause : il n'y en avait jamais assez pour avoir à la stocker. Les chasseurs-cueilleurs vivaient dans la précarité. Voilà pourquoi leurs populations sont, et ont toujours été, peu nombreuses. Par ailleurs, faisons bien attention aux dates : d'une part, le fossile d'Omo Kibish a 190 000 ans ; d'autre part, les technologies nécessaires à la production d'aliments en ont moins de 10 000. Trouver son pain quotidien a donc été, pour *Homo sapiens*, le principal problème à résoudre pendant la quasi-totalité de son histoire.

Les *Homo sapiens* chasseurs-cueilleurs avaient beau posséder, comme l'ont montré les fouilles archéologiques, des outils en pierre plus sophistiqués que ceux de leurs prédécesseurs, leur vie n'avait rien de fondamentalement différent de celle des Néandertaliens ou d'autres espèces humaines antérieures. C'étaient des semi-nomades, qui séjournaient quelque temps là où ils trouvaient de la nourriture et se déplaçaient lorsque les ressources alimentaires étaient épuisées, ou peut-être lorsqu'un incendie ou une attaque de prédateur mettait leur survie en péril. Ce style de vie présente par ailleurs l'avantage d'aboutir à une meilleure connaissance de l'espace environnant. En l'absence de boussoles et de cartes, il ne fallait certes pas songer à des explorations conscientes ; mais au fil du temps, leur nature vagabonde a poussé les premiers *Homo sapiens* à parcourir l'Afrique, puis à se risquer au-delà.

Le Proche-Orient a conservé les traces d'expéditions précoces et malchanceuses. À Skhul, sur le mont Carmel, et à Qafzeh, près de Nazareth, on a exhumé de très anciens squelettes d'*Homo sapiens* parfois enterrés en position fœtale. Non loin de là, on a retrouvé deux sites néandertaliens, Tabun et Kebara. Avant que l'on ait été en mesure de dater tous ces fossiles, on estimait qu'ils témoignaient d'une période de transition entre *Homo neanderthalensis* et *Homo sapiens*, voire, dans l'interprétation des partisans de la théorie multirégionale, de l'évolution de la première espèce vers la seconde : il y aurait donc eu, à Tabun et à Kebara, nos ancêtres aux crânes les plus archaïques, et, à Skhul et à Qafzeh, leurs descendants dotés de crânes plus modernes. Nous savons désormais qu'il n'en est rien : les ossements d'*Homo sapiens* ont 100 000 ans ; ceux des Néandertaliens, entre 40 000 et 60 000. Les plus jeunes ne pouvant en aucune manière être les ancêtres des plus âgés, les occupants de Skhul et de Qafzeh ne descendent pas des Néandertaliens locaux, qu'ils n'ont pas non plus réussi à chasser de leurs territoires. C'est plutôt le contraire qui a dû se produire : les premiers *Homo sapiens* sortis d'Afrique se sont sans doute installés sur la côte méditerranéenne il y a environ 100 000 ans, sans pousser plus loin leur avancée ; quelques millénaires plus tard, les Néandertaliens avaient repris possession de cette région. Une crise climatique pourrait d'ailleurs avoir joué un rôle non négligeable dans cette alternance : il y a environ 80 000 ans, le climat du Proche-Orient est devenu plus sec et plus rigoureux ; or, les Néandertaliens étaient plus habitués au froid que leurs rivaux. En définitive, il apparaît donc très peu probable que les *Homo sapiens* de Skhul et de Qafzeh aient laissé des descendants au sein des populations d'Europe et d'Asie.

Toujours est-il qu'au bout du compte *Homo sapiens* est parvenu à sortir d'Afrique et à s'établir sur les autres continents du globe. Nous ne savons pas bien comment il s'y est pris, et quels chemins il a empruntés. De toute façon, nous sommes contraints de nous représenter des événements aussi éloignés dans le temps d'une manière quelque peu schématique. Parler d'une ou deux sorties principales d'Afrique ne revient donc pas à nier l'éventualité d'un grand nombre de migrations mineures, accomplies par de petits groupes qui se sont aventurés hors de notre continent d'origine : parfois, ils ont atteint leur but et donné naissance à de nouvelles populations ; d'autres fois (comme à Skhul et à Qafzeh), les choses ne se sont pas aussi bien passées. En outre, certains ont dû refaire le chemin en sens inverse, pour revenir du Proche-Orient en Afrique. Nous ne pouvons rien proposer de plus, en l'état actuel de nos connaissances, qu'une reconstitution des principaux mouvements migratoires, la question principale étant de savoir s'il y en a eu un seul ou deux. Sur ce dernier point, le débat reste ouvert. Il y a environ 65 000 ans, des *Homo sapiens* ont traversé le territoire actuel de l'Égypte avant d'atteindre le Proche-Orient : c'est là un fait acquis. En revanche, le doute continue de planer sur une migration plus ancienne qui, il y a plus de 100 000 ans, aurait suivi une route méridionale directement de la Corne de l'Afrique au sud de la péninsule Arabique et de là, le long des côtes de l'Asie centrale, jusqu'à l'Extrême-Orient et l'Australie. Sur le plus ancien site archéologique australien, près du lac Mungo, on a en effet découvert des squelettes datant de 60 000 à 42 000 ans. Bien que nous ignorions la vitesse de déplacement des premières communautés d'*Homo sapiens*, une durée de 5 000 ans apparaît assez courte, pour passer de l'Égypte à l'Australie du Sud. C'est là une des raisons qui incitent à envisager sérieusement l'hypothèse d'une sortie d'Afrique antérieure à celle survenue il y a 65 000 ans. Dans le sud de la péninsule Arabique, sur le site de Jebel Faya, on a retrouvé des lames de hache et d'autres outils attestant la présence d'*Homo sapiens* il y a 125 000 ans. Mais il reste impossible de déterminer si ces populations, dont nous ne possédons aucun fossile osseux, se sont arrêtées là ou si elles ont au contraire poursuivi leur voyage vers l'est. (Nous en parlerons au chapitre XII.)

Une certitude, pour terminer : les premiers *Homo sapiens* à s'être aventurés hors d'Afrique ne formaient pas un échantillon représentatif de l'ensemble du continent. L'ADN se conservant mal dans les climats chauds et humides, les données relatives à l'ADN ancien des Africains ne remontent qu'à quelques milliers d'années. Nous avons néanmoins d'excellentes raisons de penser que sur une zone aussi vaste, un continent entier, les différences se sont accumulées : entre les populations de l'Est, celles de l'Ouest, celles du Centre et celles du Sud, le patrimoine génétique devait considérablement varier. Le grand bond vers l'Asie et l'Europe a été effectué par des hommes qui, au gré de leurs pérégrinations, sont allés de plus en plus au nord. On touche ici à la notion de *population structurée*, avancée par Andrea Manica : les différences entre anciennes populations africaines d'*Homo sapiens* pourraient expliquer pourquoi l'ADN des Européens actuels (mais aussi ceux des Asiatiques et des habitants de Papouasie-Nouvelle-Guinée) ressemble davantage à celui des Néandertaliens, sans qu'il soit pour cela besoin de recourir à l'hypothèse de nombreuses hybridations. Une fois de plus, il faudra attendre avant de trancher. Nous avons toutefois, d'ores et déjà, quelques idées sur le sujet ; et comme nous le verrons dans le prochain chapitre, les relations entre *Homo sapiens* et Néandertaliens se sont parfois caractérisées par une certaine tendresse.

POUR APPROFONDIR

On peut consulter le site du Palazzo delle Esposizioni de Rome, où s'est tenue l'exposition sur l'ADN organisée par Bernardino Fantini, Telmo Pievani, Sergio Pimpinelli et Fabrizio Rufo, à partir du lien suivant : https://www.palazzoesposizioni.it/mostra/dna-il-grande-libro-della-vita-da-mendel-alla-genomica.

Armitage S. J., Jasim S. A., Marks A. E., Parker A. G., Usik V. I., Uerpmann H. P., « The Southern Route "out of Africa": Evidence for an Early Expansion of Modern Humans into Arabia », *Science*, 331, 2011, p. 453-456.

Cann R. L., Stoneking M., Wilson A. C., « Mitochondrial DNA and Human Evolution », *Nature*, 325, 1987, p. 31-36.

Karmin M. *et al.*, « A Recent Bottleneck of Y Chromosome Diversity Coincides with a Global Change in Culture », *Genome Research*, 25, 2015, p. 459-466.

Tucci S., Akey J. M., « A Map of Human Wanderlust », *Nature*, 538, 2016, p. 179-180.

Oase 2,
il y a 37 000 ans

IX
Oase 2, il y a 37 000 ans

Des métis : *Homo sapiens*

Deux fossiles, découverts en 2002 par Ştefan Milota, Adrian Bîlgăr et Laurenţiu Sarcina près de la ville d'Anina, dans les Carpates, en Roumanie

Oase 1 nous est connu par une mandibule ; Oase 2, par la partie faciale de son crâne

Il y a 200 000 ans — *Il y a 100 000 à 70 000 ans* — *Il y a 10 000 ans*

Homo sapiens en Afrique — Traces d'*Homo sapiens* hors d'Afrique — Néolithique

Un front large, pas de petit toit osseux disgracieux au-dessus des yeux, un menton prononcé et, comme si cela ne suffisait pas, un beau sourire. Aucun doute possible : l'homme de la page précédente appartient bien à notre espèce. C'est vrai. Mais seulement jusqu'à un certain point, comme nous le verrons ; environ 94 %. Il est européen et il vient de Peştera cu Oase (la Grotte aux Os), un système karstique situé en Roumanie, près de la frontière avec la Serbie. De même qu'à Altamura, il s'agit d'une cavité souterraine creusée par les eaux et abritant les ossements des nombreux mammifères qui y sont tombés ou qui s'y sont perdus. Dans les Pouilles, il y avait des hyènes ; ici il y a un bouquetin. Plusieurs millénaires se sont écoulés depuis l'époque de Ciccillo, la faune a changé et elle ressemble désormais à celle d'aujourd'hui. Près d'une ancienne ouverture, aujourd'hui obstruée par un éboulement, on trouve un espace baptisé « salle de la Mandibule ». Vous devinez pourquoi. C'est là que l'on a retrouvé les restes décomposés de deux êtres humains, Oase 1 et Oase 2. Il ne s'agit pas de sépultures : le mouvement des eaux souterraines a entraîné ces ossements jusque-là, en provenance d'on ne sait où. Enfin, ils sont très âgés : pendant quelques années, notre Oase a été le plus ancien fossile européen d'*Homo sapiens*.

Aujourd'hui, ce n'est plus le cas : il a été dépassé (de peu) par une dent vieille de 45 000 ans découverte dans les Balkans, à l'intérieur de la grotte de Bacho Kiro, en Bulgarie. Arrivé du Proche-Orient via l'Anatolie, *Homo sapiens* aurait donc pénétré en Europe à travers la péninsule Balkanique. C'est d'ailleurs l'itinéraire le plus logique, mais il convient de se montrer prudent :

nous avons déjà vu que les hypothèses les plus logiques ne sont pas toujours les bonnes. Quant à la question du temps qu'il lui a fallu pour le parcourir, il reste difficile d'y apporter une réponse certaine. Pour le calculer, il nous faudrait savoir à quelle date exacte les ancêtres d'Oase ont quitté l'Afrique, et nous l'ignorons. On dispose certes d'estimations, comme nous allons le voir, mais elles gardent quelque chose d'assez abstrait. Les premiers *Homo sapiens* ne sont pas arrivés au Proche-Orient tous ensemble et en même temps. Le processus a été graduel : de nombreux petits groupes se sont aventurés hors d'Afrique sans se coordonner, explorant au hasard de nouveaux territoires. Il nous sera pourtant utile de fixer une date qui constituera en quelque sorte une moyenne de celles des différents mouvements migratoires. Et n'hésitons pas à répéter que certaines expéditions ont échoué, comme nous le rappellent les fossiles de Skhul et de Qafzeh. Par conséquent, cette date correspondra au moment à partir duquel *Homo sapiens* a occupé *de façon stable* de nouveaux territoires en dehors de l'Afrique. Nous ne savons pas qui ont été les principaux acteurs de cette migration, qui n'ont laissé ni fossiles ni traces archéologiques. Il nous reste en revanche les gènes de leurs descendants, c'est-à-dire nous. Grâce à eux, au terme de calculs complexes et de simulations informatiques, on a pu estimer le temps nécessaire aux populations du monde entier, à partir d'un petit groupe de pionniers africains, pour accumuler les différences génétiques observables aujourd'hui entre elles : à en croire les généticiens (et comment pourrais-je ne pas leur prêter foi ?), il a fallu entre 70 000 et 56 000 ans.

Du Proche-Orient à l'Europe, d'Israël à la Bulgarie, la route est longue et semée d'embûches. Au chapitre VII, nous avons vu que les plus anciennes traces archéologiques de la présence d'*Homo sapiens* en France remontent à plus de 50 000 ans, mais aussi que leur tentative s'est limitée à une incursion temporaire sur un site ensuite occupé à nouveau, et pour longtemps, par des Néandertaliens. Des avant-gardes ont donc dû pousser assez vite leurs explorations jusqu'à des destinations très lointaines ; toutefois, avant que nous prenions définitivement le contrôle de l'ensemble du territoire concerné, une dizaine de millénaires se sont écoulés. Essayons maintenant d'imaginer les premiers *Homo sapiens* européens partis à la découverte de leur nouvel environnement. Ils sont peu nombreux, mais équipés de technologies de pointe : ils disposent d'outils en pierre, en os, en corne et même en ivoire ; ils sont bien protégés contre le froid grâce à des peaux d'animaux qu'ils découpent avec des lames et qu'ils cousent avec des aiguilles ; ils savent tisser ; ils sont armés de lances et de flèches. Avantagés par toutes ces inventions, ils sortent souvent vainqueurs des luttes qu'ils ont à mener, et garantissent à leurs enfants des conditions de vie favorables. Peu à peu, leur croissance démographique aboutit à la formation de nouvelles populations. D'ailleurs, l'espace ne manque pas. Nous ne possédons pas assez de restes osseux pour tenter un véritable recensement, mais nous avons quand même pu nous faire une vague idée de leur nombre. En multipliant la superficie des territoires européens qu'*Homo sapiens* occupait au paléolithique supérieur par la densité moyenne des chasseurs-cueilleurs actuels, Jean-Pierre Bocquet-Appel, un démographe français, a obtenu des estimations atteignant 40 000 individus en Europe (soit l'équivalent du nombre d'habitants d'Arras ou d'Angoulême).

On aurait tort de juger ce chiffre très faible : les *Homo sapiens* étaient d'ores et déjà assez nombreux pour prévaloir sur les Néandertaliens, qui, selon toute apparence, l'étaient beaucoup moins. Afin de comparer la taille des deux populations, Paul Mellars et Jennifer French se sont livrés, en Aquitaine, à un véritable travail de bénédictin : ils ont compté un à un les objets produits respectivement par les technologies propres aux derniers Néandertaliens (appelées châtelperroniennes) et par celles des premiers *Homo sapiens* (appelées aurignaciennes). Quelques outils en pierre étant d'attribution difficile, une petite marge d'erreur demeure inévitable. D'un autre côté, les calculs peuvent être affinés en tenant compte du nombre de foyers, de leur taille et aussi du nombre de personnes qui y vivaient, obtenu à partir de la quantité de restes d'animaux comestibles. Mellars et French sont ainsi parvenus à la conclusion qu'en Aquitaine, il y a 44 000 à 35 000 ans, les *Homo sapiens* étaient dix fois plus nombreux que les Néandertaliens. Si l'on transpose cette proportion à l'ensemble de l'Europe, on a donc 40 000 *Homo sapiens* pour 4 000 *Homo neanderthalensis*. Bien que ces chiffres doivent être pris avec toutes les précautions requises, il est évident que, dès cette date, l'identification de l'espèce appelée à prévaloir était assez aisée.

Le processus a cependant mis du temps avant de s'achever. Nous avons beaucoup d'hypothèses et peu de données fiables sur les relations entre les deux communautés au cours des millénaires de leur coexistence en Europe. Parfois, elles vivaient littéralement en face les unes des autres, comme le montrent des sites châtelperroniens et aurignaciens découverts des deux côtés d'une même vallée. Nous avons par ailleurs rencontré à Shanidar, en Irak, une victime probable de leurs affrontements. Et nous avons vu aussi que l'exemple des *Homo sapiens* a pu stimuler la créativité des Néandertaliens et les pousser à adopter certaines coutumes des nouveaux immigrants, y compris, peut-être, la fabrication d'objets sans utilité pratique et d'une valeur purement esthétique. Au total, il a donc dû y avoir des conflits fréquents, plus ou moins violents, mais aussi des rapports plus amicaux ; et l'on ne saurait exclure, même si l'on ne dispose d'aucune preuve à ce sujet, l'hypothèse de formations de communautés mixtes.

Nous avons néanmoins la preuve, justement grâce à Oase, que les relations entre Néandertaliens et *Homo sapiens* ont parfois été bien plus qu'amicales (mais nous ne savons pas à quelle fréquence). Je dois ici confesser mon recours à un stratagème que j'espère innocent : les fossiles découverts à Oase correspondent à deux individus, mais je les traiterai comme s'ils ne faisaient qu'un. Je commence donc par supposer que l'ADN d'Oase 1 et le crâne complet d'Oase 2, qui a servi de point de départ à la reconstitution des frères Kennis, appartenaient à la même personne. Et je profite du privilège accordé à tous les auteurs de livres pour les fondre en un seul personnage, quitte, je l'avoue, à contredire mes propres affirmations réitérées sur les différences anatomiques et génétiques constatables entre habitants d'un même lieu. Mais souvenons-nous après tout que, pour étudier le premier génome de Néandertal, on a assemblé les restes de trois individus.

Le génome d'Oase 1 contient deux composantes distinctes, porteuses d'histoires aussi différentes que peuvent l'être celle de nos grands-parents maternels et celle de nos grands-parents paternels. La première composante présente des caractéristiques néandertaliennes. Pour déterminer leur origine, des calculs sont nécessaires. Une moitié de notre génome nous vient de notre mère et une autre de notre père ; un quart environ, de chacun de nos grands-parents (*environ*, parce que les apports de ces derniers se sont mélangés dans les cellules de nos parents) ; un huitième environ, de chacun de nos arrière-grands-parents ; un seizième environ, de chacun de nos arrière-arrière-grands-parents, soit à peu près 6,25 %. Au vu des recherches effectuées par Svante Pääbo et son équipe, 6 à 9 % du génome d'Oase 1 seraient d'origine néandertalienne. La relative imprécision de ces chiffres s'explique par la présence, dans notre ADN et dans celui des Néandertaliens, de nombreuses portions identiques auxquelles il est difficile d'attribuer une origine certaine. Un fait demeure assuré, malgré tout : Oase a beau ressembler à un *Homo sapiens* parmi tant d'autres, il avait un ancêtre néandertalien assez proche dans le temps, sans doute un trisaïeul. Non content d'être un *Homo sapiens* métis d'un type tout à fait particulier, non content de prouver, par son ADN, la réalité d'unions sexuelles entre *Homo sapiens* et *Homo neanderthalensis*, Oase montre aussi que les descendants de ces amours hybrides étaient à leur tour en mesure de procréer. Il semblerait donc légitime de se demander si nous appartenons à la même espèce, nous et les Néandertaliens. Je préfère revenir sur cette question délicate dans le dernier chapitre. Pour le moment, je me contenterai de rappeler que, dans des cas comme celui-ci, le concept d'espèce n'est pas d'une aide précieuse, qu'il risque même de nous fourvoyer. Svante Pääbo estime qu'il convient de poser le problème en d'autres termes, et je partage son opinion.

On peut donc imaginer le scénario suivant. Il y a 500 000 à 700 000 ans, en Afrique, un groupe humain, peut-être formé d'*Homo heidelbergensis*, se divise en deux. L'un reste sur place ; l'autre migre vers le nord et, parvenu au Proche-Orient, se divise une nouvelle fois. Certains se dirigent vers l'Asie, où ils seront à l'origine des mystérieux Dénisoviens ; d'autres se dirigent vers l'ouest, où ils donneront naissance aux populations néandertaliennes. Pendant ce temps, en Afrique aussi, l'humanité évolue : peu à peu, *Homo sapiens* prend forme. Pendant des dizaines de millénaires, il se comporte comme tous les chasseurs-cueilleurs : il se déplace souvent, à la poursuite de troupeaux d'animaux ou pour quitter des endroits qui ne lui conviennent pas. Il explore ainsi de nouveaux territoires et, il y a 100 000 ans, arrive au Proche-Orient. Certains, comme nous l'avons vu, ne vont pas plus loin ; d'autres, si. Il y a 70 000 à 56 000 ans, ils se séparent à nouveau, notamment parce que, entre groupes voisins, on finit par se disputer les ressources disponibles, alors qu'il suffit de s'éloigner un peu pour éviter les conflits. Les uns prennent la route de l'Asie, où ils rencontreront les Dénisoviens ; les autres se dirigent vers l'Europe, où ils rencontreront les Néandertaliens. Dans les deux cas, ils ne se limiteront pas à s'entretuer ou à se regarder tendrement dans le blanc des yeux, comme le montrent l'ADN d'Oase 1 et celui que l'on a extrait de la dent retrouvée à Bacho Kiro, en Bulgarie.

Les études les plus approfondies situent ces rencontres fatales il y a 65 000 à 47 000 ans.

Si la première composante du génome d'Oase 1 (6 à 9 % du total) provient d'un trisaïeul néandertalien, l'autre composante (les 91 à 94 % restants) lui a été léguée par ses 15 autres trisaïeux, et elle provient clairement d'un ADN d'*Homo sapiens*. On voit à quel point le cocktail génétique était déséquilibré : quelques Néandertaliens ont certes procréé avec des *Homo sapiens*, mais leur apport s'est dilué au fil des générations. Cela dit, n'allons pas trop vite en besogne. Sachant que l'arrière-arrière-grand-père néandertalien d'Oase 1 a dû avoir des enfants avec une arrière-arrière-grand-mère *sapiens* une centaine d'années avant la naissance de son descendant, il n'a pas pu le faire des milliers de kilomètres plus au sud, au Proche-Orient. Les ADN d'Oase 1 et de Bacho Kiro prouvent qu'entre les Néandertaliens et nous, il y a eu plusieurs rencontres : soit quand nous étions déjà en Europe, soit très peu de temps avant notre arrivée. Les premières études menées par l'équipe de Svante Pääbo parlaient d'une hybridation survenue au Proche-Orient, ce qui expliquerait la présence d'ADN néandertalien en des endroits où aucun *Homo neanderthalensis* n'est jamais allé, par exemple l'est de l'Asie ou la Mélanésie : si les avant-gardes *sapiens* d'Afrique ont eu des enfants avec des Néandertaliens au Proche-Orient, alors les gènes de ces mêmes Néandertaliens ont très bien pu laisser des traces jusque chez leurs descendants *sapiens* établis en Extrême-Orient. À la suite d'études ultérieures, il a cependant été question de trois hybridations, et il semble aujourd'hui évident que ce chiffre est largement sous-estimé, que les coups de foudre ont été bien plus nombreux qu'on ne le pensait naguère.

Quelles ont été les conséquences de ces unions entre *Homo sapiens* et Néandertaliens ? Selon la théorie de l'hybridation, elles ont eu une portée gigantesque : une portion d'ADN (2 à 4 %) de l'ensemble des êtres humains vivant aujourd'hui en dehors de l'Afrique proviendrait d'ancêtres néandertaliens à travers certains de ces croisements. On ne saurait toutefois, à ce sujet, être trop prudent. Des hybridations avec des Néandertaliens ont eu lieu, c'est un fait avéré dont on a la preuve à Oase et à Bacho Kiro. Affirmer que, d'une manière ou d'une autre, 6 milliards et demi de personnes (la totalité des non-Africains actuels) descendent de cette hybridation revient cependant à en tirer une conclusion qui prête le flanc à plusieurs objections. En premier lieu, la composante de l'ADN d'Oase 1 et de Bacho Kiro dérivée de *sapiens* présente des caractéristiques que l'on ne retrouve pas chez les populations européennes contemporaines, et l'ADN de Bacho Kiro montrerait plutôt une certaine similitude avec celui des populations asiatiques. En revanche, les génomes des Européens d'aujourd'hui manifestent des signes très reconnaissables de trois autres vagues migratoires, toutes postérieures à l'arrivée en Europe du premier groupe venu d'Afrique, c'est-à-dire celui dont semble descendre Oase 1 (nous y reviendrons au chapitre XIV). Bien que l'on ne soit toujours pas en mesure de préciser la nature des relations instaurées entre les tout premiers Européens et ceux qui sont arrivés après eux, il semble peu probable qu'Oase 1 fasse partie de notre généalogie. Il est sans conteste l'un des premiers

Homo sapiens européens ; il n'est pas pour autant l'ancêtre de *la totalité* des *Homo sapiens* européens.

À ce propos, autant jouer cartes sur table : un grand nombre de mes très respectables confrères ne partagent pas mes doutes et souscrivent sans hésiter à la théorie de l'hybridation. Même avec la meilleure volonté du monde, je n'y parviens que jusqu'à un certain point et j'éprouve d'immenses difficultés à accepter l'idée qu'en remontant les branches de notre arbre généalogique, on finisse inévitablement par rencontrer un Néandertalien. Nous avons vu qu'une composante de notre génome, petite mais significative, l'ADN mitochondrial, est transmise par la mère à ses enfants, et qu'une autre, le chromosome Y, est léguée par le père à ses enfants mâles. Depuis quelques années, on sait que l'ADN mitochondrial des Néandertaliens est très différent de celui des *sapiens* et facile à reconnaître. Or, parmi les dizaines de milliers d'ADN mitochondriaux étudiés à ce jour, *aucun* ne présente des caractéristiques néandertaliennes. Pendant quelques années, les partisans de l'hybridation ont expliqué ce phénomène en recourant à la notion d'hybridation *asymétrique* : si l'on ne trouve plus aujourd'hui d'ADN mitochondrial néandertalien, ce serait parce que les hybridations auraient toujours eu lieu entre mâles néandertaliens et femelles *sapiens*, et jamais l'inverse. Cette explication (désormais abandonnée) ne m'a jamais convaincu. Même en admettant que dans la préhistoire certains préjugés de genre aient moins pesé que de nos jours, j'ai quelque peine à imaginer les premiers *Homo sapiens* européens tenir aux Néandertaliens un discours signifiant en substance : « Écoutez, nous sommes sur le point de vous chasser de votre territoire, mais vos femmes, pardon pour la franchise, sont de vraies mochetés et nous ne voulons même pas en entendre parler. En revanche, si les nôtres vous plaisent, ne vous gênez pas, nous ne sommes pas jaloux. Et tenez, tant que nous y sommes, nous emmènerons vos enfants avec nous quand nous émigrerons à nouveau. »

L'étude du chromosome Y a requis quelques années de plus, mais elle a fini par prouver que les choses n'ont pas pu se dérouler ainsi. Ici encore, il existe des différences entre notre chromosome Y et celui des Néandertaliens, absent chez les milliers d'hommes contemporains étudiés. Que peut-on déduire de tout cela ? Selon moi, et je pense que mes confrères seront tous d'accord sur ce point, on ne peut concevoir que deux types d'hybridation : un mâle néandertalien avec une *sapiens* femelle (mais alors on s'attendrait à retrouver, chez certains de nos contemporains, un chromosome Y néandertalien ; or ce n'est pas le cas) ; une femelle néandertalienne avec un *sapiens* mâle (mais alors on s'attendrait à retrouver, chez certains de nos contemporains, un ADN mitochondrial néandertalien ; or ce n'est pas le cas non plus). Les partisans de l'hybridation rétorquent à ces objections que, chez les êtres humains hybrides, un mécanisme lié à la sélection naturelle a dû jouer contre le chromosome Y et l'ADN mitochondrial des Néandertaliens : ces deux régions importantes du génome fonctionnaient chez *Homo neanderthalensis*, mais pas chez les individus issus d'hybridations. Ainsi, elles auraient peu à peu été perdues, tandis que 2 à 4 % du génome de Néandertal aurait par ailleurs été conservé.

C'est possible. Tout est possible. L'hypothèse me semble

toutefois difficile à vérifier, en l'absence définitive de Néandertaliens à qui l'on pourrait demander de s'accoupler avec certains d'entre nous, afin de voir si le mécanisme génétique évoqué à l'instant se déclenche chez les enfants nés de ces unions hybrides. On peut en revanche, et on ne s'en est d'ailleurs pas privé, effectuer des calculs très complexes sur le degré de probabilité d'une perte totale de ces deux portions du génome, les seules dont l'origine soit certaine, et d'une conservation d'autres parties de ce même génome dans nos cellules, à savoir celles de tous les non-Africains actuels. L'avenir nous en apprendra davantage.

Dans l'immédiat, puisqu'un grand nombre de mes confrères et amis jugent ma perplexité excessive, je vais la mettre un instant de côté. Admettons, par conséquent, que notre génome ait gardé des quantités significatives d'ADN néandertalien (2 à 4 % chez les non-Africains) ou dénisovien (de petits pourcentages chez les populations d'Extrême-Orient, d'Australie et de Papouasie-Nouvelle-Guinée). La question est alors de savoir si elles ont constitué, pour nous, un avantage ou un désavantage. En principe, la réponse ne devrait pas être trop difficile à trouver : il suffirait d'analyser les génomes du plus grand nombre possible d'individus contemporains, et de voir si certaines de leurs variantes étaient déjà présentes chez les Néandertaliens ou les Dénisoviens ; si tel était bien le cas, et a fortiori si ces variantes n'apparaissaient pas sur les génomes des *Homo sapiens* les plus anciens, leur origine ne ferait plus le moindre doute. En pratique, ce n'est pas aussi simple. D'abord, nous ne disposons pas de l'ADN d'*Homo sapiens* assez anciens, c'est-à-dire antérieurs à l'entrée en contact avec les Néandertaliens, et dont on pourrait être certain qu'ils n'ont pas eu de relations sexuelles avec des représentants d'espèces humaines archaïques. En second lieu, il est aisé de confondre les effets de l'hybridation avec ceux de la sélection naturelle. Jusqu'en 2010, lorsque l'on observait, au sein de certaines populations, une fréquence élevée de variantes génétiques ailleurs absentes ou rares, on tendait à estimer qu'elles étaient devenues fréquentes parce qu'elles étaient utiles, propices à la survie de l'espèce et donc favorisées par la sélection naturelle. De nos jours, en présence de phénomènes similaires, on tend plutôt à y voir l'effet d'hybridations. D'une part, cela signifie que nous prenons en compte deux hypothèses, deux explications possibles, ce qui est toujours louable. Mais d'autre part, cela signifie que nous ne possédons aucun moyen sûr de distinguer les effets de la sélection naturelle de ceux de l'hybridation. Et attribuer à la seconde tout ce qu'on attribuait à la première il y a encore quelques années ne me paraît pas être une excellente idée.

Abstraction faite de ces réserves (dont j'avoue bien volontiers qu'elles pourraient résulter d'un pur et simple entêtement sénile), force est de reconnaître qu'il existe des études très sérieuses sur les traces, dans notre ADN, d'hybridations avec des *Homo neanderthalensis* ou des Dénisoviens. Des gènes néandertaliens pourraient par exemple avoir eu des effets sur la diversité de notre système immunitaire, la teneur en kératine de notre peau, notre mécanisme d'assimilation des sucres, les dimensions de notre crâne et de notre cerveau. Une donnée très claire concerne la transmission aux populations tibétaines, en l'occurrence par les Dénisoviens, des variantes de deux gènes de résistance à la haute altitude, EGLN1 et EPAS1. Au chapitre VI, nous avons parlé d'un gène régulateur, FOXP2, qui coordonne le fonctionnement de nombreux gènes lors du développement de l'embryon. EGLN1 et EPAS1 sont, eux aussi, des gènes régulateurs ; ils entrent en action lorsque le niveau d'oxygène diminue, produisent alors des protéines qui activent d'autres gènes, lesquels stimulent à leur tour la dilatation des vaisseaux sanguins et la production de globules rouges. À très haute altitude, EGLN1 et EPAS1 assurent ainsi un meilleur transport vers les tissus du peu d'oxygène à disposition. Or, deux de leurs variantes très actives sont tout à fait communes chez les populations tibétaines, totalement absentes chez les populations voisines et présentes dans le génome des hommes de Denisova. On a là, me semble-t-il, une preuve convaincante d'une hybridation avec des Dénisoviens.

(Une courte parenthèse à propos de ces derniers, rencontrés pour la première fois au chapitre V. On avait déjà retrouvé des fragments d'ADN d'origine dénisovienne probable, et correspondant à moins de 1 % du total, dans une zone géographique bien définie : la Papouasie-Nouvelle-Guinée, l'Australie et les territoires maoris de Nouvelle-Zélande. À une date récente, des fragments encore plus petits d'ADN susceptibles de provenir de Dénisoviens ont été identifiés au sein des populations de l'Est et du Sud-Est asiatiques, y compris, justement, les Tibétains évoqués au paragraphe précédent. La grotte de Denisova se trouvant au beau milieu de la Sibérie, dans la chaîne montagneuse de l'Altaï, on est contraint de se demander comment ses anciens habitants ont pu laisser une empreinte, si infime soit-elle, sur les génomes de personnes situées à des milliers de kilomètres. Une explication éventuelle nous vient de la tendance des hommes à migrer. Et puisque l'on détecte encore des traces de notre origine africaine dans tous nos génomes, il n'y a pas lieu d'être étonné par la présence de portions d'ADN dénisovien chez des populations très éloignées de la Sibérie. La question serait plutôt de savoir pourquoi on ne trouve pas de traces similaires, voire plus marquées, chez les populations les plus proches des montagnes de l'Altaï. Difficile, à ce stade, d'y répondre. Une explication plausible consisterait à dire que les Dénisoviens occupaient un immense territoire allant jusqu'en Extrême-Orient, et que la grotte où ils ont été identifiés se situait à sa périphérie. Dans ce cas, nous serions en droit d'imaginer une hybridation entre des *Homo sapiens* venus d'Afrique et des Dénisoviens de la région la plus méridionale du continent asiatique.)

Revenons, pour terminer, à l'interrogation que nous avons laissée en suspens : à supposer que de petites fractions de notre ADN proviennent d'ancêtres n'appartenant pas à l'espèce *Homo sapiens*, ce mélange a-t-il été, pour nous, un gain ou une perte ? Tous les exemples donnés jusqu'à présent iraient plutôt dans le sens du gain, ce qui apparaît d'ailleurs logique même si l'on raisonne en termes plus globaux. Les Néandertaliens et les Dénisoviens ont vécu longtemps sur des territoires où *Homo sapiens* n'est arrivé que beaucoup plus tard. Ils ont eu davantage de temps pour s'adapter à leurs nouveaux milieux, et en nous transmettant certains de leurs gènes très efficaces, ils nous ont évité d'avoir à refaire tout leur travail d'adaptation. Mais comme souvent, il y a un revers à la médaille. Hugo Zeberg et Svante Pääbo ont en effet découvert, sur le chromosome 3, un ensemble de gènes qui augmentent le risque de développer des formes agressives du virus SARS-CoV-2, en cas d'infection. Or, cet ensemble est présent dans le génome des Néandertaliens de Vindija, qui, selon toute probabilité, nous l'auraient légué. Une fois encore, le débat reste ouvert et l'avenir tranchera. Une règle générale n'en demeure pas moins valable : lorsque l'on se choisit un partenaire, on le prend avec ses qualités et ses défauts. Et c'est bien ce qui a dû se produire aussi il y a plusieurs millénaires, quand des *Homo sapiens* ont noué des relations intimes avec d'autres êtres humains si différents d'eux.

POUR APPROFONDIR

On trouvera deux analyses des conséquences génétiques de la sortie d'*Homo sapiens* d'Afrique dans : Ramachandran S., Deshpande O., Roseman C. C., Rosenberg N. A., Feldman M. W., Cavalli-Sforza L. L., « Support from the Relationship of Genetic and Geographic Distance in Human Populations for a Serial Founder Effect Originating in Africa », *Proceedings of the National Academy of Sciences USA*, 102, 2005, p. 15942-15947 ; Liu H., Prugnolle F., Manica A., Balloux F., « A Geographically Explicit Genetic Model of Worldwide Human-Settlement History », *American Journal of Human Genetics*, 79, 2006, p. 230-237.

Les données sur les dimensions des populations actuelles proviennent du site de Worldometer : https://www.worldometers.info/population/.

Bocquet-Appel J.-P., Demars P.-Y., Noiret L., Dobrowsky D., « Estimates of Upper Palaeolithic Meta-Population Size in Europe from Archaeological Data », *Journal of Archaeological Sciences*, 11, 2005, p. 1656-1668.

Dolgova O., Lao O., « Evolutionary and Medical Consequences of Archaic Introgression into Modern Human Genomes », *Genes*, 9, 2018, p. 358.

Fu Q. *et al.*, « An Early Modern Human from Romania with a Recent Neanderthal Ancestor », *Nature*, 524, 2015, p. 216-219.

Hajdinjak M. *et al.*, « Initial Upper Palaeolithic Humans in Europe Had Recent Neanderthal Ancestry », *Nature*, 592, 2021, p. 253-259.

Huerta-Sánchez E. *et al.*, « Altitude Adaptation in Tibetans Caused by Introgression of Denisovan-like DNA », *Nature*, 512, 2014, p. 194-197.

Mellars P., French J. C., « Tenfold Population Increase in Western Europe at the Neanderthal-to-Modern Human Transition », *Science*, 333, 2011, p. 623-627.

Zeberg H., Pääbo S., « The Major Genetic Risk Factor for Severe COVID-19 Is Inherited from Neanderthals », *Proceedings of the National Academy of Sciences USA*, 118, 2021, e2026309118.

L'estimation de la date d'une éventuelle hybridation entre *Homo sapiens* et les Néandertaliens provient de S. Sankararaman *et al.*, « The Date of Interbreeding between Neanderthals and Modern Humans », *PLoS Genetics*, 8, 2012, e1002947.

Cette datation n'a cependant pas convaincu certains anthropologues : Wang C. C., Farina S. E. et Li H., « Neanderthal DNA and Modern Human Origins », *Quaternary International*, 295, 2013, p. 126-129.

Flo,
il y a 60 000 ans

X
Flo, il y a 60 000 ans

Des êtres humains minuscules : *Homo floresiensis*

Découverte lors d'une expédition australienne et indonésienne, en 2013, dans la grotte de Liang Bua, sur l'île de Florès, en Indonésie

Flo est un squelette presque complet, mais privé de sa cage thoracique

Au total, les restes de 14 individus ont été découverts dans la grotte de Liang Bua

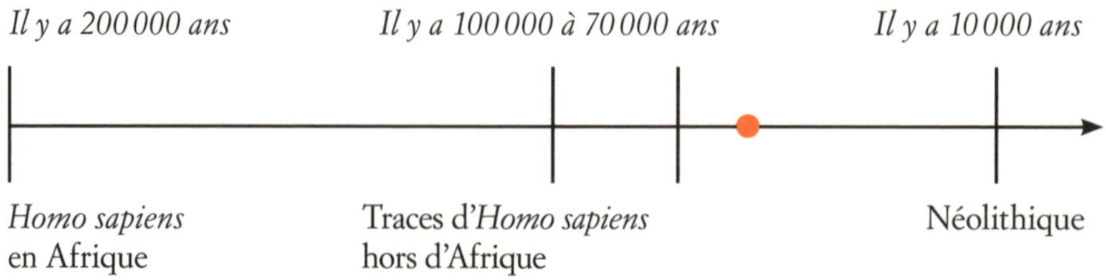

Le 27 octobre 2004, la revue *Nature* publiait un article signé, entre autres, par Peter Brown et Mike Morwood, paléoanthropologues à l'université de Nouvelle-Angleterre d'Armidale, en Australie, et intitulé « Un nouvel hominien de petite taille, datant du pléistocène supérieur, mis au jour à Florès, en Indonésie » : on venait de découvrir une nouvelle espèce humaine. *Nature* est un périodique anglais ; ce jour-là, je me trouvais aux États-Unis ; à mon réveil, l'article était sorti tout au plus cinq heures auparavant, compte tenu du décalage horaire entre Londres et Tampa. J'ai aussitôt écrit à Brown pour lui proposer ma collaboration, dans le cas où ses fossiles contiendraient un ADN utilisable. Sa réponse, bien que courtoise, a été négative. Quelqu'un m'avait précédé et la précieuse trouvaille était déjà en route vers un autre laboratoire, où les résultats des examens n'ont pas été à la hauteur des attentes suscitées : l'état de conservation des fossiles étant très mauvais, il n'a pas été possible d'en extraire l'ADN de la nouvelle espèce, *Homo floresiensis.*

Jusqu'à présent, par souci de ne pas alourdir mon propos, j'ai évité d'utiliser des termes géologiques ; mais ici, je me dois de rappeler que le pléistocène s'étend de 2 millions et demi d'années à 11 700 ans avant le présent. L'homme de Flores, ou plutôt la femme de Flores – puisque c'est à une femme morte vers l'âge de trente ans qu'appartient le premier squelette retrouvé dans la grotte de Liang Bua, en outre plus complet que les treize autres exhumés par la suite – semblait n'avoir que 18 000 ans. La « petite dame de Flores », comme on l'a d'abord appelée avant de la rebaptiser Flo, présente des caractéristiques étonnantes pour son jeune âge : sa taille (106 centimètres) et son volume crânien (400 centimètres cubes) sont ceux d'un petit chimpanzé. À la même époque, en Europe, *Homo sapiens* se consacrait depuis des millénaires à de remarquables projets artistiques comme les peintures rupestres de la grotte Chauvet, avec leurs rhinocéros et leurs lions (nous en parlerons dans le prochain chapitre). En Indonésie, peut-être au contact avec des populations d'*Homo sapiens*, on rencontrait encore des êtres humains semblables à Lucy, c'est-à-dire à quelqu'un qui avait vécu 3 millions d'années avant eux.

Observons-la bien, notre Flo. Sa main a beau dissimuler la partie inférieure de son visage, elle est manifestement privée de menton, et il ne s'agit là que d'une des nombreuses caractéristiques archaïques de son squelette. Ses dents sont, elles aussi, tout à fait particulières : ses canines et ses prémolaires ressemblent à celles d'espèces humaines très anciennes, tandis que les molaires sont déjà modernes. Cette combinaison d'archaïsmes et de nouveautés, constatable chez les six représentants d'*Homo floresiensis* dont nous possédons des dents, est en revanche absente chez toutes les autres espèces humaines. Enfin, les hommes de Florès avaient de longs bras et des jambes courtes, comme les singes et les australopithèques, et de grands pieds disproportionnés par rapport au reste de leur corps.

Les chercheurs australiens qui ont déterré les squelettes de Flo et de ses treize congénères ont vite pris l'habitude de les qualifier de *hobbits*, en hommage aux personnages des célèbres romans de J. R. R. Tolkien. Dans un premier temps, ils avaient même songé à nommer la nouvelle espèce *Homo hobbitus* ; mais ils ont été contraints de renoncer à leur idée. En 2012, les héritiers de Tolkien ont interdit toute utilisation du mot *hobbit* dans le cadre de la présentation de la nouvelle découverte. Et ils sont aussi parvenus à empêcher la distribution d'un film intitulé au départ *Age of the Hobbits*, et rebaptisé plus tard *Clash of the Empires*, qu'un producteur américain s'apprêtait à lancer. Officiellement, *Homo floresiensis* ne peut pas recevoir le nom de *hobbit* ; officieusement, si. Cet épisode étrange, assez déplaisant, n'a d'ailleurs pas été le seul de toute cette affaire, comme nous allons le voir.

La première question consistait à savoir si Flo était une représentante normale d'une nouvelle espèce, ou au contraire une *Homo sapiens* souffrant de graves malformations congénitales. Les autres squelettes étant très fragmentaires, le débat s'est concentré sur le sien. On a avancé trois hypothèses principales : microcéphalie ; syndrome de Down ; dysfonctionnement thyroïdien. Aucune n'était sans fondement, mais elles ont toutes fini par être abandonnées. La microcéphalie est une maladie qui empêche le crâne de bien se développer. Elle peut avoir différentes causes, génétiques ou liées à des infections contractées pendant la grossesse, comme la toxoplasmose, la rubéole et la varicelle. Dans tous les cas, les dimensions réduites du crâne nuisent à la croissance du cerveau, et entraînent souvent de graves arriérations mentales. Une étude approfondie du crâne de Flo a cependant montré que son lobe frontal et son lobe temporal étaient certes petits, mais proportionnés aux autres, contrairement à ce qui se passe chez les patients atteints de microcéphalie.

La présence d'un chromosome en plus de la normale, le

chromosome 21, provoque le syndrome de Down. Ses victimes sont en effet de petite taille et parfois affectées d'une légère microcéphalie. Mais elles ne sont en aucun cas privées de menton, comme Flo, et leurs dents ne ressemblent pas aux siennes. On a donc renoncé à voir en elle une *Homo sapiens* affectée d'une anomalie chromosomique, de même qu'à considérer sa petite taille comme la conséquence d'une carence en iode qui aurait été elle-même due à un mauvais fonctionnement de sa thyroïde. Au bout du compte, peu de spécialistes se refusent encore à reconnaître en *Homo floresiensis* une espèce à part. Ian Tattersall est même convaincu qu'il devrait être rattaché à un autre genre que le genre *Homo* ; j'aurais tendance à lui faire confiance, mais pour le moment, cette classification n'a pas changé.

Les formes animales de petites dimensions ne sont d'ailleurs pas rares, en particulier sur les îles. En Sicile et à Malte, on a retrouvé les restes d'un éléphant disparu, le *Palaeoloxodon falconeri*, qui mesurait moins d'un mètre de haut à l'épaule ; sa très large ouverture nasale, souvent confondue avec celle d'un œil, a peut-être inspiré le mythe des cyclopes. D'autres squelettes d'éléphants nains, en l'occurrence des stégodons, ont été découverts à Chypre, à Malte, dans les Cyclades, à Sulawesi et (tiens donc !) à Florès. En Sardaigne, sur les îles anglo-normandes et au large des côtes californiennes, il y avait jadis de petits mammouths. Le plus petit des canidés, l'urocyon, vit toujours sur ces mêmes îles anglo-normandes, tandis qu'un cerf nain, le sambar, est caractéristique de certaines îles des Philippines. Le plus petit de tous les tigres connus, éteint au début du XXe siècle, était le tigre de Bali. La liste est longue et l'on pourrait multiplier les exemples de nanisme insulaire, à savoir la tendance, surtout chez les mammifères, à diminuer de taille dans les régions isolées. Diverses hypothèses ont été proposées pour expliquer ce phénomène. Si l'on habite sur un continent et que l'on ne dispose plus de ressources alimentaires suffisantes, on peut toujours aller en chercher ailleurs ; c'est moins le cas sur une île, surtout si elle est de dimensions modestes. Réduire son volume corporel (au terme, bien entendu, d'un processus de sélection naturelle) permet de survivre avec peu de ressources : un éléphant d'Afrique a besoin de grandes quantités de nourriture ; l'éléphant nain de Sicile se contentait de beaucoup moins. D'un autre côté, cette perte de taille pourrait aussi résulter d'une détérioration génétique : si une population devient trop peu nombreuse, le risque d'unions consanguines s'accroît, et avec lui toutes les conséquences négatives qui en découlent. Au chapitre VI, nous avons déjà eu l'occasion d'évoquer un processus de ce type, à propos des dernières communautés néandertaliennes. Enfin, et pour autant que ses rares vestiges nous permettent d'en juger, la dernière espèce humaine identifiée, l'homme de Luçon – décrite en 2019 par Florent Détroit et ses collaborateurs, éteinte il y a peut-être 67 000 ans et elle aussi établie sur une île, aux Philippines –, se caractérisait de même par une toute petite taille : moins d'1,50 mètre.

Inutile, par conséquent, de tourner autour du pot : Flo n'était pas une bizarrerie singulière de la nature ; elle appartenait à une communauté de personnes comme elle. Une communauté dont on a en revanche, à la suite d'études minutieuses, situé l'existence il y a environ 60 000 ans, plus loin dans le temps, donc, qu'on ne l'avait pensé au départ. Cela dit, même à quelques millénaires près, les interrogations demeurent identiques. D'où provenaient ces êtres humains si proches de nous d'un point de vue chronologique, mais si primitifs d'aspect ? Comment ont-ils évolué ? Quel était leur mode de vie ? Pourquoi ont-ils disparu ?

Ils provenaient d'Afrique, comme l'humanité tout entière, aucun doute là-dessus. La vraie question serait plutôt de savoir quand ils sont arrivés en Indonésie, et d'en déduire de quelle espèce ils descendaient. La présence chez eux de particularités si archaïques, en particulier sur les os du poignet, a incité certains spécialistes à supposer qu'ils avaient des australopithèques pour ancêtres. Il y aurait cependant là quelque chose de très étrange : tous les restes d'hominidés retrouvés en dehors de l'Afrique et postérieurs à une date située il y a un peu moins de 2 millions d'années appartiennent au genre *Homo* ; contrairement aux australopithèques, ils fabriquaient des outils en pierre. Or, il est difficile d'imaginer que des australopithèques aient réussi à aller aussi loin sans autre protection, contre les périls du voyage, que des mains pour jeter des cailloux ou des jambes pour prendre la fuite, et sans laisser la moindre trace de leur passage à travers l'Asie. Il semble plus logique d'imaginer qu'un groupe d'une espèce archaïque d'*Homo* a fini par aborder sur l'île de Florès, où il aurait ensuite diminué de taille et développé localement ses caractéristiques propres. Cette forme archaïque pourrait être *Homo erectus*, dont la présence à Florès a été démontrée preuves à l'appui et qui avait une dentition assez similaire à celle d'*Homo floresiensis*. Il pouvait toutefois mesurer jusqu'à 1,80 mètre de hauteur, ce qui n'en fait certes pas le candidat idéal au statut d'ancêtre de personnes mesurant à peine plus de la moitié. Selon une autre hypothèse, issue d'une analyse récente des dents et du crâne de Flo menée par Mana Dembo et ses collaborateurs, l'ancêtre en question pourrait être une espèce africaine plus ancienne et inconnue, celle-là même dont descendrait *Homo georgicus* de Dmanissi décrit au chapitre III. Par ailleurs, cet ancêtre était peut-être déjà de petite taille ; pour expliquer celle de Flo, il ne serait alors plus nécessaire de penser à une forme particulièrement marquée de nanisme insulaire. En tout état de cause, Florès étant déjà une île lorsqu'elle a été habitée pour la première fois, force est d'admettre que les ancêtres de Flo avaient trouvé le moyen de franchir un bras de mer d'au moins 24 kilomètres pour l'atteindre, peut-être en s'agrippant à des rondins flottants.

En 2015, afin d'approfondir la question sur place, Serena Tucci, qui enseigne aujourd'hui à Yale et qui était à l'époque doctorante dans notre équipe à Ferrare, s'est rendue en personne à Florès. Comme on nous avait dit qu'il y avait encore des gens très petits sur l'île, nous espérions que l'étude de leur ADN nous permettrait d'identifier une variante absente chez d'autres populations, voire un legs d'*Homo floresiensis*. Ce fut un voyage aventureux, riche en imprévus. Au cours de la phase initiale des négociations avec les autochtones, indispensables pour établir un climat de confiance et de collaboration, ils ont offert à Serena une mystérieuse boisson que, par courtoisie, elle s'est sentie obligée d'accepter… et qui lui a causé une amibiase. Une fois rétablie, elle est retournée à Florès.

Grâce aux excellents rapports créés lors de son premier voyage, elle en a rapporté des échantillons prélevés sur 32 personnes dont la taille moyenne était de 145 centimètres. Malgré l'intérêt indéniable que présentent leurs génomes, ils n'ont pas déployé devant nos yeux des perspectives inédites sur l'évolution de l'homme de Florès. Ils contiennent de petites traces d'ADN dénisovien, de même que ceux de toutes les populations voisines, mais rien qui fasse penser à un héritage spécifique d'*Homo floresiensis*. S'agissant de génomes de très petites personnes, nous avons par ailleurs cherché à savoir s'ils contenaient des variantes d'ADN observées chez d'autres populations pygmées, en Afrique et ailleurs. C'est en effet le cas, mais seulement dans une certaine mesure. Notre taille dépend de nombreux facteurs, en partie génétiques et en partie liés à notre alimentation et à notre environnement en général ; il n'y a pas un ou deux gènes, clairement identifiables, régissant notre stature, mais de nombreuses combinaisons de plusieurs gènes structurées selon des modalités très diverses. En d'autres termes, d'un point de vue génétique, il existe de multiples façons d'être grand ou petit. Selon toute apparence, les habitants de Florès ont évolué sous l'effet d'une forte pression de la sélection naturelle, dont nous pouvons constater les conséquences sur leur génome. Il nous est impossible, en revanche, de préciser sur quels gènes elle s'est exercée, et à quelle date. C'est peut-être là une preuve indirecte supplémentaire de l'avantage dont bénéficient pour leur survie, au sein de milieux insulaires, les personnes de petite taille. À supposer que l'on ne parvienne pas, à l'avenir, à tirer des données génétiques des fossiles d'*Homo floresiensis* (ce qui, en toute franchise, paraît hautement probable), nous ne saurons jamais si cette espèce nous a transmis des fragments de son ADN, ni s'il existe un rapport quelconque entre elle et la taille peu élevée de nombreux habitants actuels de Florès.

Mais les mésaventures concernant l'expédition de Serena Tucci sur l'île n'étaient pas terminées. Des mésententes seraient en effet survenues entre les membres australiens et les membres indonésiens de l'équipe qui a déterré les restes de Flo. À en croire les seconds, les premiers auraient fait preuve de beaucoup d'égoïsme, par exemple en ne permettant pas à certains chercheurs, qui avaient pourtant pris part aux travaux sur le terrain, de cosigner l'article relatant la découverte. Toujours est-il qu'en 2005, Taeku Jacob, un paléontologue indonésien influent, a emporté les fossiles chez lui pour les étudier en toute tranquillité ; il comptait parmi les plus fervents partisans de l'hypothèse selon laquelle Flo ne serait pas la représentante d'une nouvelle espèce humaine, mais une *Homo sapiens* atteinte de maladies congénitales graves. Lorsqu'il a restitué ces fossiles, il y manquait deux jambes ; et plusieurs os, en particulier ceux du bassin, avaient été endommagés. Jacob s'est défendu en rejetant la responsabilité de ces faits regrettables sur les conditions de transport ; la presse anglophone ne l'a pas cru ; des polémiques ont éclaté. Face à cette situation, le gouvernement indonésien a décidé de mettre les fossiles sous clé et d'interdire la poursuite des fouilles dans la grotte de Liang Bua. Et c'est seulement après la mort de Jacob, deux ans plus tard, que des scientifiques non indonésiens ont pu reprendre leurs recherches sur *Homo floresiensis*.

Quant à son mode de vie et à son contexte, rappelons pour commencer que la superficie de Florès équivaut à la moitié de celle de la Sicile ; elle est couverte de forêts, de volcans et de montagnes dont l'altitude peut aller jusqu'à 2 000 mètres. Du temps d'*Homo floresiensis*, l'environnement était comparable à ce qu'il est aujourd'hui. À l'intérieur de la grotte de Liang Bua, on a retrouvé, outre les ossements, un grand nombre d'outils très primitifs, similaires à d'autres découverts ailleurs sur l'île, mais beaucoup plus anciens (840 000 ans). On ne saurait donc exclure que Florès ait été occupée très tôt par une population dont la culture serait ensuite demeurée figée pendant des centaines de milliers d'années. Mais pour prouver que les premiers humains à avoir utilisé ces outils sont les ancêtres de ceux qui en fabriquaient d'identiques il y a 60 000 ans, il nous faudrait disposer de leurs fossiles ; ce n'est, hélas, pas encore le cas. À l'époque de Flo, il existait des pointes de flèches, des lames et même des crochets, peut-être destinés à la pêche. Plusieurs de ces objets ont été trouvés à côté d'ossements de stégodon, qui semble avoir été, dans la préhistoire, un des plats le plus souvent servis sur les tables de Florès. Ces ossements portent par ailleurs des marques de brûlure suggérant une éventuelle cuisson des chairs qui les entouraient. Enfin, les traces d'usure détectées sur les dents des *Homo floresiensis* indiquent qu'ils les utilisaient sans doute pour ramollir le bois ou d'autres fibres végétales, voire pour fabriquer des pièges qui, étant donné l'extrême périssabilité des matériaux dont ils étaient formés, ne sont pas parvenus jusqu'à nous.

À propos de leur disparition, Henry Gee a paraphrasé la

célèbre première phrase d'*Anna Karénine* : « Les espèces heureuses et prospères se ressemblent toutes ; les espèces en péril s'éteignent chacune à leur façon. » Qu'en est-il, alors, de l'homme de Florès ? Ses traces s'interrompent il y a 12 000 ans, en même temps que celles de plusieurs autres animaux : les vautours, les cigognes et même les éléphants nains. La simultanéité de ces extinctions laisse imaginer qu'elles ont toutes résulté d'un seul et unique événement, d'une catastrophe naturelle qui pourrait bien avoir été, précisément, une éruption volcanique survenue vers cette date. Une autre hypothèse est cependant envisageable. Bien que la présence d'*Homo sapiens* à Liang Bua ne soit attestée qu'un millénaire plus tard, des humains modernes se trouvaient dans la région depuis au moins 50 000 ans. La catastrophe qui a mis fin à la présence de tant d'espèces pourrait donc ne pas être due à l'éruption d'un volcan mais à notre débarquement sur l'île. Il n'existe pas de modèle comportemental unique de cohabitation entre deux espèces humaines différentes sur un territoire ; mais en règle générale, la concurrence acharnée pour l'acquisition des ressources provoque des conflits, en particulier sur un espace insulaire restreint. Le film dont les héritiers de Tolkien ont empêché la distribution, *Age of the Hobbits*, racontait comment les *Homo floresiensis* avaient été réduits en esclavage par les nouveaux venus. Il ne s'agit là, répétons-le, que d'une hypothèse, et de surcroît très difficile à prouver. Nous serions toutefois bien avisés de la garder à l'esprit.

POUR APPROFONDIR

Plusieurs sites permettent de se faire une idée du cycle pictural de Chauvet ; on citera, entre autres : https://www.bradshawfoundation.com/chauvet/. La phrase de Henry Gee est extraite de : *A (Very) Short History of Life on Earth*, Londres, Palgrave Macmillan, 2022.

Brown P. *et al.*, « A New Small-Bodied Hominin from the Late Pleistocene of Flores, Indonesia », *Nature*, 431, 2004, p. 1055-1061.

Brumm A. *et al.*, « Age and Context of the Oldest Known Hominin Fossils from Flores », *Nature*, 534, 2016, p. 249-253.

Dembo M., Matzke N. J., Mooers A. Ø., Collard M., « Bayesian Analysis of a Morphological Supermatrix Sheds Light on Controversial Fossil Hominin Relationships », *Proceedings of the Royal Society B*, 282, 2015, 20150943.

Détroit F. *et al.*, « A New Species of *Homo* from the Late Pleistocene of the Philippines », *Nature*, 568, 2019, p. 181-186.

Falk D. *et al.*, « Brain Shape in Human Microcephalics and *Homo floresiensis* », *Proceedings of the National Academy of Sciences USA*, 104, 2007, p. 2513-2518.

Tucci S. *et al.*, « Evolutionary History and Adaptation of a Human Pygmy Population of Flores Island, Indonesia », *Science*, 361, 2018, p. 511-516.

La femme de l'Abri de Cap-Blanc, il y a 15 000 ans

XI
La femme de l'Abri de Cap-Blanc, il y a 15 000 ans

L'art, les dents de sagesse : *Homo sapiens*

Découverte en 1911 près des Eyzies-de-Tayac, en Dordogne

Squelette presque complet

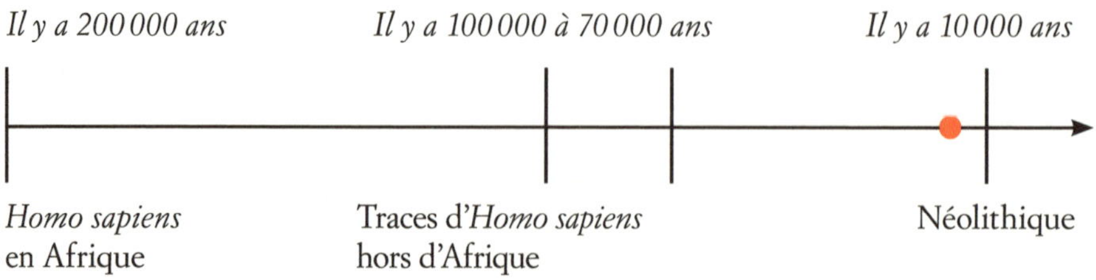

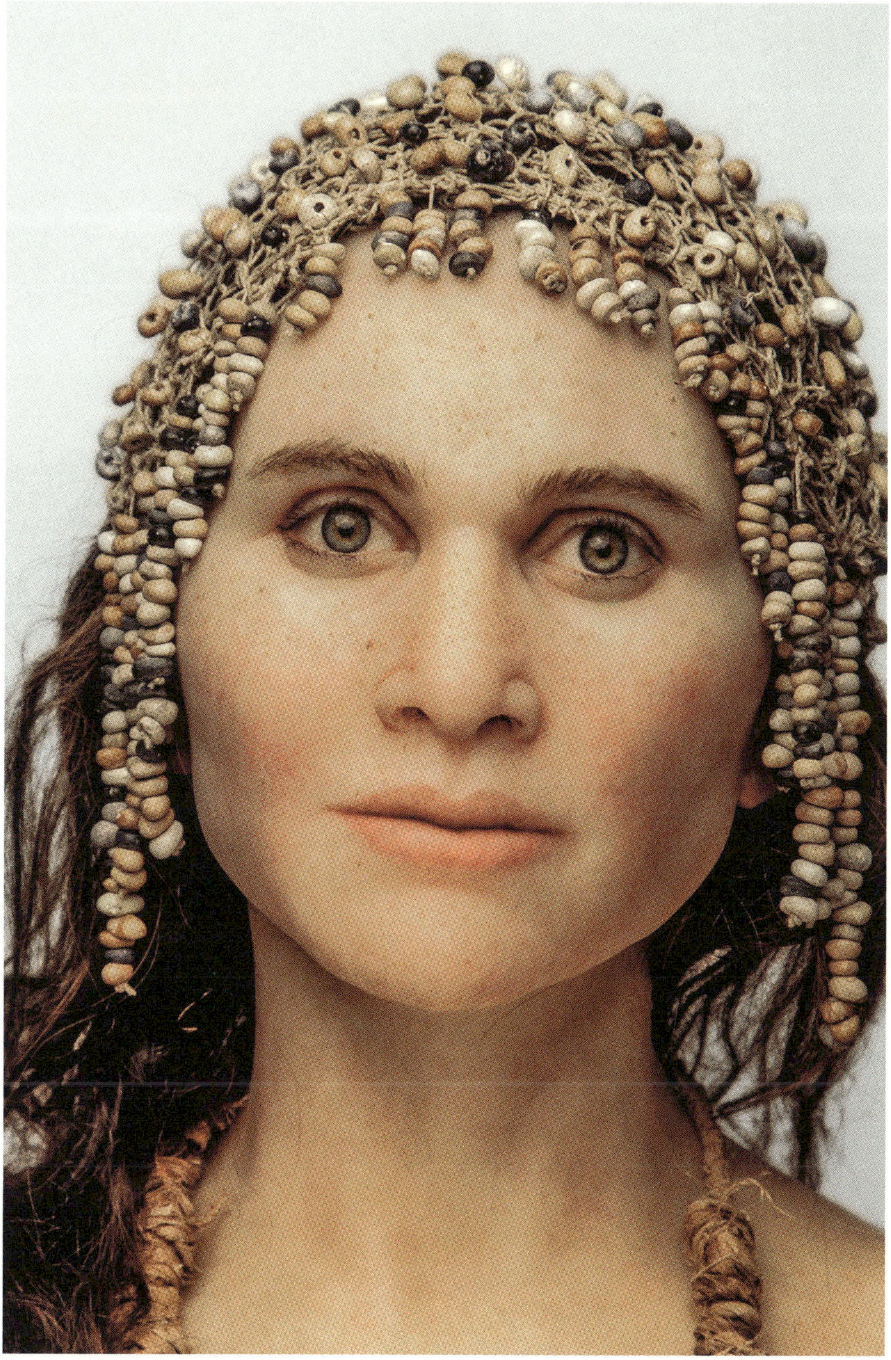

Le mot « beauté » est galvaudé (en Italie, quelqu'un est même allé jusqu'à fonder un éphémère Partito della bellezza). L'heure est toutefois venue d'en parler. À un moment donné de son évolution, l'humanité s'est mise à produire des objets inutiles, simplement beaux et agréables à regarder. Rien de plus. La question de savoir si le mérite de cette invention revient à *Homo sapiens* ou aux Néandertaliens n'est pas encore tranchée, et je ne me sens pas en mesure de donner un avis compétent sur le sujet. Quoi qu'il en soit, on a là le signe d'un changement anthropologique profond. Survivre est encore difficile, mais un peu moins, puisqu'il reste du temps pour se consacrer à des activités exigeant beaucoup d'application et ne visant pas la subsistance : des empreintes de mains, des figurines en pierre, des graffitis, de grands cycles d'art rupestre, des bas-reliefs, des peintures… et des bijoux.

La femme de la page précédente en porte, justement. Et elle est belle, même selon nos critères actuels, avec son front large, ses pommettes saillantes et ses yeux verts au regard profond. Sa bouche et la couleur de sa peau renferment certains secrets (nous y reviendrons), mais ce qui frappe surtout, ce sont les dizaines de coquillages perforés, reliés par des fils, posés sur sa tête. À ce propos, Élisabeth Daynès s'est accordé, je crois, une licence poétique (légitime). Car ce couvre-chef, sauf erreur de ma part, ne provient pas de l'endroit où cette femme a été ensevelie ; il a été découvert sur un autre site datant lui aussi du paléolithique, mais plus ancien et situé aux Arene Candide, près de Finale Ligure, en Ligurie (Italie).

De même que le « prince des Arene Candide », la femme de l'Abri de Cap-Blanc devait être une personnalité importante de sa communauté : dans les deux cas, leur sépulture le prouve. Mort d'un traumatisme facial sans doute infligé par un gros animal, peut-être un ours, le « prince » a été déposé sur une couche d'ocre rouge, le visage tourné vers le sud, vers la lumière, un couteau en silex à la main et entouré d'ossements de cerf. De son côté, la femme a été ensevelie à Cap-Blanc, en Dordogne, devant un ensemble sculpté de 13 mètres de long représentant quatre chevaux et un bison. Lascaux, la chapelle Sixtine de l'art paléolithique, est à une heure de route ; Rouffignac et ses 250 figures animales, à une demi-heure. Les trois bisons d'argile du Tuc d'Audoubert sont plus loin, à proximité des Pyrénées, et au-delà de ces montagnes, il y a Altamira, dont Picasso aurait dit : « Depuis, tout est décadence. » (Même s'il n'a pas prononcé cette phrase, il demeure significatif que quelqu'un l'ait inventée.) Sur ces sites, sur plusieurs autres, la civilisation magdalénienne nous a laissé des témoignages artistiques du plus haut niveau. Et la Madeleine, l'abri qui, au milieu du XIXe siècle, lui a valu ce qualificatif, se trouve aussi en Dordogne.

Il y a 17 000 à 11 000 ans, dans de nombreuses régions d'Europe, les Magdaléniens produisaient de grandes, de petites et de minuscules lames en silex. Ils avaient de gros burins pour percer la roche et d'autres, plus petits, pour sculpter des os avec une finesse surprenante. Ils étaient capables de travailler les matériaux les plus divers : l'os, justement, la corne, mais aussi l'ivoire. Ils disposaient de lampes, de scies, d'aiguilles à coudre, d'hameçons et de mortiers destinés à la préparation de pigments dont les spécialistes nous disent qu'ils étaient sans doute utilisés à la fois comme matière picturale et comme ornement corporel. Et il n'est pas inutile de souligner que la présence d'objets similaires dans des régions d'Europe parfois très éloignées les unes des autres, de l'Espagne à l'Europe de l'Est en passant par la Belgique, ne signifie pas nécessairement que ces régions étaient habitées par des populations qu'unissaient des liens de parenté. Hier comme aujourd'hui, il existait des réseaux culturels et commerciaux : posséder un téléphone portable chinois ou un tapis persan ne signifie pas pour autant que l'on est chinois ou persan. Nous ne savons donc pas si la civilisation magdalénienne correspondait à une seule ou à plusieurs populations biologiques distinctes mais partageant une même culture matérielle.

Il y a 17 000 à 11 000 ans, dans de nombreuses régions d'Europe, le climat s'améliore. Nous sommes à la dernière phase du premier âge de pierre, le paléolithique. Il fait encore très froid, certes, mais la dernière glaciation a atteint son paroxysme 18 000 ans auparavant. Puis, peu à peu et par à-coups, les températures ont augmenté. Ce qui signifie, entre autres, moins d'efforts à produire pour survivre : les animaux et les plantes qui, durant la période la plus froide, s'étaient déplacés au sud des principales chaînes de montagnes, dans les refuges glaciaires des Pyrénées, des Alpes et des Carpates, se répandent plus au nord et augmentent en nombre ; les chasser ou les cueillir devient moins ardu. On commence à respirer une atmosphère différente, peut-être analogue à celle du Paris de la Belle Époque ou de l'Italie du boom économique de l'après-guerre, avec la sensation que des choses encore impensables quelques années plus tôt sont désormais possibles. À vrai dire, je n'en sais rien, et ma comparaison ne manque certainement pas d'audace. Toujours est-il que les fruits de cet air du temps, de ce changement climatique et de cette ambiance d'innovation culturelle sont encore là devant nos yeux. En revanche, il reste malaisé de préciser la valeur que ces productions artistiques revêtaient pour leurs auteurs : simple passe-temps ? signification magique ou rituelle ? En bonne logique, on est en droit de supposer que, pendant la saison froide, les Magdaléniens se rassemblaient dans des grottes, et que leurs rencontres favorisaient le développement d'activités et de cérémonies collectives. Plusieurs chercheurs estiment que les cycles picturaux parvenus jusqu'à nous désignaient des lieux de culte, ce qui, ajouté à la diffusion de pratiques funéraires, montrerait que l'humanité avait d'ores et déjà élaboré une certaine conception de l'au-delà. Explorer la mentalité de gens ayant vécu à une époque aussi reculée n'est pas une tâche facile : la frontière demeure floue, entre exégèses scientifiquement fondées et envolées d'une imagination débridée. Mieux vaut se contenter de décrire le legs des Magdaléniens, sans verser dans les excès de la surinterprétation. Voici ce qu'écrivait, à ce sujet, l'historien de l'art Arnold Hauser :

« Le naturalisme est un art qui progresse en partant d'une fidélité linéaire à la nature, dans lequel les formes individuelles sont encore tracées de façon assez rigide et laborieuse, jusqu'à une technique plus aisée, pétillante et presque impressionniste. Il s'agit d'une évolution qui montre une compréhension accrue de la façon de communiquer l'impression optique finale d'une forme devenant de plus en plus picturale, instantanée et apparemment spontanée. [...] Nous n'en sommes que plus perplexes devant ce qui est probablement le phénomène le plus étrange de toute l'histoire de l'art. En effet, il n'existe aucun parallèle, quel qu'il soit, entre cet art préhistorique et l'art enfantin ou l'art de la plupart des races primitives les plus récentes. Les dessins d'enfant et la production artistique des peuplades primitives contemporaines sont rationnels, pas sensoriels. Ils montrent ce que l'enfant et l'artiste primitif savent, pas ce qu'ils voient en réalité. [...] L'observation la plus étonnante concernant les dessins naturalistes du vieil âge de pierre est qu'elle donne une impression visuelle d'une forme tellement directe, pure, libérée de toutes fioritures ou restrictions intellectuelles, que nous devons attendre jusqu'à l'impressionnisme moderne pour lui trouver des parallèles. Nous découvrons que ces études de mouvements évoquent pour nous l'instantané photographique dont nous ne retrouvons aucun exemple jusqu'à ce que nous parvenions aux œuvres d'un Degas ou d'un Toulouse-Lautrec. [...] Les peintres du paléolithique pouvaient encore distinguer les teintes délicates à l'œil nu ; celles que l'homme moderne n'est capable de découvrir qu'avec l'aide d'instruments scientifiques compliqués. »

Ce texte date de 1956. De nos jours, et à juste titre, plus personne n'oserait employer l'expression « races primitives ». L'essentiel, toutefois, est ailleurs : au néolithique, ce ne sera déjà plus le cas, mais au paléolithique, les artistes peignent ce qu'ils voient, sans médiation intellectuelle, ils produisent des œuvres proches de celles que l'art moderne ne saura créer qu'au terme d'un long processus de raffinement.

L'Abri de Cap-Blanc est un refuge formé d'une série de cavités protégées par un rocher en saillie, sur le flanc d'une colline couverte de végétation. De même que le site de Feldhofer, il a été découvert par les ouvriers d'une carrière. Leurs pioches ont endommagé ses sculptures, quatre chevaux et un bison, réalisées en haut-relief sur la paroi rocheuse et à l'origine colorées, comme l'indiquent les traces de pigment décelées à leur surface. C'est en face de cet imposant monument qu'avait été enterrée la femme de Cap-Blanc, dont le squelette est conservé depuis 1926 au Field Museum de Chicago. On l'avait baptisée « la jeune fille magdalénienne », car on avait remarqué d'emblée, en 1911, après son exhumation, qu'il lui manquait une dent de sagesse ; on pensait donc qu'elle était morte avant que sa dentition ne soit complète et qu'elle ne pouvait pas avoir plus de vingt ans. D'autres aspects de son squelette suscitaient cependant une certaine perplexité, et en particulier un degré d'usure de ses ossements compatible avec un âge plus avancé. Une radiographie récente de son crâne a enfin permis de lever le mystère : sa dent de sagesse est tout simplement restée à l'intérieur de sa mâchoire (on parle alors, en termes techniques, de dent « impactée »). Aujourd'hui, il n'y aurait rien d'exceptionnel à cela ; les dents de sagesse ne poussent plus chez tout le monde et pour mâcher nos aliments, nous n'avons pas besoin de douze molaires, huit nous suffisent. Il existe de nombreuses hypothèses sur la raison de cette perte de plusieurs dents, et nous sommes peut-être encore loin de la bonne explication. Mais naguère, il semblait aller de soi qu'à la préhistoire, des dentitions complètes et robustes étaient indispensables, et qu'elles n'ont commencé à rétrécir qu'avec l'adoption d'une nourriture plus digeste. La femme de l'Abri de Cap-Blanc, dont on estime désormais qu'elle avait entre vingt-cinq et trente-cinq ans, offre l'exemple le plus ancien de dent impactée. En conséquence, il nous faut reculer beaucoup plus haut dans le temps le moment où l'humanité a cessé d'avoir besoin d'une dentition complète. Il y a 15 000 ans, notre régime alimentaire devait déjà s'être modifié ; et la sélection naturelle, qui n'avait pas manqué de le remarquer, prenait les mesures requises.

Il y a 15 000 ans, le climat s'est adouci et il n'a plus cessé, depuis, de se réchauffer. C'est alors le début de la période interglaciaire, dont nous ne sommes toujours pas sortis. Les hommes mangent mieux. Ils profitent de davantage de temps libre. Leurs mains et leurs cerveaux ont gagné en habileté. Ils se posent des questions fondamentales sur la vie et la mort, sur la formation du monde, sur la variété des êtres vivants qui leur inspirent des représentations picturales déployées à la surface de parois rocheuses. Les millénaires précédents, les 20 000 ans environ qui séparent l'homme d'Oase de la femme de Cap-Blanc, n'ont à l'inverse pas été faciles. Comme on l'a déjà indiqué plus haut, les Européens actuels n'ont qu'un tout petit nombre de vagues relations génétiques avec Oase. Nous venons tous d'Afrique, n'hésitons pas à le répéter, et cela se voit dans notre ADN. Mais les traits caractéristiques des Européens actuels ne proviennent pas de la première population d'*Homo sapiens* présente sur le continent. Dans un article paru en 2016, les équipes de Svante Pääbo et de David Reich ont exposé les conclusions d'une analyse génétique de 51 Européens de l'ère glaciaire : tous leurs génomes semblent issus d'une seule et même population fondatrice, baptisée *Basal Eurasian* (« eurasienne de base ») et ne correspondant pas à la population d'*Homo sapiens* dont faisait partie Oase. Par rapport à ce dernier, les niveaux de ressemblance avec les Néandertaliens ont assez vite diminué avant de se stabiliser autour des valeurs contemporaines ; il s'agit sans doute là d'une conséquence des sérieuses difficultés rencontrées, dans la lutte pour la survie, par les êtres humains nés d'hybridations entre *Homo sapiens* et *Homo neanderthalensis* ; au fil des générations, la sélection naturelle a peu à peu éliminé les génomes qui ne fonctionnaient pas bien. Il y a 14 000 ans, les choses ont de nouveau changé, y compris d'un point de vue génétique. À partir de cette date, sur divers sites européens – Villabruna, en Vénétie, Bichon, en Suisse, Loschbour, au Luxembourg, La Braña, dans le nord de l'Espagne –, on constate en effet l'apparition d'une composante eurasienne de base absente chez les individus plus anciens (par exemple ceux de Goyet, en Belgique, ou encore ceux de Paglicci, dans les Pouilles), et plus voisine de l'ADN des populations du Proche-Orient. L'amélioration des conditions climatiques a sans doute été suivie de mouvements migratoires qui ont rebattu les cartes. En Europe et au Proche-Orient, toutes les populations paléolithiques, sans exception, vivaient de la chasse et de la cueillette : la production de nourriture, c'est-à-dire l'agriculture et l'élevage, n'aura lieu que plus tard et marquera le début du nouvel âge de pierre, le néolithique. Mais au paléolithique, les hommes avaient encore l'habitude de se déplacer, non seulement pour les besoins de la chasse et de la cueillette, mais encore parce que l'adoucissement des températures leur permettait d'explorer de nouvelles contrées, plus au nord. Cette expansion territoriale, survenue il y a environ 14 000 ans, a laissé sur l'ADN européen une empreinte méridionale encore reconnaissable aujourd'hui. À ce stade, le génome de la femme de Cap-Blanc n'a pas encore pu être étudié ; mais le patrimoine génétique d'autres Magdaléniens, découverts en Belgique et en Espagne, ne montre ni cette empreinte ni les signes de ce mouvement migratoire. Leur culture résulte donc d'un développement technologique et artistique local, sans rapport avec l'arrivée d'étrangers qui auraient introduit des idées ou des technologies nouvelles. Nous verrons bientôt que, dans d'autres cas, les choses ne se sont pas passées ainsi. Au néolithique, plusieurs changements profonds et simultanés observables dans les gènes et la culture des Européens ne pourront s'expliquer que par des migrations.

Avant de prendre congé (provisoirement) des hommes du paléolithique, et par souci de complétude, rappelons que dans un remarquable roman, *Les Fleurs bleues*, Raymond Queneau a imaginé une étonnante datation de l'art rupestre magdalénien. Cidrolin, un retraité alcoolique, passe son temps à faire la sieste sur sa péniche en rêvant du duc d'Auge, qui, durant son sommeil, rêve de Cidrolin et de sa péniche. Au fil des chapitres (et des siècles), ce duc d'Auge, un personnage brutal, haut en couleur, doté de talents multiples, très porté sur les coups de bâton infligés aux plus humbles et capable de se tirer indemne de festins pantagruéliques, réapparaît à intervalles réguliers de 175 ans, et jamais de manière banale : en 1264, il refuse de participer à une énième croisade ; en 1614, il tente de fabriquer de l'or avec l'aide d'un alchimiste ; en 1789, il ne trouve rien de mieux à faire que de rôder autour de Lascaux équipé d'une palette et de pinceaux, de disparaître pendant des heures à l'intérieur de grottes et d'arborer, quand il en ressort, un petit air satisfait. Difficile d'admettre, pourtant, qu'il soit l'auteur des cycles picturaux découverts en Dordogne. Non seulement pour les raisons exposées par Arnold Hauser, mais encore parce que, grâce aux méthodes de datation contemporaines, nous pouvons affirmer que ces fresques proviennent d'un passé très éloigné. Tant mieux pour moi. Si le récit de Queneau était véridique, je serais obligé de récrire tout ce chapitre depuis le début.

POUR APPROFONDIR

Raymond Queneau, *Les Fleurs bleues*, Paris, Gallimard, 1965.

Anonyme, « Oldest Recorded Case of Impacted Wisdom Teeth », *British Dental Journal*, 200, 2006, p. 311.

Fu Q. *et al.*, « The Genetic History of Ice Age Europe », *Nature*, 534, 2016, p. 200-205.

Hauser A., *Histoire sociale de l'art et de la littérature*, avant-propos de Michel Meyer, préface de Jacques Leenhardt, Paris, Presses universitaires de France, « Quadrige », 2004 [1956], p. 25-26.

Luzia,
il y a 11 500 ans

XII
Luzia, il y a 11 500 ans

Les Amériques : *Homo sapiens*

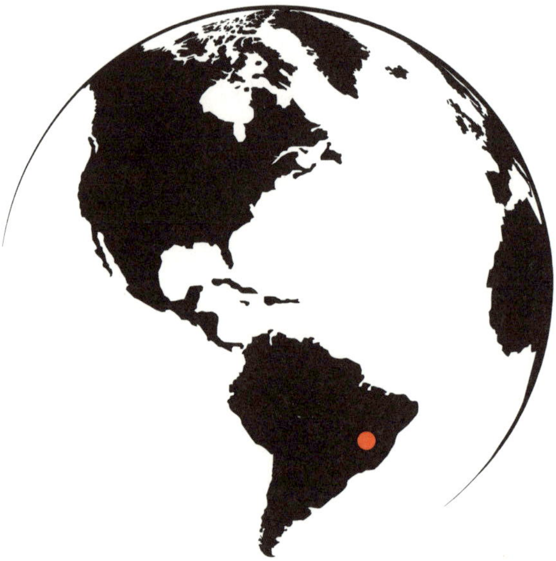

Découverte en 1974 par Annette Laming-Emperaire près de Belo Horizonte, au Brésil

Connue par son crâne, son bassin et quelques os de ses bras et de ses jambes

Il y a 200 000 ans — *Il y a 100 000 à 70 000 ans* — *Il y a 10 000 ans*

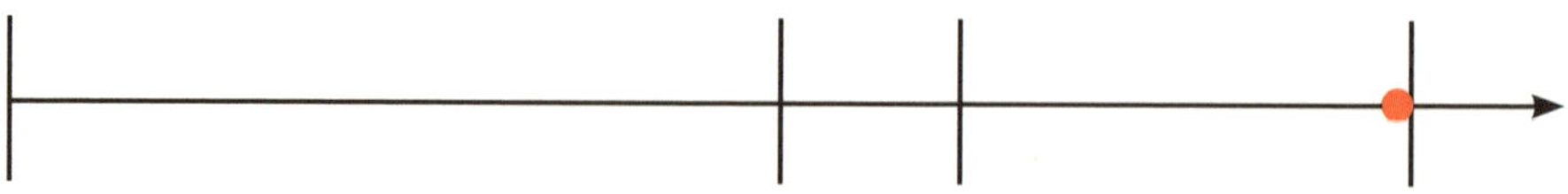

Homo sapiens en Afrique — Traces d'*Homo sapiens* hors d'Afrique — Néolithique

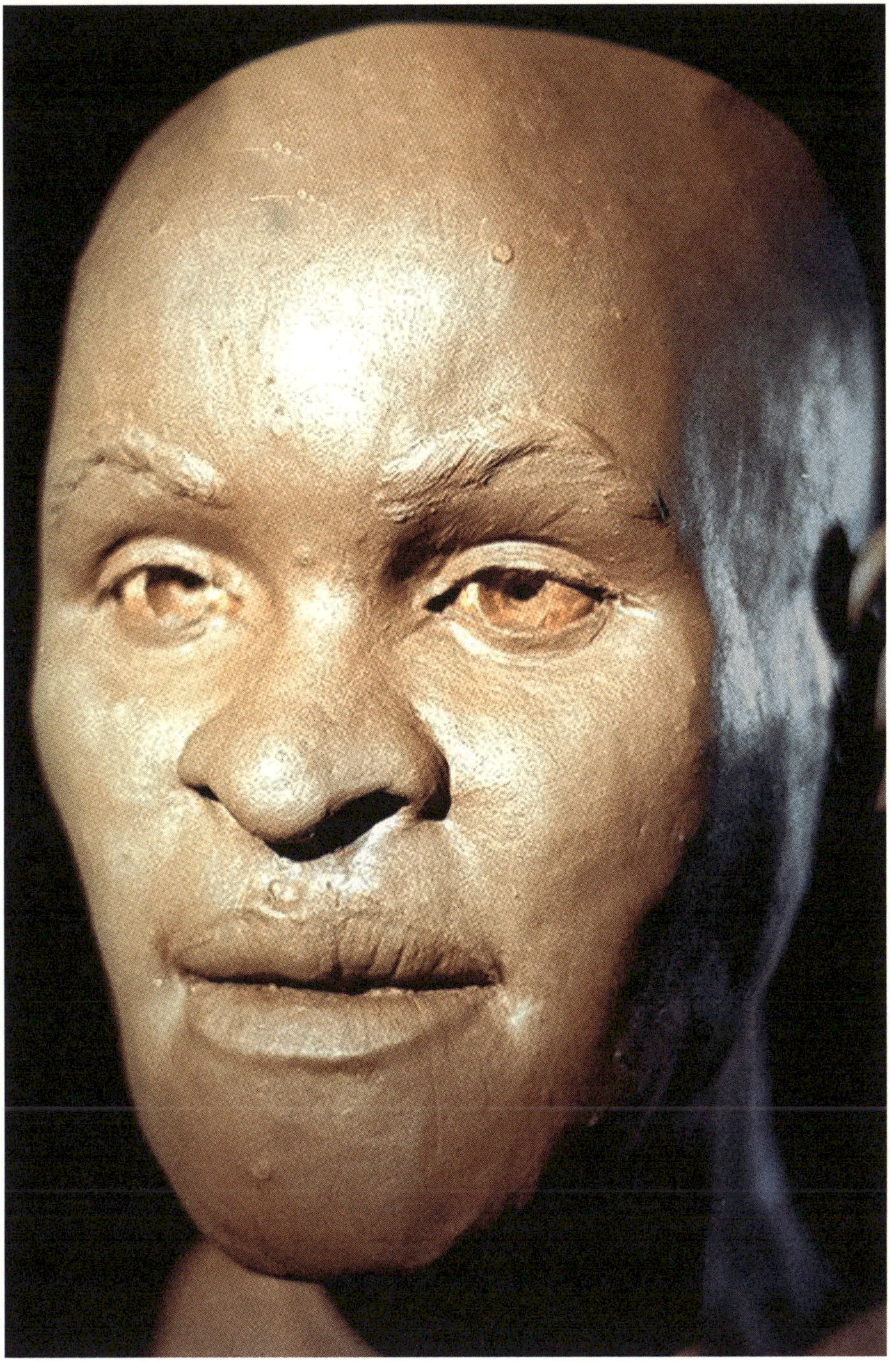

Ce n'est pas un hasard si Luzia porte l'équivalent hispanique du prénom de Lucy. Elle l'a reçu de Walter Neves, un anthropologue brésilien qui l'a baptisée ainsi pour souligner son importance, non sans une petite dose d'exagération : 11 500 ans n'est pas un âge comparable à 3 millions d'années, et même si la population dont Luzia faisait partie, à Lagoa Santa, dans l'État de Minas Gerais, a laissé des descendants (Neves pense que non), elle n'en a pas laissé beaucoup. Cela étant, de même que Lucy, Luzia marque une phase essentielle dans le cours d'une histoire, plus courte mais tout aussi riche en aventures, de grandes migrations et de grandes solitudes. Car les gènes et les langues des *Homo sapiens* d'Amérique portent encore, comme nous le verrons, les signes d'un isolement prolongé. Une précision peut-être pas inutile, avant de poursuivre : dans ce chapitre, les mots « Américains » et « Australiens » ne désigneront pas les habitants de Chicago, de Rio de Janeiro ou de Sydney (en grande partie d'origine européenne ou africaine), mais ceux du continent américain et de l'Australie présents sur ces territoires avant l'arrivée des Européens et de leurs esclaves africains.

Luzia mesurait un mètre et demi et elle est morte jeune, à vingt ou tout au plus vingt-cinq ans. Mais elle a aussi connu des vicissitudes posthumes. Son squelette était en effet exposé au Musée national de Rio de Janeiro et l'on a longtemps craint, après l'incendie de l'édifice survenu en septembre 2018, qu'il ait été perdu. La chance a voulu qu'on ait pu l'extraire un mois plus tard des décombres, et il reste maintenant à le reconstituer de nouveau. Sur l'image de la page précédente, ses grandes lèvres et son léger strabisme sont une proposition intéressante, mais arbitraire, de l'artiste, en aucune manière déductible de l'analyse de son crâne. Il n'en va pas de même de sa mâchoire saillante, de sa calvitie ou des traits mal définis de son visage, qui correspondent à la réalité et qui, je l'avoue, me mettent mal à l'aise : même en la regardant avec insistance, je ne parviens pas à me sentir proche d'elle. Peut-être est-ce inévitable ; peut-être la distance géographique nous éloigne-t-elle davantage que le petit nombre d'années, 11 500, qui nous séparent. Ce crâne étroit et ovale, ce menton en galoche ne caractérisent ni les populations américaines actuelles, ni leurs ancêtres, qui (comme nous le verrons) provenaient de Sibérie ; voilà pourquoi Walter Neves pense que la population de Lagoa Santa s'est éteinte. Car nous ne savons pas grand-chose de Luzia et nous ne connaissons que par fragments les péripéties vécues par ses aïeux lorsqu'ils ont dû parcourir des milliers de kilomètres avant d'atteindre le Brésil ; leur très longue migration de l'Afrique vers les Amériques, en passant par l'Asie, n'a laissé que trop peu de traces. Beaucoup de questions demeurent donc sans réponse, non seulement à propos de Luzia (on ignore par exemple les circonstances de sa mort), mais aussi d'un autre *Homo sapiens* qui mériterait certainement une place à part dans ce livre, si un artiste nous avait restitué son apparence : je veux parler de l'homme du lac Mungo, en Australie. On a donc là deux personnages quelque peu négligés de notre album de famille, relégués en marge des espaces et de l'histoire qui nous sont le plus familiers. Les interrogations qu'amènent à se poser leurs fossiles et leur ADN sont pourtant du plus haut intérêt.

Comme nous l'avons vu au chapitre IX, des Néandertaliens et des *Homo sapiens* ont eu des enfants ensemble, au Proche-Orient mais aussi ailleurs. Les conséquences à long terme de ces relations ne sont néanmoins pas tout à fait claires. Plusieurs de mes confrères faisant autorité sont convaincus que les migrations d'*Homo sapiens* ont éparpillé dans le monde entier de petites portions d'ADN néandertalien, qui serait donc toujours présent dans les génomes de tous les habitants de l'Eurasie, de l'Océanie et des Amériques. De la même façon, l'ADN des Mélanésiens et des Australiens montre les effets, limités mais reconnaissables, d'une seconde hybridation, cette fois-ci avec une autre espèce archaïque dont l'apparence nous est inconnue, l'homme de Denisova.

La reconstitution des relations établies avec les autres espèces humaines lors du périple d'*Homo sapiens* vers l'Australie et les Amériques n'est pas une tâche facile. D'abord et avant tout parce que nous disposons de très peu de génomes anciens à étudier, surtout en Asie : sous les climats chauds et humides, l'ADN se détériore très vite. Et ensuite parce qu'il semble certain que dans de nombreux cas ces anciens migrants se sont déplacés le long des côtes ; or, depuis leur époque, la fonte des glaces a provoqué une élévation du niveau des mers ; il y a donc de fortes chances que de nombreux sites archéologiques, surtout en Amérique, aient été submergés. Par compensation, ces dernières années, les études de fossiles nous ont réservé quelques surprises.

Dans sa version classique, décrite au chapitre VIII, la théorie de l'origine africaine de l'homme moderne envisage une migration qui, partie des territoires actuels de l'Éthiopie et du Kenya, aurait suivi le cours du Nil jusqu'au Proche-Orient, il y a 70 000 à 50 000 ans. Ensuite, certains *Homo sapiens* auraient poursuivi leur chemin vers l'Europe, tandis que d'autres se dirigeaient vers l'Asie, l'Australie et les Amériques, le long de ce que nous appelons la route septentrionale. Plus personne ne doute de la validité de cette hypothèse, mais rien n'interdit de penser à *d'autres* migrations. Il y a quelques années encore, on n'avait retrouvé en Asie aucune trace d'*Homo sapiens* datant de plus de 45 000 ans, ce qui était d'ailleurs assez rassurant : si nous avons quitté l'Afrique il y a 70 000 à 50 000 ans, il nous a bien fallu quelques millénaires pour atteindre l'Extrême-Orient. Et voilà qu'en 2015, dans la grotte de Fuyan, en Chine, on a découvert 47 petites dents aux racines très minces et aux couronnes assez plates ; des dents d'*Homo sapiens*, donc, et non pas d'*Homo erectus*. Quant à leur datation, la méthode la plus courante se fonde sur la mesure d'un isotope radioactif du carbone, le carbone 14. Tant qu'ils sont vivants, les organismes l'absorbent en même temps que le dioxyde de carbone présent dans l'atmosphère ; après leur mort, sa quantité diminue à un rythme constant et se divise par deux tous les 5 730 ans. La quantité résiduelle de carbone 14 décelée sur un fossile permet ainsi une estimation assez précise de son âge. On se heurte cependant à une limite : après 50 000 ans, il n'en reste plus du tout. Par conséquent, sachant que les dents de Fuyan ne contiennent pas de carbone 14, elles ont nécessairement plus de 50 000 ans. En étudiant par ailleurs les roches de la grotte, on est même parvenu à un chiffre étonnant : 80 000 ans, voire un peu plus. Bien que ces datations n'aient pas convaincu d'emblée la totalité des spécialistes, d'autres données en ont fourni des confirmations indirectes. Un crâne d'*Homo sapiens* mis au jour au Laos dans la grotte de Tam Pa Ling (la « grotte des singes », dans la langue locale) remonte à une période située entre 46 000 et 60 000 ans avant nos jours. Grâce à une étude menée en 2017, deux dents retrouvées jadis à Sumatra par Eugène Dubois (le découvreur d'*Homo erectus*, déjà rencontré au chapitre IV) ont quant à elles été rattachées à une période située entre 63 000 et 73 000 ans avant nos jours. Ces dates éloignées ne pouvant pas toutes être fausses, elles nous obligent à nous interroger sur le moment exact des premières explorations entreprises par *Homo sapiens* hors d'Afrique.

Dès 1994, Marta Mirazón Lahr et Rob Foley, deux anthropologues de Cambridge, avaient remarqué des similitudes entre, d'un côté, des crânes modernes provenant d'Iran et d'Inde, et, de l'autre, des crânes préhistoriques provenant d'Afrique de l'Est. On sait en outre qu'à une époque très reculée, le bas niveau des mers a permis à de nombreuses espèces animales de gagner l'Asie le long d'une route méridionale allant de la Corne de l'Afrique à l'Extrême-Orient via la péninsule Arabique. À supposer qu'il en soit allé de même pour *Homo sapiens*, cela expliquerait les similitudes entre les crânes d'Afrique, d'Iran et d'Inde. Mieux encore : si certains *Homos sapiens* avaient quitté l'Afrique en empruntant une route méridionale il y a environ 100 000 ans, l'âge des fossiles de Chine, du Laos et de Sumatra ne poserait plus le moindre problème. Et il se pourrait très bien que, depuis ces régions, nous ayons rejoint l'Australie et la Mélanésie il y a 40 000 à 60 000 ans.

Jusqu'ici, nous avons raisonné par hypothèses. Car il faut bien admettre que nous ne possédons aucun fossile témoignant d'un éventuel passage d'*Homo sapiens* par la péninsule Arabique ou l'Asie du Sud. Nous disposons, certes, d'objets archéologiques datant de la période concernée, mais il demeure impossible d'identifier leurs créateurs. Ainsi, l'hypothèse d'une route méridionale est restée en suspens pendant une vingtaine d'années, jusqu'au jour où Hugo Reyes Centeno, un brillant anthropologue mexicain qui avait suivi des études à Ferrare avant de s'installer en Allemagne, nous a proposé d'essayer de la vérifier en nous partageant la tâche et en effectuant des études parallèles sur des populations d'Afrique, d'Asie, de Mélanésie et d'Australie : il s'occuperait des ossements et des mensurations crâniennes ; nous prendrions à notre charge l'analyse des ADN. L'application de cette excellente idée nous a permis de constater que les différences entre ces populations, tant du point de vue de la craniométrie que de celui du patrimoine génétique, s'expliquent mieux si l'on imagine deux sorties d'Afrique plutôt qu'une seule. Et nous avons même pu proposer une estimation de la date la plus probable de chacune d'elles : 130 000 ans avant nos jours pour la route méridionale, 50 000 pour la route septentrionale.

Ces résultats, certes prometteurs, avaient cependant leurs limites. Par souci de correction méthodologique, nous avions choisi des populations dont les mensurations crâniennes et les données génétiques étaient déjà disponibles. Soit, en tout, une dizaine : un chiffre non négligeable, et toutefois insuffisant. Nous avions dû en effet écarter plusieurs populations, soit parce que nous avions de très bonnes données génétiques mais pas de données sur les ossements, soit à cause d'une situation inverse. En somme, nous avions observé qu'au vu d'un certain nombre de prémisses vraisemblables, il est *plus logique* de penser à deux sorties d'Afrique qu'à une seule. Mais pour prouver notre hypothèse, nous avions besoin d'analyses plus élaborées et de davantage de données.

Nous avons donc commencé à rassembler des archives de génomes prélevés auprès de nombreuses populations, y compris en Europe, laissées de côté lors de notre première campagne d'investigations. L'année suivante, nous avons répété nos analyses sur un nombre accru de populations, recueilli beaucoup plus d'informations sur leurs ADN, recouru à des outils statistiques plus sophistiqués et renoncé aux mensurations crâniennes, disponibles en trop peu d'endroits. L'idée de départ était simple : calculer depuis combien de temps les Européens, les Asiatiques et les Australiens se sont séparés des Africains. Si nous avions tous quitté l'Afrique ensemble pour suivre la route septentrionale, les dates devaient être les mêmes. Si, au contraire, il y avait eu deux migrations, les Asiatiques et les Australiens devaient s'être séparés des Africains plus tôt que les Européens. Sans entrer dans un excès de détails, disons que nous avons démontré, ou du moins nous en avions l'impression, que l'hypothèse d'une sortie unique d'Afrique était incompatible, pour toute une série de raisons, avec les données génétiques. Selon toute apparence, les Australiens et les Mélanésiens se sont séparés des Africains il y a 87 000 à 121 000 ans ; les Européens, il y a 60 000 à 79 000 ans. Ces dates, on le voit sans difficulté, sont très éloignées les unes des autres et ne se recouvrent pas. La conclusion la plus logique consistait dès lors à envisager deux principales migrations, plus ou moins aux époques indiquées par Marta Mirazón Lahr et Rob Foley. Or, l'idée d'une sortie précoce d'Afrique, par la route méridionale, avait des conséquences considérables. N'hésitons pas à le répéter : aujourd'hui, les génomes des Mélanésiens et des Australiens contiennent des fragments d'ADN similaires à ceux des Néandertaliens et attribués par de nombreux spécialistes à une hybridation avec ces derniers. Mais si ces populations étaient arrivées en Mélanésie et en Australie en passant par le sud de la péninsule Arabique, il devenait impossible d'envisager des unions sexuelles avec des *Homo neanderthalensis*, qui se trouvaient beaucoup plus au nord ; et il fallait en outre trouver une explication différente aux similitudes génétiques mentionnées à l'instant.

Le sujet ayant, entre-temps, suscité un regain d'intérêt, trois grands groupes de recherche ont décidé de recueillir de nouveaux échantillons et de nouvelles données, auxquels nous n'avons pas eu accès. Il en est résulté trois études, fondées chacune sur un ensemble différent de données génétiques, publiées dans le même numéro de la revue *Nature*, en 2016, et portant des signatures prestigieuses, dont celles de Svante Pääbo, de Johannes Krause, de Sarah Tishkoff, d'Eske Willerslev. Selon la première, il n'y a aucune raison particulière de croire à une sortie anticipée par la route méridionale. Selon la deuxième, cette sortie a bien eu lieu, mais elle n'a concerné qu'un nombre limité de personnes, qui ont contribué à fonder la population indigène d'Australie. Selon la troisième, la différence entre les deux hypothèses est en réalité infime, et les nouvelles données disponibles ne permettent pas, de toute façon, de choisir entre l'une et l'autre. Le débat reste ouvert, et l'avenir le tranchera. D'ici là, notons cependant que si l'on accepte l'idée d'une sortie anticipée d'Afrique par la route méridionale, une autre pièce du puzzle trouve aussitôt sa place. Une pièce venue, en l'occurrence, du sud de l'Australie.

Aux environs du lac Mungo, à 700 kilomètres à l'ouest de Sydney, on a mis au jour deux fossiles d'*Homo sapiens*, une femme et un homme. La femme, morte il y a 25 000 ans, représente le plus ancien cas attesté de crémation, une pratique qui a entraîné, bien entendu, la perte totale de son ADN. De son côté, l'homme a été enseveli il y a 60 000 ans, ou du moins c'est ce que l'on pensait il y a encore peu de temps. Des analyses plus récentes laissent en effet penser qu'il a été enterré il y a environ 42 000 ans, mais pas plus tard. Il nous reste bien peu de chose de son patrimoine génétique, mais une petite partie de son ADN mitochondrial a été préservée. Sa séquence étant très différente de toutes les autres séquences connues, on peut en déduire que les ancêtres de l'homme de Mungo se sont séparés des autres populations d'*Homo sapiens* il y a longtemps et que s'ils ont laissé des descendants, nous ne les connaissons pas. En dépit de certaines incertitudes quant aux dates, on ne risque donc pas de se tromper si l'on affirme que nous sommes arrivés en Australie à une époque très reculée. Et une fois encore, l'explication la plus simple consiste à dire que nous avons quitté l'Afrique plus tôt qu'on ne l'a longtemps pensé.

Une question vient cependant à l'esprit : l'Australie étant une île, comment les ancêtres de Mungo ont-ils réussi à l'atteindre ? Pour y répondre, il faut se souvenir que jusqu'à 8 000 ans avant le présent, le niveau de la mer est demeuré beaucoup plus bas qu'aujourd'hui, de dizaines, voire d'une centaine de mètres. Au moment où une partie des *Homo sapiens* ont quitté l'Afrique (et en l'occurrence, peu importe l'itinéraire qu'ils ont suivi), ils pouvaient, en partant de la Malaisie, rejoindre par voie de terre Sumatra, Java et même le Timor. De plus, la Nouvelle-Guinée et l'Australie faisaient alors partie d'un seul et unique bloc continental. Cela étant, il restait malgré tout une centaine de kilomètres de mer profonde à traverser : c'était beaucoup trop pour apercevoir, au-delà des vagues, la destination finale. Il ne reste plus qu'une seule explication plausible : même en des temps aussi lointains, certains ont tenté l'aventure. Il nous est certes difficile de nous représenter leurs embarcations et de nous faire une idée précise des difficultés qu'ils ont rencontrées. Plusieurs de ces explorateurs préhistoriques n'ont dû arriver nulle part, mais d'autres, à l'évidence, ont réussi dans leur entreprise, puisqu'en Nouvelle-Guinée, en Nouvelle-Bretagne et en Nouvelle-Irlande, une série de sites archéologiques témoignent de notre présence sur place il y a environ 40 000 ans.

L'ADN de l'homme de Mungo, nous l'avons dit, est en très mauvais état. Le premier génome australien complet n'a été publié qu'en 2011, par l'équipe placée sous la direction d'Eske Willerslev à l'université de Copenhague. De même que celui de l'homme de Mungo, il est très différent de tous les ADN asiatiques. Après avoir effectué divers calculs, Eske Willerslev en a conclu que la migration à l'origine de la première occupation humaine de l'Australie a dû avoir lieu avant celle dont descendent les Chinois (j'ai cru comprendre qu'il a, depuis, changé d'avis). Une fois de plus, il semblerait donc que Marta Mirazón Lahr et Rob Foley aient vu juste.

La grande marche des *Homo sapiens* vers l'orient ne s'est toutefois pas arrêtée en Australie. Après être parvenus en Chine, par la route méridionale ou par la route septentrionale (impossible de le préciser, en l'état actuel de nos connaissances), certains ont poursuivi leur chemin vers le nord. Et d'une certaine manière, l'histoire de Luzia a commencé en Sibérie. Là, il y a 24 000 ans, dans la grotte de Mal'ta, on a enterré un jeune garçon dont l'ADN, sous ce climat sec et froid, s'est très bien conservé. Le génome de Mal'ta ressemble à tous les génomes américains étudiés jusqu'à présent, alors qu'il a peu de points communs avec les génomes des populations actuelles de la Sibérie, de la Chine, de la Corée et du Japon. Cela signifie que les peuples des Amériques descendent, sinon directement de lui, en tout cas d'êtres humains très voisins d'un point de vue génétique. Et cela signifie en outre que les populations asiatiques d'aujourd'hui ne descendent pas de celles qui occupaient leurs territoires il y a 28 000 ans. Il y a eu un renouvellement continuel, attesté aussi en d'autres endroits, dont l'Italie centrale, du néolithique à nos jours. Nos migrations ont rebattu les cartes à plusieurs reprises et leurs effets se sont superposés, confondant et allant parfois jusqu'à effacer les conséquences des migrations précédentes. Ceux qui étaient ici hier ne sont pas toujours les ancêtres de ceux qui y sont aujourd'hui. Bien au contraire.

Les ADN du garçon de Mal'ta et d'autres fossiles découverts à des dates plus récentes indiquent clairement que les premiers Américains provenaient de Sibérie. Et ils avaient rejoint le Nouveau Monde à pied : il y a 20 000 ans, le détroit de Béring, qui sépare aujourd'hui l'Asie de l'Alaska, était en effet occupé par une terre émergée appelée Béringie. Bien que les *Homo sapiens* n'aient pas eu besoin de bateaux pour la traverser, on aurait tort de sous-estimer les difficultés de l'expédition. Il fallait se procurer de la nourriture dans des conditions malaisées et trouver des refuges au sein d'un milieu peu clément, perpétuellement gelé, où les températures pouvaient atteindre des dizaines de degrés en dessous de zéro. La population dont faisait partie le garçon de Mal'ta a creusé des fosses dans la glace, construit par-dessus des coupoles en os de mammouth et tendu tout autour des peaux, elles aussi de mammouth, afin d'aménager des huttes. Après un très long voyage sous un tel climat, il est facile d'imaginer le soulagement éprouvé par les premiers Américains lorsqu'ils ont constaté que leur environnement s'améliorait au fur et à mesure qu'ils longeaient la côte vers le sud. On est en revanche très frappé par la rapidité de leur progression : au vu de la datation de plusieurs sites archéologiques, il semblerait qu'ils aient mis environ 4 000 ans pour parcourir tout le continent jusqu'à la Terre de Feu. Et nous ne sommes pas au bout de nos surprises. Les climats rigoureux sont préférables aux climats glacés, et les climats tempérés aux climats rigoureux, tout le monde s'accorde sur ce point. « Certains l'aiment chaud », comme chacun sait, rien de surprenant donc à ce que le voyage se soit poursuivi jusqu'aux régions chaudes et très chaudes, subtropicales et tropicales. En revanche, il est plus étonnant qu'une fois parvenus à la latitude des forêts pluviales d'Amérique centrale, nos explorateurs ne se soient pas arrêtés là. Ils ont poursuivi leur route en direction du sud, vers des régions de plus en plus difficiles d'accès, puis inhospitalières, et enfin franchement hostiles. Sur la

Terre de Feu, les températures ne dépassent pas 9 degrés en été et se stabilisent autour de 0 degré en hiver ; pourtant, la grande marche des premiers Américains ne s'est achevée que sur les terres du bout du monde, lorsqu'il n'existait plus aucun moyen d'aller plus loin.

Reste à savoir quand elle a débuté. Au Nouveau-Mexique, on a retrouvé des empreintes humaines vieilles de plus de 20 000 ans, mais nous ignorons si ceux qui les ont laissées ont eu des descendants ou s'ils se sont éteints, comme les habitants des sites israéliens de Skhul et de Qafzeh évoqués dans de précédents chapitres. Au vu de l'ADN des fossiles, dont on a la chance de posséder un grand nombre, une arrivée de Sibérie il y a environ 20 000 ans paraît plausible. L'étude du génome de Mal'ta, conjuguée avec celle du patrimoine génétique des rares populations contemporaines à avoir accepté des prélèvements d'ADN, nous indique par ailleurs qu'il y a eu une seule grande migration, et par conséquent les mêmes ancêtres pour tous. Mais dès que l'on prend aussi en compte l'ADN des fossiles, les choses se compliquent.

Le génome de Luzia a été décrit, en même temps que 14 autres, à la suite de recherches coordonnées par Eske Willerslev. Presque simultanément, 49 autres génomes anciens des Amériques ont été étudiés par des équipes placées sous les directions respectives de Johannes Krause (Institut Max-Planck d'Iéna) et de David Reich (université Harvard) ; il en est résulté un article dont l'auteur principal est Cosimo Posth, un scientifique florentin professeur à l'université de Tübingen. Tous s'accordent à reconnaître que les premiers Américains partagent des origines communes ; qu'ils se sont assez vite séparés en deux groupes, peut-être dès l'époque où ils étaient encore sur le sol sibérien ; que le premier groupe a longé du nord au sud la côte de l'océan Pacifique, tandis que le second se dirigeait vers l'est ; et enfin que les populations d'Amérique centrale et d'Amérique du Sud proviennent exclusivement du groupe du Pacifique. La différence entre les deux études porte sur l'identification des populations qui ont eu des descendants jusqu'à nos jours et de celles qui ont fini par disparaître. Cosimo Posth et ses collaborateurs estiment qu'il y a eu trois événements migratoires distincts : le premier aurait conduit, au Belize, au Brésil et au Chili, à la formation de populations caractérisées par des similitudes évidentes, mais toutes éteintes ; le deuxième aurait abouti à la colonisation du plateau des Andes ; le troisième serait à l'origine des populations actuelles du reste de l'Amérique du Sud. Si tel était le cas, Luzia se situerait sur une branche morte de notre arbre généalogique, comme le montrerait en outre son apparence inhabituelle. À quoi d'autres spécialistes rétorquent que des personnes très différentes peuvent cohabiter au sein d'une seule et même population. Ainsi, Eske Willerslev et ses équipes admettent l'existence de plusieurs flux migratoires vers le sud ; ils estiment toutefois que ces flux n'ont pas été indépendants les uns des autres, que des échanges et des brassages se sont produits et qu'il est impossible, au bout du compte, de distinguer avec certitude les disparus et les rescapés.

En tout état de cause, et compte tenu de l'immensité du territoire concerné, il ne fait pas le moindre doute que les contacts entre populations ont dû être très limités. On en trouve une confirmation non seulement dans l'ADN des premiers Américains, mais encore dans les profondes différences culturelles que trahissent des objets découverts lors de fouilles archéologiques. Quant aux populations qui ont survécu jusqu'à nos jours, les données linguistiques sont tout aussi impressionnantes. Nous y reviendrons plus en détail au chapitre XIV, mais nous pouvons d'ores et déjà indiquer que la comparaison entre les langues de diverses populations permet de mesurer l'étroitesse de leurs liens de parenté. Comme souvent, Charles Darwin a été le premier à développer cette intuition. Dans *L'Origine des espèces*, il écrit que si nous disposions d'un arbre généalogique parfait de l'humanité, cet arbre nous permettrait, entre autres, d'obtenir la meilleure classification possible des langues du monde entier. Darwin pensait en effet que les processus régissant l'évolution biologique – les échanges migratoires et leur contraire, l'isolement reproductif – déterminent aussi les similitudes et les différences entre les langues. Pendant plus d'un siècle, cette hypothèse n'a fait l'objet d'aucune tentative sérieuse de vérification. Aujourd'hui, nous savons qu'elle n'est exacte qu'en partie : *en règle générale*, les similitudes linguistiques reflètent des événements évolutifs communs ; ce n'est toutefois *pas toujours* le cas. Les langues se transmettent des parents aux enfants, mais à la différence des gènes, elles ne restent pas identiques à elles-mêmes : là où les populations entretiennent de nombreux contacts, leurs langues subissent des influences mutuelles et développent des conventions lexicales ou grammaticales communes, le cas échéant avec des variantes locales. En Amérique, on parle au contraire des centaines de langues, très différentes même entre populations voisines. Nous examinerons plus loin les critères de définition des familles linguistiques, dont l'indo-européen et le sino-tibétain offrent des exemples classiques. Dans l'immédiat, contentons-nous d'indiquer que les linguistes ne s'accordent pas sur leur nombre en Amérique. Joseph Greenberg pense qu'il y en a trois, mais plusieurs de ses collègues en comptent jusqu'à une centaine, abstraction faite des langues non encore classées jusqu'à présent. À titre de comparaison, rappelons qu'il n'existe, pour toute l'Afrique, que quatre familles linguistiques. Les *Homo sapiens* y vivent pourtant depuis 200 000 ans, et ils ont donc bénéficié de toute la durée nécessaire à une extrême diversification des cultures ; à l'inverse, ils n'ont passé en Amérique qu'un dixième de ce temps. Une différenciation linguistique si marquée ne peut donc s'expliquer que par un nombre très limité de contacts entre les populations de ce continent. D'autant plus que les études génétiques aboutissent à la même conclusion.

Les généticiens, toute modestie mise à part, ont mis au point un système ingénieux pour mesurer les niveaux de consanguinité. Si, dans un génome, on compare les séquences d'ADN chromosome par chromosome (un d'origine maternelle et un autre d'origine paternelle), on pourra ensuite préciser le degré de ressemblance génétique existant entre nos parents. Les portions d'ADN où les deux chromosomes sont identiques ont reçu le nom de ROH (*Runs Of Homozygosity*, pour les amateurs de vocabulaire technique) : plus ils sont nombreux et longs, plus notre père et notre mère sont consanguins ; et un degré élevé de consanguinité est toujours l'indice d'un isolement de la population étudiée. Prenons des exemples concrets. À Londres, à Berlin ou à Paris (un peu moins à New York, les barrières entre communautés étant plus difficiles à franchir aux États-Unis qu'en Europe), il est fréquent qu'un parent soit d'origine asiatique et l'autre d'origine européenne ; dans les génomes de leurs enfants, les ROH seront peu nombreux et courts. À l'inverse, au sein des populations isolées des Alpes ou des archipels du Pacifique, où l'on finit presque toujours par se marier entre consanguins, les ROH seront nombreux et longs. Pour l'anecdote : le record du monde est détenu par un Japonais dont plusieurs ROH mesurent jusqu'à 17 millions de bases d'ADN (rappelons qu'un génome comprend 3 milliards et demi de bases). Mirna Kirin et d'autres généticiens de l'équipe de Jim Wilson, à Édimbourg, ont comparé la longueur des ROH chez des populations du monde entier : les plus courts sont en Europe et en Asie ; les plus longs, et de loin, en Amérique. À titre indicatif, si l'on se concentre sur les ROH d'au moins 5 millions de bases de long, la moyenne européenne s'établit à 5 par génome, et la moyenne américaine à 105.

Les langues et les gènes nous racontent donc la même histoire, celle de petites communautés américaines séparées par de longues distances ou de courtes distances difficiles à franchir : la forêt tropicale, de hauts sommets montagneux… À de rares exceptions près, il s'est toujours agi de communautés fragiles, pratiquant une économie de subsistance et incapables de résister au choc de la colonisation européenne. Paradoxalement, les grands « empires du Soleil » (Aztèques, Mayas, Incas) ont été les premiers à succomber ; les petits États, qui se tenaient plus à l'écart, ont réussi à survivre plus longtemps. Aujourd'hui, nous venons de le voir, on compte en Amérique des centaines de langues différentes. Cela pourrait être interprété comme un bon signe, la diversité étant toujours une richesse. En réalité, la quasi-totalité de ces langues sont menacées d'extinction, parlées seulement par quelques centaines, voire quelques dizaines de personnes, qui finissent souvent, dans leur vie quotidienne, par adopter l'anglais, l'espagnol ou le portugais. De temps à autre, on redécouvre leur utilité ; elles sortent un moment de l'ombre, mais pour y replonger aussitôt. Pendant la Seconde Guerre mondiale, dans le Pacifique, les contacts entre certaines unités de l'armée américaine étaient assurés par des soldats navajos, dont la langue était incompréhensible pour les Japonais qui interceptaient leurs communications ; *Windtalkers*, un film sorti en 2002, s'est d'ailleurs inspiré de cet épisode. Mais c'est ici l'exception qui confirme la règle. Au cours du XXe siècle, pas moins de cinq langues ont disparu aux États-Unis : le serrano, l'osage, l'unami, le klamath-modoc, l'eyak ; autant de noms peut-être inconnus d'une grande partie de mes lecteurs. Selon un processus analogue, les particularités génétiques de nombreux groupes disparaissent au fur et à mesure qu'ils entrent en contact avec le monde globalisé, s'y assimilent ou disparaissent purement et simplement. De même que beaucoup de jeunes de villages presque déserts aujourd'hui comme hier, peut-être Luzia avait-elle peu d'amis et a-t-elle souffert de sa solitude. À moins que, dans son petit monde refermé sur lui-même, il lui ait été impossible d'imaginer un autre type d'existence. Et si, avant sa mort prématurée, elle a eu des enfants, il y a fort à parier qu'ils ne sont pas allés très loin, et que leurs descendants n'ont pas survécu jusqu'à notre époque.

POUR APPROFONDIR

La page Wikipedia https://fr.wikipedia.org/wiki/Langues_amérindiennes montre bien les difficultés auxquelles se heurte la classification des langues des Amériques.

Bellwood P., *First Islanders : Prehistory and Human Migration in Island Southeast Asia*, New York, John Wiley & Sons, 2017.

Kirin M. *et al.*, « Genomic Runs of Homozygosity Record Population History and Consanguinity », *PLoS ONE*, 5, 2010, e13996.

Lahr M. M., Foley R. A., « Multiple Dispersals and Modern Human Origins », *Evolutionary Anthropology*, 3, 1994, p. 48-60.

Liu W. *et al.*, « The Earliest Unequivocally Modern Humans in Southern China », *Nature*, 526, 2015, p. 696-699.

Malaspinas A. S. *et al.*, « A Genomic History of Aboriginal Australia », *Nature*, 538, 2016, p. 207-214.

Mallick S. *et al.*, « The Simons Genome Diversity Project : 300 Genomes from 142 Diverse Populations », *Nature*, 538, 2016, p. 201-206.

Moreno-Mayar J. V. *et al.*, « Early Human Dispersals within the Americas », *Science*, 362, 2018, eaav2621.

Pagani L. *et al.*, « Genomic Analyses Inform on Migration Events During the Peopling of Eurasia », *Nature*, 538, 2016, p. 238-242.

Posth C. *et al.*, « Reconstructing the Deep Population History of Central and South America », *Cell*, 175, 2018, p. 1185-1197.

Raghavan M. *et al.*, « Upper Palaeolithic Siberian Genome Reveals Dual Ancestry of Native Americans », *Nature*, 505, 2014, p. 87-91.

Reyes-Centeno H., Ghirotto S., Détroit F., Grimaud-Hervé G., Barbujani G., Harvati K., « Genomic and Cranial Phenotype Data Support Multiple Modern Human Dispersals from Africa and a Southern Route into Asia », *Proceedings of the National Academy of Sciences USA*, 111, 2014, p. 7248-7253.

Tassi F., Ghirotto S., Mezzavilla M., Vilaça S. T., De Santi L., Barbujani G., « Early Modern Human Dispersal from Africa : Genomic Evidence for Multiple Waves of Migration », *Investigative Genetics*, 6, 2015, p. 13.

L'homme de Cheddar, il y a 10 000 ans

XIII
L'homme de Cheddar, il y a 10 000 ans

Des Européens à la peau sombre : *Homo sapiens*

Découvert en 1903 dans la grotte de Gough, près de Cheddar, en Angleterre

Squelette presque complet

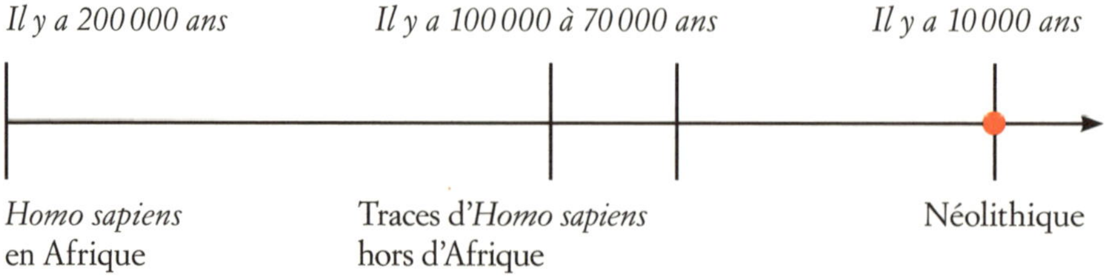

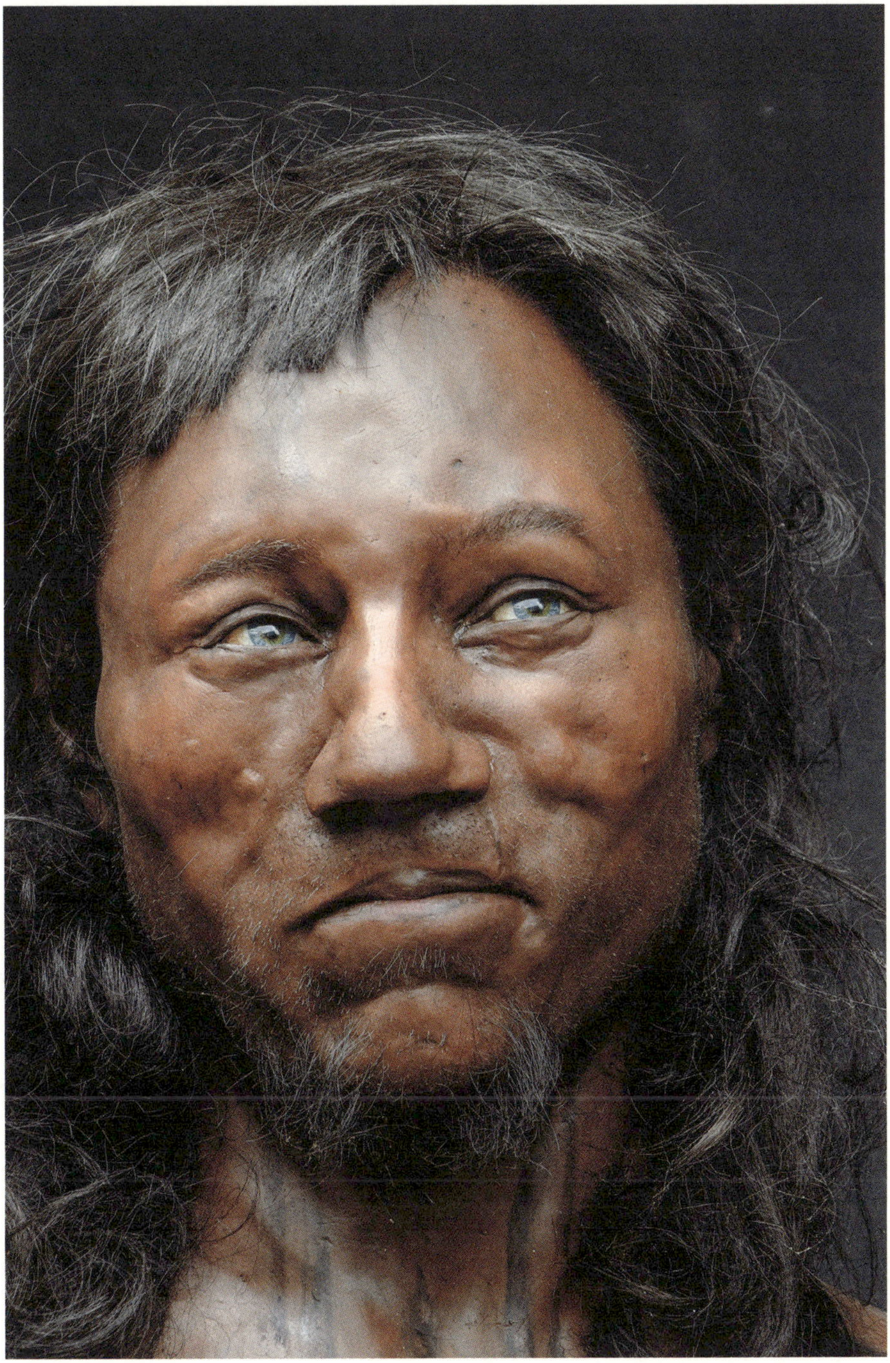

De temps à autre, à l'occasion d'un cours ou d'une conférence, je soumets au vote des personnes présentes quatre ou cinq définitions de l'identité des Européens, toutes erronées. « Les descendants des Néandertaliens », « les populations présentes depuis toujours en Europe » et « les gens ayant un ADN européen » n'obtiennent aucun suffrage. De toute évidence, le public de mes cours et de mes conférences est assez averti. « Les individus à la peau blanche » a davantage de succès : quand je la propose, beaucoup de mains se lèvent. Nous sommes très sensibles à la couleur de la peau, c'est l'une des premières choses que nous remarquons chez les inconnus. Or les Européens sont blancs, et les Blancs sont européens, n'est-ce pas ? Eh bien, oui et non. Les Européens sont en très large majorité blancs, c'est vrai, mais seulement depuis 5 000 à 10 000 ans, selon l'endroit où ils se trouvent. Ce n'était pas le cas auparavant : en l'état actuel de nos connaissances, on estime que les premiers Européens à peau blanche sont apparus au sud du Caucase ; on les retrouve plus tard en Anatolie, et c'est à la suite de leurs migrations, dont nous reparlerons dans le prochain chapitre, qu'ils se sont répandus d'abord dans le sud, puis dans le nord de l'Europe. On en a la preuve, entre autres, avec le spécimen aux yeux bleus de la page précédente, qui s'appelle l'homme de Cheddar.

Situé dans le Somerset, en Angleterre, le village de Cheddar est célèbre pour son fromage et pour ses fraises, cultivées depuis des siècles sur les pentes douces des collines environnantes. On y trouve aussi la grotte de Gough, dont les galeries ont abrité de nombreux restes humains et d'autres animaux (des chevaux, des cerfs, des lièvres, des perdrix). Ils portent souvent les mêmes marques, des incisions laissées par des outils tranchants qui ont servi à détacher leur chair de leurs os. L'époque magdalénienne, celle à laquelle remontent ces dépouilles décharnées, n'a donc pas seulement été une phase d'admirable progrès artistique : à Cheddar, avant le développement de l'industrie fromagère, on pratiquait le cannibalisme.

On le pratiquait, il faut bien l'admettre, avec un certain raffinement : loin de se contenter de manger les parties comestibles de leurs victimes, les convives avaient pris soin de transformer leurs crânes en coupes. Dans la grotte de Gough, on en a retrouvé trois, et les détails de leur élaboration sophistiquée ont été exposés dans un article de Chris Stringer et Michael Petraglia. Aucun gaspillage, en somme. Bien avant le roi lombard Alboïn, des habitants du Somerset avaient déjà imaginé une réutilisation créative de dépouilles mortelles dont on ignore si elles appartenaient à des personnalités importantes de la communauté, qu'il se serait agi d'honorer, ou à des ennemis vaincus, qu'il se serait agi de tourner en dérision.

L'homme aux yeux bleus et à la peau foncée qui constitue le personnage principal de ce chapitre devait appartenir, d'une manière ou d'une autre, à la catégorie des vaincus. Il est mort d'une mort violente, vers l'âge de vingt ans : sur sa voûte crânienne, on observe deux trous produits par une pointe acérée. Le carbone 14 de ses os nous indique par ailleurs qu'il a vécu il y a environ 10 000 ans. L'Angleterre était alors une péninsule que l'on pouvait rejoindre à pied, par le sud ; elle était couverte de forêts et sa faune se composait pour l'essentiel de cerfs et d'aurochs, les ancêtres (beaucoup plus grands et disparus au XVIIe siècle) des bovins actuels. On ne sait pas si l'homme de Cheddar a été enseveli ou abandonné dans la grotte avant que des éboulis ne se déposent sur sa dépouille pendant des millénaires jusqu'au moment de son exhumation, en 1903.

Au début du XXe siècle, en Angleterre, on était encore à la recherche du *first Briton*, le « premier Britannique ». L'homme de Cheddar, dont l'appartenance à notre espèce ne fait pas le moindre doute, ne convenait cependant pas pour un tel rôle : un pays qui avait tant contribué au développement de la science s'estimait digne d'un fossile humain beaucoup plus ancien, et si possible bien plus vieux que les fossiles découverts en France ou en Allemagne ; il ne restait plus qu'à le trouver. Au bout d'un certain temps, en l'absence de résultats significatifs, on a fini par en fabriquer un : le célèbre crâne de Piltdown, présenté par son « découvreur », Charles Dawson, comme le chaînon manquant entre l'homme et le singe, et de surcroît âgé, toujours selon Dawson, d'environ un demi-million d'années. Cela se passait en 1912. Dès cette date, des voix se sont élevées pour exprimer un certain scepticisme ; il a toutefois fallu près d'un demi-siècle pour prouver qu'il s'agissait d'un faux, de la combinaison d'une mâchoire d'orang-outan, d'un petit crâne humain médiéval et de deux dents de chimpanzé, le tout plongé dans de l'acide pour simuler l'ancienneté. L'identité de son créateur reste entourée de mystère, mais la liste des suspects comprend plusieurs personnalités illustres : outre Dawson, dont on connaît la tendance à manipuler les pièces archéologiques, on mentionnera

Pierre Teilhard de Chardin, son élève et célèbre spécialiste de l'évolution, et même sir Arthur Conan Doyle. Les indices à la charge du créateur de Sherlock Holmes, bien que ténus, n'en demeurent pas moins assez troublants. Il avait l'habitude de jouer au golf à Piltdown. Il collectionnait les fossiles. Et en 1912, il écrivait dans l'un de ses romans : « À condition d'être assez débrouillard et de bien connaître son métier, il est aussi facile de fabriquer de faux ossements que de prendre une photo. » Par ailleurs, si l'on a prêté foi pendant plusieurs décennies à l'authenticité du crâne de Piltdown, c'est aussi parce qu'il étayait les hypothèses (ou plutôt les préjugés) de nombreux scientifiques européens, convaincus que la totalité de l'humanité devait provenir de leur continent.

Après quarante ans de débats stériles sur la place éventuelle de l'homme de Piltdown dans l'évolution humaine, le désir de retrouver à tout prix le *first Briton* a faibli, mais pas celui d'obtenir un record paléontologique quelconque. Aucun fossile mis au jour en Grande-Bretagne n'a 500 000 ans, il a bien fallu se rendre à l'évidence ; à titre de consolation, les Anglais s'enorgueillirent de considérer l'homme de Cheddar comme le plus ancien squelette humain *complet* (le degré de vérité d'une telle affirmation dépend toutefois de la signification que l'on attache à cet adjectif). Il mesurait 1,66 mètre et ses os ne portent aucun des signes de décharnement décelés sur d'autres fossiles de la grotte de Gough ; il n'a donc pas été mangé. Sa célébrité lui a valu de bénéficier parmi les tout premiers d'une reconstitution tridimensionnelle, en l'occurrence au Muséum d'histoire naturelle de Londres. Sur les photographies prises en 2001, il a un visage large (ce qui correspond à la réalité), une longue moustache (libre interprétation artistique), une peau claire et des yeux foncés. C'est seulement en 2018 que l'on a pu élaborer l'image illustrant ce chapitre. Afin de justifier notre conviction que l'homme de Cheddar avait une peau si foncée et des yeux si clairs (une combinaison aujourd'hui très inhabituelle), il est indispensable de rappeler quelques notions sur notre peau, son évolution et les méthodes qui nous permettent de dire à quoi elle ressemblait dans le passé, puisqu'elle ne laisse pas de fossiles (cela vaut aussi pour les yeux et les cheveux).

La couche la plus profonde de notre épiderme contient les mélanocytes, des cellules spécialisées dans la production des granules de deux pigments, l'eumélanine (de teinte rouge-brun) et la phéomélanine (de teinte jaune-brun). Ils passent ensuite dans les cellules les plus superficielles, d'autant plus foncées que ces granules sont plus nombreux, plus gros et plus riches en eumélanine. La couleur de la peau, de même que celle des cheveux et des yeux, est ce qu'on appelle un « caractère complexe » : elle dépend d'au moins 70 gènes et aussi, en partie, de l'environnement (il suffit de penser au bronzage). La base génétique des caractères complexes est à son tour – et je vous prie de bien vouloir excuser la répétition – complexe. Le daltonisme, à l'inverse, dépend d'un seul gène ; en étudiant l'ADN d'une personne donnée, on peut affirmer sans risque d'erreur si elle est daltonienne ou non. En revanche, lorsque 70 gènes interviennent, chacun d'eux contribuera dans une proportion d'1/70 au caractère que l'on souhaite étudier : ses effets seront minimes, souvent très difficiles à mesurer. Et la remarque vaut tout autant pour de nombreuses maladies ayant une base génétique complexe : le diabète, de nombreux cancers, la quasi-totalité des maladies cardiovasculaires et des troubles liés au vieillissement. L'ADN permet de calculer la probabilité (le « risque relatif », en termes techniques) de développement de telle ou telle maladie ; toutefois, même au vu du génome complet d'un individu, il restera impossible de prédire s'il tombera malade ou non, et à quel degré de gravité. Nous verrons plus loin que l'on a découvert des moyens de limiter les risques d'erreur, mais telle est, en l'état actuel de nos connaissances, la situation.

Les 70 gènes (voire davantage) qui influencent notre pigmentation produisent les protéines nécessaires à la longue série de réactions chimiques responsables de la synthèse des mélanines. Nina Jablonski est l'anthropologue états-unienne qui a étudié le plus en profondeur l'évolution de notre couleur de peau, et proposé un modèle de référence utilisé par l'ensemble de la communauté scientifique. Selon cette chercheuse, il y a 6 millions d'années, en Afrique, lorsque nous nous sommes dissociés des chimpanzés, nous avions la peau blanche. La pigmentation nous protège contre l'excès de radiations solaires : une barrière sombre absorbe les rayons ultraviolets, empêchés ainsi d'atteindre les tissus sous-jacents. Les gorilles et les chimpanzés, qui sont couverts d'une fourrure noire, ont la peau blanche ; et il devait en aller de même pour nos tout premiers ancêtres. Au cours de l'évolution, leur fourrure a disparu : comme nous l'avons vu au chapitre II, nous sommes devenus, pour reprendre la célèbre expression de Desmond Morris, des « singes nus », ce qui nous a permis de mieux contrôler notre température corporelle. L'évolution n'aboutit cependant pas à des solutions parfaites, elle serait plutôt encline au compromis. En l'occurrence, cette meilleure régulation de notre température nous a coûté la perte de l'organe qui absorbait les rayons ultraviolets, et il nous a fallu développer un autre type de protection. Peu à peu, des mutations successives ont assombri notre peau ; et comme elles conféraient un avantage certain à leurs porteurs (n'oublions pas qu'à ce moment-là, nos ancêtres étaient tous en Afrique), elles se sont propagées. Dans un premier temps, on a estimé que l'avantage consistait en une défense contre les cancers de la peau, causés par l'excès de rayons ultraviolets. Bien que cela semble logique, cela ne correspond pas à la réalité. Les mécanismes darwiniens de sélection naturelle fonctionnent si les porteurs des caractéristiques avantageuses (dans le cas examiné, une peau légèrement plus foncée) laissent plus de descendants que les porteurs d'autres caractéristiques (une peau pâle). Seulement, les cancers de la peau sont certes causés par les rayons ultraviolets, mais ils n'apparaissent qu'à un âge avancé, un âge auquel, en principe, nous avons déjà procréé. Le raisonnement ne tient donc pas.

Voilà pourquoi Nina Jablonski préfère une explication différente, liée à une molécule, le folate ou vitamine B9, nécessaire à la production d'ADN et d'ARN. Dans nos cellules sanguines, les rayons ultraviolets l'affaiblissent ; or, de trop bas niveaux de folate sont susceptibles de provoquer, pendant une grossesse, de graves malformations du fœtus ; l'avantage d'une peau foncée pourrait donc consister en l'apport d'une protection accrue au folate. Le débat n'est pas clos, mais il ne fait aucun doute que les populations les plus exposées aux radiations solaires sont aussi celles dont la peau est la plus sombre : en Afrique même, on trouve les populations aux peaux les plus foncées à la hauteur de la ceinture tropicale, tandis qu'au fur et à mesure que l'on descend vers le sud, moins ensoleillé, les tonalités s'éclaircissent.

Au cours des 100 000 dernières années, *Homo sapiens* est passé du statut d'espèce africaine à celui d'espèce planétaire ; il s'est répandu sur de nouveaux territoires où beaucoup de choses changeaient, y compris les niveaux de rayonnement solaire. Les premiers habitants des régions septentrionales ont donc été confrontés à un problème d'un autre ordre : la vitamine D, essentielle au bon développement des os, a besoin d'être activée par la lumière du soleil. Quand il y en a peu, comme dans le nord de l'Europe et de l'Asie, cette activation devient difficile, et il en découle un risque élevé de rachitisme. Selon Nina Jablonski, dans ces régions, le mécanisme de la sélection naturelle se serait inversé : les individus à la peau plus claire, mieux à même d'activer de plus grandes quantités de vitamine D, y auraient laissé davantage de descendants que les individus à la peau sombre. Et c'est ainsi que peu à peu, dans le nord de l'Asie et en Europe, les peaux seraient devenues plus claires.

Tout cela est en effet d'une logique implacable. Reste maintenant à déterminer la date de ce processus. Nina Jablonski pensait qu'il s'était produit il y a environ 50 000 ans, mais elle avouait elle-même ne pas être en mesure d'avancer une hypothèse plus précise. Le développement de l'intelligence artificielle nous a permis de corriger sa datation. En vous priant à l'avance d'excuser certaines schématisations brutales, mais inévitables, je vais m'efforcer d'expliquer comment fonctionnent les méthodes employées. Il s'agit, en substance, d'élaborer un programme informatique capable d'établir une association entre un ensemble de gènes et certaines caractéristiques extérieures, en l'occurrence la pigmentation de la peau, des yeux ou des cheveux. Le processus se déroule en trois phases. Au cours de la première, on utilise des bases de données déjà disponibles. Au sein d'une population prédéfinie aussi vaste que possible, le programme établit une comparaison entre, d'un côté, tous les gènes que nous voulons, tous ceux dont nous pensons qu'ils peuvent nous servir, et, de l'autre, la couleur de la peau, des yeux ou des cheveux. Nous entraînons ainsi l'ordinateur à reconnaître les variantes génétiques le plus souvent associées à certaines couleurs de peau. Par exemple, en une certaine position d'un gène appelé SLC45A2, il peut y avoir une base C (dans ce cas, la peau tend à être foncée) ou une base G (dans ce cas, elle a tendance à être claire). Au cours de la deuxième phase, la phase de vérification, nous ne fournissons au programme que des variantes génétiques, et nous lui demandons d'indiquer la couleur de peau de leurs porteurs, couleur que nous connaissons, mais que le programme ignore ; à partir de là, nous pouvons mesurer le degré de précision de ses réponses et leur marge d'erreur. Enfin, au cours de la troisième phase, on confie au programme le traitement de nouvelles données relatives à l'ADN extrait de fossiles, afin de reconstituer les caractéristiques extérieures des possesseurs du patrimoine génétique concerné.

Les chercheurs du Muséum d'histoire naturelle de Londres ont donc prélevé une petite quantité du rocher de l'os temporal de l'homme de Cheddar, un os très épais où l'ADN est mieux conservé que dans n'importe quelle autre partie du fossile. Et après avoir appliqué à ce génome les méthodes informatiques décrites au paragraphe précédent, ils sont parvenus à la conclusion, d'un degré de probabilité de 76 %, que l'homme de Cheddar avait une peau très foncée et les yeux bleus.

Une telle combinaison de caractères étant très rare chez les Anglais d'aujourd'hui et, de manière plus générale, chez la plupart des Européens, cette conclusion a suscité de nombreuses réticences. D'aucuns ont d'abord prétendu que ce n'était tout simplement pas possible. Puis, quand il est devenu indéniable que l'homme de Cheddar avait la peau très sombre, certains ont affirmé que ce ne pouvait pas être un véritable Anglais, qu'il avait peut-être été tué justement parce qu'il s'agissait d'un prisonnier ou d'un esclave venu d'on ne sait où. Ces objections n'ont pas tenu longtemps. Des résultats identiques – une peau foncée et des yeux clairs – ont en effet été obtenus par l'étude de contemporains européens de l'homme de Cheddar : à Bichon, en Suisse (fossile âgé de 13 000 ans) ; à Loschbour, au Luxembourg (fossile âgé de 8 000 ans) ; à La Braña, en Espagne (fossile âgé de 7 000 ans) ; et enfin à Syltholm, au Danemark (fossile âgé de 5 700 ans). Je suis conscient qu'il y a une part d'exagération à qualifier ces cinq individus de « contemporains », puisqu'ils ont vécu à une période qui s'étend sur sept millénaires. Il n'en demeure pas moins vrai qu'ils appartiennent tous au mésolithique, comme la femme magdalénienne de l'Abri de Cap-Blanc dont nous avons parlé au chapitre XI, et qui n'avait donc pas, selon toute probabilité, la peau claire que lui a donnée Élisabeth Daynès. Il y a 10 000 ans, de profonds changements ont commencé à affecter la population européenne (nous y reviendrons plus en détail dans le prochain chapitre). Ils sont apparus d'abord au sud, puis de plus en plus au nord ; ainsi, alors que les populations méridionales étaient déjà entrées dans le néolithique (le nouvel âge de pierre), celles du Luxembourg et du Danemark en étaient encore au mésolithique.

C'est un vaste mouvement migratoire qui a apporté en Europe, des milliers d'années après la mort de l'homme de Cheddar, les variantes génétiques à l'origine d'une peau claire. On les observe, il y a environ 11 500 ans, au sud du Caucase, chez une population de chasseurs-cueilleurs. On les retrouve, un peu plus tard, en Anatolie, d'où elles se sont ensuite répandues du sud au nord de l'Europe en parallèle à la diffusion de l'élevage et de l'agriculture, deux pratiques propres au néolithique. Une étude de Selina Brace et de ses collaborateurs a ainsi montré que l'arrivée en Angleterre de ces techniques néolithiques s'est accompagnée d'un profond changement démographique attesté par l'ADN de ces populations anciennes. Nous verrons bientôt que ce n'était pas là une exception, mais la règle : dans toute l'Europe, le passage du mésolithique au néolithique est allé de pair avec une importante mutation de génomes. De nouvelles populations sont arrivées sur notre continent, où elles se sont pour une très large part substituées à ses anciens habitants.

(Une dernière remarque, pour revenir à la question posée au tout début de nos considérations sur l'homme de Cheddar. Il est très difficile de donner une définition fiable des Européens, mais une chose est sûre : on aurait tort de la chercher dans leur ADN.)

POUR APPROFONDIR

Sur YouTube, le groupe I Gufi a repris à sa manière l'usage très discutable consistant à transformer les crânes des ennemis vaincus en coupes et en chopes : https://www.youtube.com/watch?v=eGq6AgzSFbE. Arthur Conan Doyle, *Le Monde perdu* (1912), in *Les Exploits du professeur Challenger, et autres aventures étranges*, Paris, Robert Laffont, « Bouquins », 1989. On a beaucoup écrit sur le faux homme Piltdown ; mon texte préféré est celui de Stephen Jay Gould (1980), *The Panda's Thumb*, New York, W. W. Norton and Co., p. 108-124 (éd. fr. : *Le Pouce du panda. Les grandes énigmes de l'évolution*, traduit de l'anglais par Jacques Chabert, Paris, Le Seuil, « Points Sciences », 2014). On trouvera aussi de nombreuses informations utiles sur la page anglaise de Wikipedia https://en.wikipedia.org/wiki/Piltdown_Man.

Bello S. M., Parfitt S. A., Stringer C. B., Petraglia M., « Earliest Directly-Dated Human Skull-Cups », *PLoS ONE*, 6, 2011, e17026.

Brace S. *et al.*, « Ancient Genomes Indicate Population Replacement in Early Neolithic Britain », *Nature Ecology & Evolution*, 3, 2019, p. 765-771.

Jablonski N., « The Evolution of Human Skin Pigmentation Involved the Interactions of Genetic, Environmental, and Cultural Variables », *Pigment Cell & Melanoma Research*, 34, 2021, p. 707-729.

Walsh S. *et al.*, « Global Skin Colour Prediction from DNA », *Human Genetics*, 136, 2017, p. 847-863.

Ötzi,
il y a 5 200 ans

XIV
Ötzi, il y a 5 200 ans

Du pain, du vin et du lait : *Homo sapiens*

Découvert en 1991 par Erica et Helmut Simon au Giogo di Tisa, à la frontière entre l'Italie et l'Autriche

Momie humide en excellent état de conservation

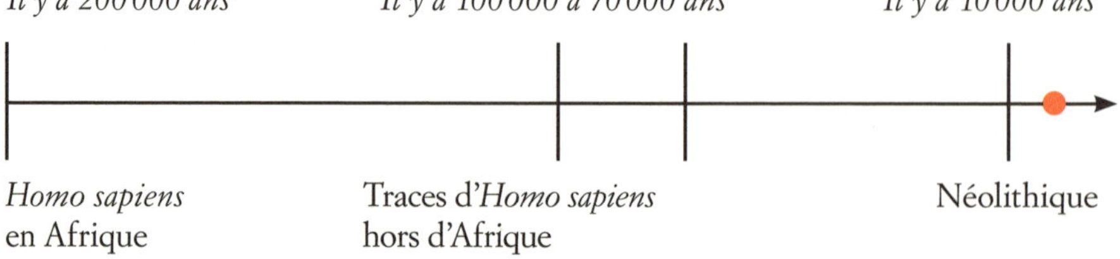

« Le Kilimandjaro est une montagne couverte de neige, haute de 6 021 mètres, et que l'on dit être la plus haute montagne d'Afrique. La cime ouest s'appelle le "Masai Ngàje Ngài" – la Maison de Dieu. Tout près de la cime ouest il y a une carcasse gelée et desséchée de léopard. Nul n'a expliqué ce que le léopard allait chercher à cette altitude. »

De même que pour ce félin évoqué dans les premières lignes des *Neiges du Kilimandjaro*, d'Ernest Hemingway, personne n'a encore su expliquer ce qui a poussé Ötzi à rejoindre le Giogo di Tisa, à la frontière entre l'Autriche et l'Italie, à 3 200 mètres d'altitude. Une pyramide commémorative a été érigée à l'endroit où l'on a découvert son corps ; on y parvient après cinq heures de marche sur un sentier difficile. Au néolithique, les glaciers commençaient beaucoup plus bas et le parcours était encore plus semé d'embûches ; il fallait donc avoir d'excellentes raisons pour monter si haut.

Ötzi, l'homme des glaces (dit aussi l'homme de Similaun), doit son nom à l'Ötzal, la vallée où il a été mis au jour. Il a le visage de quelqu'un que l'on pourrait rencontrer dans la rue sans lui prêter attention, et cela n'a d'ailleurs rien d'étonnant : il a vécu à la fin du néolithique, au début de l'âge du cuivre, presque hier, par rapport aux autres personnages de ce livre. Le hâle de son visage est celui d'un homme qui passe l'essentiel de son existence en plein air, et ses rides montrent bien que ce n'est plus un jeune garçon. En septembre 1991, deux randonneurs allemands ont retrouvé son corps à moitié immergé dans un petit lac formé par la fonte des glaces. Ils ont pensé qu'il s'agissait de la victime d'un accident, d'un alpiniste malchanceux mort sur place peut-être un siècle plus tôt.

Sur le moment, il a échappé à tout le monde que personne, même cent ou cinq cents ans avant nous, n'aurait porté des chaussures en cuir rembourrées de foin. La gendarmerie autrichienne, rapidement alertée, a enlevé le cadavre sans prendre assez de précautions et brisé la glace avec un marteau-piqueur qui a beaucoup abîmé la dépouille, et en particulier ses organes génitaux. À l'université d'Innsbruck, on s'est vite rendu compte qu'Ötzi était beaucoup plus âgé qu'il n'y paraissait à première vue. L'enquête sur la cause de sa disparition a ainsi laissé place à son étude scientifique, mais entre-temps, une controverse était née sur le tracé exact de la frontière entre l'Autriche et l'Italie. Il a fallu un certain temps et de nombreuses palabres avant que deux alpinistes célèbres, Reinhold Messner et Hans Kammerlander, résolvent le problème. Aujourd'hui, Ötzi est la star du Musée archéologique de Bolzano : il y dispose d'une chambre froide spécialement conçue pour lui et dotée d'un hublot qui permet de l'observer de l'extérieur.

D'une taille d'1,54 mètre, il avait 61 tatouages répartis sur sa poitrine, son dos, l'arrière de ses genoux et ses chevilles, et formés à partir d'incisions cutanées remplies de poussière de charbon afin de dessiner des points, des lignes ou de petites croix. L'équipement qu'il transportait sur lui et son corps momifié (on parle en l'occurrence de « momie humide ») nous indiquent avec une précision étonnante ce que les hommes mangeaient il y a 5 200 ans, quelles maladies ils pouvaient attraper, comment ils essayaient de se soigner, comment ils s'habillaient à haute altitude, comment ils chassaient. Et aussi comment ils s'entretuaient, puisque Ötzi est mort de mort violente : après avoir touché son épaule gauche, une flèche s'est enfoncée dans sa chair jusqu'à proximité du cœur ; des examens au scanner ont montré qu'elle avait endommagé l'artère subclavière et entraîné une hémorragie sans doute fatale. Le cadavre d'Ötzi montre en outre une coupure profonde entre le pouce et l'index droit, comme s'il s'était défendu à mains nues contre un assaillant, et une fracture à une pommette. Autour de ses plaies, on a décelé la présence de fibrine, une protéine qui se forme lors de la coagulation du sang. Ötzi n'est donc pas mort sur le coup, il a survécu assez longtemps pour que son corps commence à réagir au traumatisme subi. Enfin, sa position peu naturelle lorsqu'il a émergé de la glace, un bras contorsionné dans le dos, pourrait signifier qu'il a essayé jusqu'au bout d'extraire la flèche qui l'avait blessé.

Grâce au froid des glaciers, Ötzi s'est bien conservé : on a pu le soumettre à des examens aux rayons X et à des scanners, analyser le contenu de son intestin et le pollen qu'il avait sur lui au moyen de techniques allant de l'immunohistochimie à l'étude des isotopes. Son ADN aussi s'est très bien conservé (nous y reviendrons sous peu), de même que celui des parasites dont il était porteur et des restes de ses derniers repas. Des céréales (sans doute de l'épeautre), de la viande et des graisses de chevreuil rouge et de bouquetin en constituaient les principaux ingrédients. L'hypothèse selon laquelle il aurait été végan, que certains ont cru bon d'exposer par écrit, n'a rien de sérieux ; en revanche, les huiles essentielles retrouvées dans son intestin prouvent qu'il mangeait aussi des légumes, bien qu'il ne soit pas possible de préciser lesquels. Au total, Ötzi bénéficiait d'une alimentation variée, et surtout assez riche en graisses pour lui permettre de résister aux efforts et aux changements de température imposés par sa vie à la montagne.

Par ailleurs, l'étude de ses ossements a montré qu'il était d'un âge très avancé pour son époque, environ quarante-cinq à cinquante ans, et en très mauvaise santé : plusieurs de ses dents étaient cariées ; son estomac contenait une bactérie qui provoque souvent des gastrites ou des ulcères et il souffrait de la maladie de Lyme, une infection transmise par des piqûres de tiques que l'on traite de nos jours avec des antibiotiques. Mais comme, de son temps, on ne les avait pas encore inventés, sa maladie, devenue chronique, lui a causé de l'arthrite, voire des troubles cardiaques ou neurologiques. Il était en effet atteint d'artériosclérose et de calcifications, dans trois régions du cœur, qui faisaient de lui un sujet à haut risque d'infarctus. Pour faire face à toutes ces affections, il s'est défendu de son mieux. On a ainsi retrouvé sur lui de la *Fomitopsis betulina*, un champignon médicinal dit aussi polypore de bouleau, toxique à hautes doses mais doté, en petites quantités, de propriétés antiparasitaires. Certains de ses tatouages étant situés le long des méridiens utilisés pour l'acupuncture, plusieurs auteurs ont supposé qu'ils avaient servi à soulager ses douleurs. Nous entrons ici sur le terrain de la spéculation la plus téméraire : si tel était bien le cas, il faudrait voir en Ötzi (ou en son médecin) un génial pionnier de l'acupuncture, en avance de 3 000 ans sur l'invention de la médecine chinoise traditionnelle.

L'équipement retrouvé en même temps que son corps constitue un *unicum* archéologique. Il comprend : un arc en bois d'if de près de 2 mètres de haut ; un carquois en peau de chevreuil rempli de flèches de viorne, dont certaines prêtes à l'usage et d'autres inachevées ; un sac à dos contenant un poignard en silex, un outil en forme de crayon destiné à en aiguiser la lame, une perle en marbre, de l'amadou et un briquet. L'objet le plus intéressant est toutefois une hache dotée d'une lame en cuivre, le premier métal que l'homme a appris à utiliser, peu résistant mais facile à modeler avec un marteau, à froid, sans qu'il soit besoin de le fondre. Ötzi, qui a donc vécu entre la fin de l'âge de pierre et le début de l'âge des métaux, possédait ainsi une arme précieuse dont la composition chimique montre qu'elle venait de loin, en l'occurrence de Toscane. On ignore cependant comment elle avait atteint les Alpes et l'on peut simplement supposer, en l'état actuel de nos connaissances, que des bergers venus du centre de la Péninsule l'avaient emportée pour en faire un objet de troc avec les populations locales rencontrées à l'occasion de leurs déplacements. Compte tenu de sa valeur, il est difficile d'imaginer qu'Ötzi était un simple berger, victime par la suite d'une agression alors qu'il gardait son troupeau. Sur son poignard, sur les pointes de ses flèches et sur ses vêtements, on a identifié des traces de sang humain provenant, comme le prouve leur ADN, de quatre personnes différentes : avant de mourir, ou peut-être en d'autres occasions, il a vendu chèrement sa peau.

À l'âge du cuivre, dans les Alpes, la mode semble avoir été aux braies ou aux pagnes en peau de mouton, aux jambières remontant jusqu'en haut des cuisses, aux manteaux en peau de chèvre, aux belles toques en fourrure d'ours et aux chaussures assez sophistiquées pour l'époque, fabriquées en peau de cerf, attachées avec des lacets en peau de bovin et remplies de foin afin de maintenir les pieds au chaud. Ainsi vêtu, on pouvait s'aventurer à haute altitude tout en bénéficiant d'un minimum de confort ; il y a toutefois de fortes raisons de croire qu'au cours de sa vie, Ötzi n'a jamais poussé ses pérégrinations très loin. L'étude des isotopes – c'est-à-dire des différentes formes sous lesquelles des éléments comme le strontium, le plomb, l'oxygène, le carbone et l'argon sont présents dans les tissus biologiques – a en effet fourni maintes informations utiles sur ses déplacements. Au vu des quantités de ces isotopes mesurées dans les eaux et les roches de divers sites, Wolfgang Müller et ses collaborateurs ont montré qu'Ötzi a passé l'essentiel de son existence au sud du Giogo di Tisa, sans jamais s'en éloigner de plus de soixante kilomètres : pendant de nombreuses années, il a bu l'eau du Val Pusteria, du Val Venosta, ou du Val d'Ultimo. On peut même être encore plus précis : en 2007, à l'université d'Innsbruck, Klaus Oeggl et son équipe ont reconstitué en détail ses derniers déplacements grâce à l'étude des pollens qui se sont déposés dans son estomac et ses intestins au cours de ses repas, et qui permettent d'identifier leurs lieux de consommation. Compte tenu du temps nécessaire à leur descente dans le tube digestif, les chercheurs en ont conclu qu'au cours des 33 dernières heures de sa vie, Ötzi avait parcouru un long trajet : d'abord à de hautes altitudes privées de végétation ; ensuite plus bas, dans une vallée où poussaient des bouleaux, des charmes et des noisetiers, autant d'arbres dont la croissance est favorisée par les climats tempérés ; et enfin sur un espace de neiges éternelles, à plus de 3 000 mètres d'altitude. À partir de ces données factuelles, certaines imaginations ont brodé tout un récit : ces déplacements successifs signifieraient qu'Ötzi serait rentré chez lui après une journée passée dans les alpages, qu'il se serait violemment disputé avec des membres de sa famille, qu'il aurait tenté de leur échapper, peut-être déjà blessé, qu'ils l'auraient poursuivi puis achevé en le frappant au visage. Tout cela est possible, mais il demeure difficile d'établir le degré de probabilité d'une telle reconstitution. Selon une autre hypothèse, Ötzi aurait fait une mauvaise rencontre en essayant de passer de l'autre côté des Alpes. Dans les deux cas de figure, on s'explique mal pourquoi ses assassins ne se sont pas emparés de sa précieuse hache à lame de cuivre. Sur le site web de la municipalité de Laces, on peut lire ceci :

> « Ötzi était perçu comme quelqu'un d'extravagant en raison non seulement de ses facultés spirituelles sans doute supérieures, mais encore de son étrange tenue vestimentaire, qui ne correspondait certainement pas à l'habillement quotidien de la période néolithique. De ce point de vue, on est absolument en droit de considérer sa mort comme un homicide sur commande dû à des jeux de pouvoir politiques ou une exécution rituelle, même s'il restera toujours impossible de le prouver. »

Nous sommes ici en plein royaume de la *fantasy*, ou plutôt du *trash*. Bien que nous ignorions à quoi ressemblaient « l'habillement quotidien de la période néolithique » et les circonstances exactes de la mort d'Ötzi, son ADN est une mine d'informations en parfait accord avec une histoire que la génétique a commencé à écrire dans les années 1970, celle des origines de l'agriculture en Europe, au néolithique.

Nous l'avons tous appris à l'école : il y a 12 000 ans, les populations du Croissant fertile, sur les territoires actuels de l'Irak et de la Syrie, se sont mises à cultiver les champs et à élever des animaux. Une humanité qui ne connaissait ni le pain, ni le vin, ni le lait, à la recherche perpétuelle de substances comestibles et donc, par nécessité, nomade ou semi-nomade, a commencé à produire de la nourriture. Selon un grand archéologue anglais, Colin Renfrew, ce fut l'événement le plus important de toute l'Histoire (et donc aussi de ce livre) : et ce n'est pas par hasard que l'on parle de révolution néolithique. Une alimentation plus abondante a pour conséquences un allongement de l'espérance de vie, une diminution de la mortalité infantile et une augmentation de la population. En outre, sur un espace où 10 chasseurs-cueilleurs pouvaient se sustenter, la culture des champs permet de nourrir une communauté 10 fois, voire 100 fois plus importante, ce qui contribue aussi à la croissance démographique. Par ailleurs, cette pléthore de nourriture oblige à trouver des moyens de la conserver et à résoudre un problème qui ne s'était jamais posé auparavant : les premiers récipients apparaissent, la céramique se développe et l'on invente des procédés destinés à éviter la perte des produits de l'agriculture et de l'élevage (par exemple transformer le blé en farine, le lait en fromage, le raisin en vin). Enfin et surtout, pour recueillir les fruits de ces deux activités, il faut rester sur place : et c'est ainsi que naissent les premières implantations permanentes, d'abord des villages et ensuite des villes. Là, tous les individus n'étant pas doués à un même degré pour les tâches à accomplir, les fonctions se spécialisent et la société se diversifie. Le monde qui est encore le nôtre commence à prendre forme.

Bien entendu, tout cela ne s'est pas fait du jour au lendemain. Entre l'âge des chasseurs-cueilleurs, le paléolithique, et celui de la production alimentaire, le néolithique, il y a eu une période de transition que les archéologues appellent le mésolithique et qui a vu l'élaboration des premières formes de culture des champs, par exemple l'horticulture (l'homme de Cheddar appartient justement à cette époque). De plus, toute médaille a son revers : un régime à base de céréales fournissant moins d'énergie qu'un régime riche en viande, les paysans néolithiques étaient plus petits que leurs prédécesseurs et leurs squelettes montrent qu'ils étaient plus exposés aux maladies. Les agrégations urbaines, on ne le sait que trop, offrent un terrain propice à la propagation des agents pathogènes, et la promiscuité avec les animaux fait le reste : le néolithique a créé les conditions de diffusion des épidémies qui se sont succédé depuis. Toujours est-il qu'au bout du compte, le bilan s'est révélé positif, comme en témoignent trois sortes de données archéologiques : de grandes concentrations de semences, des outils agricoles et des récipients en céramique. Leur présence sur un site indique que l'on y pratiquait l'agriculture. Or on a retrouvé en Anatolie des objets de ce type vieux de 10 000 ans et, dans le reste de l'Europe, datant de 5 000 ans avant le présent. Sachant qu'une distance de 5 000 kilomètres sépare l'Anatolie du Portugal, on peut en conclure que la révolution néolithique a progressé à un rythme moyen d'un kilomètre par an.

Notre continent n'est d'ailleurs pas le seul concerné. Dans le Croissant fertile, les premiers agriculteurs cultivaient du blé, de l'orge, des figues, des lentilles et des petits pois. En Chine, quelques millénaires plus tard, ils avaient trouvé un moyen de produire du riz, du soja, des agrumes, des pêches et des aubergines. La culture de la vigne a sans doute débuté en Géorgie et en Arménie, il y a environ 8 000 ans. En Amérique centrale, quelque temps plus tard, ce fut le tour des tomates, du maïs, des citrouilles, des haricots et, dans les Andes, des pommes de terre et des poivrons. On a là autant de foyers de domestication des plantes, qui correspondent souvent à ceux où de nombreux animaux ont été apprivoisés pour la première fois, même si la question devient ici plus complexe : des chiens et des chevaux ont à coup sûr commencé à cohabiter avec l'homme à plusieurs reprises et en différents endroits ; et selon toute probabilité, il en est allé de même pour d'autres animaux. Dans le Croissant fertile, on a retrouvé des os de moutons, de vaches, de chèvres et de porcs sur les sites d'établissements humains remontant à 11 000 ans.

L'agriculture et l'élevage se sont donc révélés être, sans conteste, plus efficaces que la cueillette et la chasse. En Europe, on les voit apparaître au Sud-Est ; quelques millénaires plus tard, on les retrouve partout, de la Scandinavie à l'Atlantique. Mais quelles ont été les modalités de leur diffusion ? Au cours des années 1970, les archéologues ont beaucoup débattu de la question de savoir s'il s'était agi d'un phénomène culturel ou démographique. Dans l'hypothèse d'un phénomène culturel, c'est l'information qui aurait voyagé : les populations locales de chasseurs-cueilleurs auraient adopté l'agriculture et l'élevage en imitant leurs voisins. Dans l'hypothèse d'un phénomène démographique, ce sont les hommes en chair et en os qui auraient voyagé : les agriculteurs-éleveurs néolithiques auraient occupé de nouveaux territoires, de plus en plus à l'ouest et de plus en plus au nord, où ils auraient introduit ces nouvelles pratiques. Il va de soi que je simplifie à l'excès et qu'en réalité, on a dû avoir à la fois des échanges culturels et des migrations ; cela vaut néanmoins la peine de se demander quel a été le processus prédominant. Les données archéologiques ne nous apporteront pas la réponse : elles nous diront simplement à quelles dates et par quels itinéraires (en l'occurrence le long des côtes méditerranéennes et en remontant le cours du Danube) la culture des champs s'est imposée partout en Europe ; elles ne nous expliqueront pas comment.

Pour comprendre si, au néolithique, ce sont les mêmes populations qui se sont lancées dans de nouvelles pratiques ou si elles ont été remplacées par d'autres populations, nous avons besoin de données différentes. Rassemblées et publiées en 1978 par Paolo Menozzi, Alberto Piazza et Luca Cavalli-Sforza, elles ont inauguré des collaborations pluridisciplinaires inédites. Menozzi, Piazza et Cavalli-Sforza ont en effet trouvé le moyen de représenter les données génétiques relatives aux populations modernes (celles dont on disposait alors, à savoir des groupes sanguins et quelques protéines sanguines), toutes ensemble, de la même manière que, sur une carte géographique, on indique les plaines en vert et les montagnes en marron. La carte génétique de l'Europe s'est révélée être d'une extraordinaire simplicité : un gradient, c'est-à-dire un vaste plan incliné allant d'un angle inférieur droit à un angle supérieur gauche. Les caractéristiques des populations changent, peu à peu et régulièrement, au fur et à mesure que l'on va du Croissant fertile vers le nord et l'ouest. Une structure si bien ordonnée ne saurait résulter du hasard. Au fil du temps, quelque chose a aligné les gènes des Européens ; or ce quelque chose n'a pu être qu'un processus migratoire, et non pas un changement culturel, qui n'aurait eu en soi aucun effet sur l'ADN. Mais il y a plus : la carte génétique de l'Europe ressemble à une photocopie de la carte archéologique portant les dates d'apparition des pratiques agricoles, les plus anciennes en bas à droite et les plus récentes en haut à gauche. Menozzi, Piazza et Cavalli-Sforza en ont déduit que les deux cartes décrivaient le même phénomène : l'arrivée de l'agriculture en Europe à la suite d'un processus migratoire de grande ampleur. La révolution néolithique a été exportée par les premiers agriculteurs, le surplus de nourriture issu des nouvelles technologies a entraîné une croissance démographique qui a favorisé à son tour la propagation de ces mêmes agriculteurs vers l'ouest et le nord.

Inutile d'imaginer, à ce propos, des hordes de paysans anatoliens voyageant avec armes et bagages en direction du Portugal et de la Scandinavie. Grâce à un travail de modélisation mathématique précis que des simulations informatiques ont confirmé plus tard, Cavalli-Sforza a montré que le vaste gradient génétique européen peut s'expliquer par un lent processus de diffusion démique, c'est-à-dire une expansion de la population néolithique durant laquelle, à une vitesse moyenne d'un kilomètre par an, les surfaces cultivées se sont étendues de plus en plus. Ces modèles mathématiques et ces simulations ne fonctionnent toutefois qu'à une condition : il faut admettre que lorsque les paysans néolithiques ont rencontré les chasseurs-cueilleurs paléolithiques, ils ont certes partagé un même territoire, mais sans brassage de populations. Les premiers auraient ainsi, à l'inverse des seconds, continué à croître en nombre, dans la mesure où ils disposaient de ressources alimentaires plus importantes. Si l'on ne retient pas cette hypothèse, les modèles évoqués à l'instant deviennent inopérants pour expliquer comment les gènes des premiers agriculteurs du Croissant fertile ont réussi à parcourir un si long chemin, jusqu'aux limites septentrionales et occidentales du continent européen.

Les travaux de Cavalli-Sforza et de ses collaborateurs datent d'une époque où les données à disposition provenaient de l'étude des protéines, et ne parvenaient donc à mettre en évidence qu'une partie de nos différences génétiques. Les méthodes modernes d'étude de l'ADN ont toutefois confirmé leur modèle de diffusion démique, tout en le corrigeant sur certains points, et elles nous ont aussi apporté plusieurs informations supplémentaires du plus haut intérêt. On distingue aujourd'hui, dans les génomes des populations européennes anciennes et modernes, trois composantes principales héritées de trois groupes différents d'ancêtres. Chaque Européen a beau présenter sa propre combinaison singulière, les principaux ingrédients restent les mêmes et ils sont, n'hésitons pas à le répéter, au nombre de trois. La comparaison de génomes anciens et modernes nous autorise en effet à affirmer que ces groupes d'ancêtres correspondent à trois phénomènes migratoires. Le premier est celui qui a amené en Europe, au paléolithique, des populations originaires d'Afrique : non pas celles auxquelles appartenait le fossile de Peştera cu Oase (sans doute éteintes en Europe, comme nous l'avons vu au chapitre IX), mais d'autres, arrivées en même temps qu'elles ou plus tard. Le deuxième est la diffusion démique du néolithique décrite au paragraphe précédent : le génome d'Ötzi, de même que ceux de nombreux Européens modernes du pourtour méditerranéen, ressemble beaucoup à ceux des premiers agriculteurs anatoliens. Cela signifie qu'il y a 10 000 ans, les ancêtres des Européens du Sud se trouvaient pour la plupart hors d'Europe, en Anatolie et au Proche-Orient. Enfin, en Europe centrale et septentrionale (nettement moins en Europe méridionale), la composante néolithique s'est diluée à l'occasion d'une troisième vague migratoire, qui s'est produite à l'âge du bronze et venant de steppes faisant aujourd'hui partie de l'Ukraine. Les traces des anciens occupants paléolithiques n'ont pas complètement disparu pour autant, puisqu'ils ont légué 5 à 10 % de leurs génomes aux Européens modernes. Une grande part du reste leur est venue soit d'Anatolie, au néolithique, soit des plaines de l'Ukraine, à l'âge du bronze.

À l'instar de nombreux habitants des pays méditerranéens d'Europe, les ancêtres d'Ötzi provenaient surtout d'Anatolie. La diffusion démique du néolithique a répandu leurs gènes sur tout le continent, changé de fond en comble les modes de vie et d'alimentation, transformé des nomades en sédentaires. Sans oublier, peut-être, une dernière chose. À de rares exceptions près (le basque, le finnois, l'estonien, le hongrois et le turc), les langues parlées en

Europe sont apparentées les unes aux autres, et regroupées par les spécialistes au sein de la famille indo-européenne. Le contraire, en quelque sorte, de la situation que nous avons rencontrée en Amérique au chapitre XII : là-bas, des centaines de langues très différentes ; ici, un nombre restreint de langues très proches. Pour expliquer leurs similitudes, il convient sans doute de revenir à l'intuition de Darwin et d'essayer de voir comment s'entrelacent l'histoire de nos langues et celle de nos migrations.

Jusqu'aux années 1980, la plupart des linguistes estimaient que l'ancêtre commun de toutes les langues indo-européennes, le proto-indo-européen (dont il n'existe aucune trace écrite, les premiers alphabets remontant à 3 000 ans avant le présent), avait d'abord été parlé dans les steppes de l'Ukraine actuelle, avant de se répandre vers l'ouest et le sud en conséquence des migrations d'un peuple guerrier ayant laissé derrière lui des sépultures à tumulus d'un type particulier appelées « kourganes ». La principale représentante de cette école de pensée était une archéologue lituanienne, Marija Gimbutas : elle avait dessiné des cartes sur lesquelles, il y a 5 000 ans, des flèches partaient d'Ukraine dans tous les sens, chacune d'elles correspondant à un phénomène migratoire. Le problème était (et demeure) qu'il ne reste pas la moindre trace, ni archéologique ni génétique, de la quasi-totalité de ces migrations supposées. Au bout d'un moment, Colin Renfrew a fini par se lasser et il a objecté en substance : « Nous serions sans doute bien avisés, au lieu de chercher des migrations introuvables, de prendre en considération une migration que nous connaissons bien, à savoir la diffusion démique néolithique. Car rien ne nous empêche d'attribuer aussi à ce vaste processus la diffusion d'une langue commune aux premiers agriculteurs, à l'origine des langues différenciées que nous parlons aujourd'hui. » Il a ainsi provoqué des débats d'une rare virulence. Beaucoup de linguistes sont en effet très attachés à l'idée que le premier indo-européen ne peut pas être âgé de plus de 5 000 ou 6 000 ans ; à titre personnel, bien qu'ils aient essayé à maintes reprises de me l'expliquer, je n'ai toujours pas compris pourquoi. L'hypothèse de Renfrew conduit certes à tout reculer de quatre millénaires, mais elle permet de bien imbriquer les pièces du puzzle (archéologique, génétique et linguistique) sans qu'il soit nécessaire d'imaginer d'étranges migrations. Si Renfrew, comme je le crois, a raison, un phénomène démographique majeur (accompagné, bien entendu, de centaines d'autres, à plus petite échelle) a transformé en profondeur les gènes, les modes de vie et les langues sur tout le continent européen. Les objections à cette hypothèse me semblent d'ailleurs faibles, surtout à la lumière des études les plus récentes.

Le biologiste néo-zélandais Russell Gray a comparé les vocabulaires des langues indo-européennes selon les méthodes de la génétique évolutive. Il est parti d'une liste de 200 mots peu sujets au changement, comme « un », « tête », « nuit », « jour », « homme », « *étoile* »... À l'inverse, il a évité les vocables tels que « frisbee », « soprano » et « cinématographe », dont on aurait pu tirer la conclusion erronée que toutes les langues du monde dérivent, respectivement, de l'anglais, de l'italien et du grec. Il a ensuite mis en parallèle les mots de cette liste dans deux langues, afin d'établir le nombre de ceux qui ont la même étymologie. Plus ce nombre est élevé, plus les liens de parenté entre les langues concernées sont étroits, et plus leur séparation d'un ancêtre linguistique commun est récente : on a ici, en quelque sorte, l'équivalent de l'horloge moléculaire utilisée en génétique. En collaboration avec l'anthropologue Quentin Atkinson, Russell Gray a estimé que les langues indo-européennes s'étaient séparées de leur ancêtre commun, le proto-indo-européen, à une époque comprise entre 7 800 et 9 800 ans avant le présent, soit au moins 2 000 ans plus tôt que dans la théorie de Marija Gimbutas (qui, rappelons-le, raisonnait sur des données archéologiques, la présence de kourganes, et non pas sur des données linguistiques), et en parfait accord avec l'hypothèse de Renfrew. Des calculs un peu plus sophistiqués lui ont en outre permis de montrer que l'hypothèse d'une origine anatolienne du proto-indo-européen était 150 fois plus probable que celle de son origine ukrainienne.

Voilà ce que nous apprennent des études linguistiques que personne n'a jamais réfutées. Il est donc surprenant que certaines analyses génétiques s'obstinent à les ignorer et à reprendre l'idée d'une origine ukrainienne de l'indo-européen dans les steppes. Quoi qu'il en soit, laissons cela et revenons à notre Ötzi. De groupe sanguin O, qui est encore le plus répandu dans l'Europe d'aujourd'hui, il avait les yeux foncés et la peau claire que les premiers immigrants néolithiques ont introduits en Europe. Il y a 12 000 ans, au sud du Caucase, des peaux claires caractérisaient déjà, comme l'ont prouvé les analyses de leur ADN, des chasseurs-cueilleurs de la fin du paléolithique ; ils étaient sans doute apparentés (mais cela reste à démontrer, en l'absence de fossiles pertinents) à ceux qui, plus au sud et quelques siècles plus tard, allaient inventer l'agriculture. En tout état de cause, l'adoption des pratiques agricoles a eu pour corollaire, en Europe, l'apparition de peaux claires et d'yeux foncés ; et dans la mesure où les peaux claires confèrent un avantage certain à leurs possesseurs dans les zones géographiques moins ensoleillées que le continent africain, la sélection naturelle a favorisé leur propagation, du sud au nord. Si, comme nous l'avons vu au chapitre précédent, les habitants du Danemark avaient encore la peau foncée il y a 5 700 ans, c'est parce que l'agriculture y est arrivée plus tard, introduite par des immigrants agriculteurs.

Le génome d'Ötzi présente, par ailleurs, des similitudes marquées avec ceux des Sardes et des Corses. On aurait cependant tort d'en conclure que les ancêtres des populations des Alpes seraient originaires de Sardaigne et de Corse ou, à l'inverse, qu'Ötzi serait l'ancêtre des habitants de ces deux îles. Cela signifie plutôt que les caractéristiques génétiques des Européens du néolithique, tel justement Ötzi, se sont préservées presque intactes en Méditerranée occidentale, c'est-à-dire dans une région que n'a pas atteinte la vague migratoire de l'âge du bronze.

N'hésitons pas à le répéter : le rattachement des génomes européens à trois migrations principales a inévitablement quelque chose de schématique. Au cours de la préhistoire et des premiers temps de l'Histoire, de très nombreuses migrations ont dû se produire ; beaucoup d'entre elles ont concerné des groupes qui se sont déplacés sur de courtes distances, et ces épiphénomènes ont contribué à rendre le tableau d'ensemble à la fois plus complexe et plus confus. Il n'en demeure pas moins que si l'on peut, malgré tout, reconnaître trois composantes principales dans nos génomes et les mettre en relation avec trois vastes migrations de la préhistoire européenne, cela signifie à coup sûr qu'elles ont revêtu assez d'importance pour laisser des traces génétiques durables.

D'autres pratiques culturelles ont d'ailleurs laissé, elles aussi, des traces sur des ADN : sinon sur celui d'Ötzi (comme nous le verrons), du moins sur ceux de beaucoup de personnes qui lui étaient apparentées, les arrière-petits-enfants de ces mêmes populations néolithiques dont il descendait. Ouvrons ici une brève parenthèse. Lorsque nous sommes encore bébés, nous digérons tous le lait. Mais après le sevrage, nos destins divergent : certains peuvent continuer à manger des glaces ou de la mozzarella en toute sérénité, tandis que d'autres souffrent de troubles intestinaux, parfois graves, dès qu'ils avalent un peu de lait ou de ses dérivés frais. Tout dépend du sort réservé, à l'intérieur de nos intestins, au lactose, le sucre contenu dans le lait des mammifères et composé de deux molécules plus petites, le glucose et le galactose, qui sont unies par un lien chimique. Le glucose étant la principale source d'énergie pour les animaux et les plantes, son introduction sous forme de lait dans nos organismes apporte à ceux qui sont capables de le digérer l'avantage indéniable d'une ressource à haute teneur énergétique. Seulement il faut, pour cela, disposer d'une enzyme (c'est-à-dire d'une protéine dont la spécialité consiste à faciliter certaines réactions chimiques corporelles) appelée lactase et produite par le gène LCT.

Lorsque le lactose parvient dans l'intestin grêle, la lactase des cellules le divise en deux ; ses deux plus petites molécules, le glucose et le galactose, passent ensuite dans le sang. Ce processus se déroule sans encombre chez les nouveau-nés, ainsi que chez les adultes dont le LCT continue à fonctionner et à produire de la lactase : on parle, dans ce cas, de persistance de la lactase. En revanche, si ce gène ne remplit pas sa fonction et ne fabrique pas l'enzyme nécessaire, l'intestin grêle ne digère pas le lactose, qui passe alors dans le côlon. Or il se trouve que le côlon contient de nombreuses bactéries qui, en règle générale, ne nous causent aucune gêne ; mais avec l'arrivée du lactose, elles s'en donnent à cœur joie et leur prolifération aboutit à un excès de gaz et d'eau dont il résulte des diarrhées, voire des affections plus graves. En résumé : si un adulte possède de la lactase, il digère le lait ; sinon, il ne le digère pas. La différence ne dépend toutefois pas du gène LCT à proprement parler mais d'une région voisine de l'ADN, qui joue en quelque sorte un rôle d'interrupteur : arrivé à l'époque où, depuis des millions d'années, des milliards de membres du genre *Homo* avaient cessé de boire du lait après leur sevrage, cet interrupteur a désactivé le gène LCT et supprimé la lactase. Pendant d'autres millions d'années, ce mécanisme s'est révélé avantageux, dans la mesure où la désactivation d'un gène inutile nous a valu des économies d'énergie. Mais au cours des derniers millénaires, avec l'élevage d'animaux laitiers, la situation a changé : disposer d'une lactase en bon état de marche nous aurait permis de mieux manger, et donc d'augmenter nos chances de survie. Seulement, pour que le gène LCT continue à produire de la lactase chez l'adulte, il a fallu « casser l'interrupteur » ; il a fallu, pour le dire en termes plus appropriés, que des mutations l'empêchent de fonctionner.

Observables en Afrique et en Europe, ces mutations ne se sont propagées qu'à partir du néolithique, car c'est uniquement depuis cette période qu'elles apportent un avantage aux éleveurs d'animaux laitiers. Des migrations les ont ensuite disséminées en divers endroits du globe, mais pas partout : elles n'ont par exemple jamais atteint l'Extrême-Orient, ce qui explique, entre autres, pourquoi les Japonais mangent du tofu, et pas de fromage. Et elles ne sont même pas parvenues en Europe avec les premiers agriculteurs néolithiques : leurs génomes, y compris celui d'Ötzi, montrent en effet qu'ils ne produisaient pas de lactase à l'âge adulte. On ne trouvera d'ailleurs rien d'étrange à cela, si l'on se souvient de ce que nous avons vu à propos de la couleur de la peau. Pour qu'une caractéristique se répande, il ne suffit pas qu'elle soit avantageuse ; il faut aussi avoir dans son ADN la bonne variante génétique, qui, toujours fruit d'une mutation aléatoire, peut mettre beaucoup de temps avant d'apparaître (par exemple en Europe, où elle est arrivée bien plus tard que les premiers agriculteurs néolithiques), ou ne pas apparaître du tout (comme en Extrême-Orient).

Voilà pour le lait. Deux mots, en conclusion, sur le pain et le vin. La fermentation, qui est le procédé le plus ancien de conservation des aliments, nécessite l'intervention de champignons unicellulaires appelés levures. On est en droit d'affirmer qu'au néolithique, l'homme les a domestiquées en même temps que les céréales, les bovins et les porcins ; mais il serait tout aussi légitime de prétendre que ce sont les levures qui ont domestiqué l'homme, et assuré du même coup leur propre survie. En tout état de cause, elles transforment les sucres en alcool et en dioxyde de carbone. Et c'est ainsi, en fonction des matières premières employées et du type de fermentation, que nous produisons du pain ou des boissons alcoolisées. Après avoir étudié 650 souches de levures, un groupe de généticiens français est parvenu à la conclusion que leur première utilisation par l'homme pourrait avoir eu lieu en Mésopotamie, il y a 10 000 ans. À partir de là, les populations néolithiques auraient diffusé le vin et la bière le long des côtes méditerranéennes, puis en remontant le cours du Danube. La plus ancienne structure destinée à la production vinicole a été découverte à Areni, en Arménie. Âgée de 7 000 ans, elle consiste en un grand bassin doté de bords surélevés et de canaux conduisant à des récipients en forme de jarre. Sa similitude par rapport aux structures modernes de production de vin, ajoutée aux gigantesques quantités de grains de raisin retrouvées sur place, a dissipé tous les doutes éventuels sur la fonction que remplissait ce site archéologique rare.

Il semble peu probable qu'Ötzi ait jamais bu du vin. En revanche, nous avons d'assez fortes raisons de croire qu'il consommait de la bière, ou son équivalent néolithique. Et rien ne nous interdit de l'imaginer occupé à en savourer une dernière gorgée, assis sur une pierre devant le panorama grandiose des Alpes, par exemple à la tombée du jour, lorsque le soleil perce à travers les nuages et que les sommets des montagnes semblent s'embraser. Toute notre reconnaissance lui est due : malgré les tristes circonstances de sa mort, il a réussi à nous transmettre des informations d'une importance fondamentale, qui nous ont permis de mieux comprendre à quel point la révolution néolithique a changé notre mode de vie. Ce n'est pas sa faute si son histoire, livrée en pâture aux médias, a été déformée, voire défigurée. Bien que ses organes génitaux aient été endommagés, comme nous l'avons rappelé au début de ce chapitre, au moment de son extraction d'un lac de glace, certains se sont mis en tête qu'il aurait été victime d'une mutilation rituelle. D'autres ont essayé de le faire passer pour un végan avant la lettre ou pour un pionnier de l'acupuncture. D'autres encore, en proie à l'autosuggestion ou à l'esprit de clocher, lui ont attribué sans fondement des capacités spirituelles supérieures. De leur côté, les médias états-uniens ont insisté sur sa prétendue immortalité (comme si la momie retrouvée au Giogo di Tisa était celle d'un individu en pleine forme) et profité de l'occasion pour promouvoir les services d'entreprises qui proposent de conserver dans de l'azote liquide les dépouilles d'individus fortunés, dans l'attente d'une résurrection en des temps plus heureux. On ne saurait imputer à Ötzi la responsabilité de toutes ces sottises.

POUR APPROFONDIR

«*Pan, vin, latte, catte catte catte*» («Du pain, du vin, du lait, *catte*, *catte*, *catte*») est la formule que les adultes utilisent, dans la région des Trois Vénéties, pour prévenir les enfants qu'ils vont les chatouiller.

Ernest Hemingway, *Les Neiges du Kilimandjaro*, traduit de l'anglais (États-Unis) par Marcel Duhamel, Paris, Gallimard, «Folio», 1972.

J'ai déjà fait allusion, dans un précédent chapitre, à l'ouvrage fondamental de Ian Tattersall et Rob DeSalle, *A Natural History of Wine*, New Haven et Londres, Yale University Press, 2014.

On trouvera la reconstitution pour le moins fantaisiste du meurtre d'Ötzi sur le site de la municipalité de Laces (Bolzano) : https://www.comune.laces.bz.it/it/L_Omicidio_di_Oetzi_The_murder_of_Oetzi.

Barbujani G., «Neolithic Demic Diffusion», *Human Population Genetics and Genomics*, 1, 0005, 2021.

Bouckaert R. *et al.*, «Mapping the Origins and Expansion of the Indo-European Language Family», *Science*, 337, 2012, p. 957-960.

Gostner P. *et al.*, «New Radiological Insights into the Life and Death of the Tyrolean Iceman», *Journal of Archaeological Sciences*, 38, 2011, p. 3425-3431.

Gray R. D., Atkinson Q. D., « Language-Tree Divergence Times Support the Anatolian Theory of Indo-European Origin », *Nature*, 426, 2003, p. 435-439.

Keller A. *et al.*, « New Insights into the Tyrolean Iceman's Origin and Phenotype as Inferred by Whole-Genome Sequencing », *Nature Communications*, 3, 2012, p. 698.

Lazaridis I. *et al.*, « Ancient Human Genomes Suggest Three Ancestral Populations for Present-Day Europeans », *Nature*, 513, 2014, p. 409-413.

Legras J. L., Merdinoglou D., Cornuet J. M., Karst F., « Bread, Beer and Wine : Saccharomyces Cerevisiae Diversity Reflects Human History », *Molecular Ecology*, 16, 2007, p. 2091-2102.

Maixner F. *et al.*, « The Iceman's Last Meal Consisted of Fat, Wild Meat, and Cereals », *Current Biology*, 28, 2018, p. 2348-2355.

Menozzi P., Piazza A., Cavalli-Sforza L. L., « Synthetic Maps of Human Gene Frequencies in Europeans », *Science*, 201, 1978, p. 786-792.

Müller W., Fricke H., Halliday A. N., McCulloch M. T., Wartho J. A., « Origin and Migration of the Alpine Iceman », *Science*, 302, 2003, p. 862-866.

Oeggl K. *et al.*, « The Reconstruction of the Last Itinerary of Ötzi the Neolithic Iceman, by Pollen Analyses from Sequentially Sampled Gut Extracts », *Quaternary Sciences Review*, 26, 2007, p. 853-861.

Zink A. R., Meixner F., « The Current Situation of the Tyrolean Iceman », *Gerontology*, 65, 2019, p. 699-706.

Charles Darwin,
il y a 200 ans

XV
Charles Darwin, il y a 200 ans

Décrire, classer, comprendre : *Homo sapiens*

Né à Shrewsbury le 12 février 1809,
mort à Londres le 19 avril 1882

Enseveli en la cathédrale
de Westminster

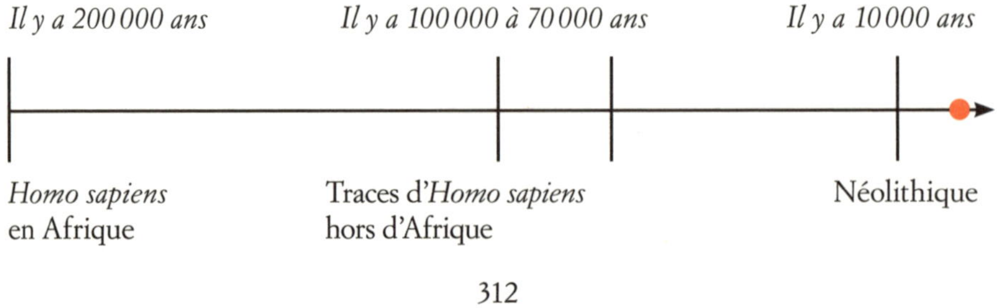

Il y en a peut-être eu d'autres, mais lorsque je pense aux hommes du XXe siècle nés avec un siècle d'avance, deux noms me viennent à l'esprit : Giacomo Leopardi et Charles Darwin. Deux esprits inquiets, mus par le besoin irrépressible de comprendre le plus en profondeur possible le monde où nous vivons, mais aussi douloureusement conscients des limites de nos facultés de connaissance. Les gens en avance sur leur époque s'y sentent mal à l'aise, et ils en paient le prix.

Charles Darwin s'embarque sur le *Beagle* à l'âge de vingt-deux ans, en décembre 1831, et il en débarque en octobre 1836, après avoir fait le tour du monde. L'essentiel de sa biographie est là. Au cours de ces cinq années, il a travaillé jour et nuit et rassemblé une quantité colossale de données sur les animaux, les plantes et les minéraux, qui constitueront le fondement empirique de sa théorie de l'évolution. Son œuvre la plus importante, *L'Origine des espèces*, est une cathédrale de la pensée moderne et reste l'épine dorsale de la biologie contemporaine : pour paraphraser Benedetto Croce, *nous ne pouvons pas ne pas nous dire darwiniens.* De septembre 1842 jusqu'à sa mort, Darwin s'enferme dans sa maison de campagne de Down, dans le Kent, où il manifeste des troubles de toutes sortes qui ont suscité des interrogations chez des générations entières de biographes (éruptions cutanées, tremblements, tachycardie, fièvres, nausées), et qui s'accentuaient à l'approche de débats scientifiques ou d'événements mondains. En septembre 1837, alors qu'il corrigeait les épreuves de son *Voyage d'un naturaliste autour du monde*, il avait souffert de « désagréables palpitations cardiaques ». Son médecin lui avait alors conseillé d'interrompre ses travaux et de se retirer quelque temps à la campagne. Il avait fini par s'y résoudre, malgré une certaine réticence. Avec l'âge, ces incidents ne feront que se multiplier et ne le quitteront plus jusqu'à sa mort. Dans son *Autobiographie*, il décrit ainsi l'existence qu'il mène à Down avec son épouse :

« Peu de gens ont eu une vie aussi retirée que la nôtre. En dehors de courtes visites chez des parents et d'excursions occasionnelles au bord de la mer ou ailleurs, nous ne sommes allés nulle part. Durant la première partie de notre séjour, nous allions un peu dans le monde et recevions ici quelques amis ; mais ma santé souffrait presque toujours de cette excitation, qui se soldait par de violentes crises de frissons et de vomissements. J'ai donc été forcé depuis bien des années de renoncer à tous les dîners [...] »

La renonciation aux soirées mondaines ne lui a peut-être pas coûté beaucoup d'efforts. Par ailleurs, dans une note de 1838 où il avait pesé le pour et le contre d'un éventuel mariage, il avait défini cette institution en elle-même comme « une terrible perte de temps ». Il s'y était toutefois résigné. En revanche, il se sentait humilié par l'agitation qui le mettait hors d'état de participer à des réunions scientifiques publiques. Au bout du compte, il se voyait toujours contraint d'envoyer quelqu'un d'autre à sa place, par exemple Thomas Huxley, lors du célèbre débat d'Oxford avec Mgr Wilberforce, le 30 juin 1860. Sa correspondance gigantesque et les témoignages de ceux qui ont vécu à ses côtés (ce qui n'a pas dû être facile) le font apparaître comme doté d'un fort caractère en conflit permanent avec lui-même, aussi convaincu de la valeur de ses capacités intellectuelles que peu sûr de lui dans les relations sociales, tourmenté par la peur de ne pas être accepté et sujet à des explosions de colère qu'il regrettait aussitôt et auxquelles il tentait de remédier d'une manière souvent inattendue (par exemple en allant s'excuser, au beau milieu de la nuit, auprès de son fils William, après lui avoir adressé des propos peu amènes). Les hypothèses sur les causes de ses maladies vont d'une série d'allergies à la maladie de Chagas, peut-être contractée lors de son voyage en Amérique du Sud. Mais comment ne pas soupçonner l'intervention d'une composante psychologique ? Selon Thomas Barloon et Russell Noyes, deux médecins de l'université de l'Iowa, l'explication la plus logique de tous ces troubles résiderait dans des crises de panique.

Il n'entre pas dans les objectifs de ce livre d'éclaircir les causes de la mauvaise santé de Darwin ; mais si l'on veut comprendre son action, il est important de se rappeler à quel point cette santé était fragile, ou du moins à quel point il la percevait ainsi. Sans aucune confiance en ses propres forces, il prévoyait que ses idées se heurteraient à des préjugés séculaires et qu'elles pourraient bien sortir perdantes du combat. Sinon, pourquoi aurait-il écrit ceci à son ami et collègue Leonard Jenyns, le 12 octobre 1844 ?

« J'ai continué tenacement à lire et à recueillir des données sur la variabilité des animaux domestiques et des plantes, ainsi que sur la question de la définition des espèces ; je peux m'appuyer sur une immense quantité de faits et je pense pouvoir en tirer quelques conclusions solides. La conclusion générale à laquelle je suis parvenu, peu à peu, en partant de la conviction opposée, c'est que les espèces sont sujettes au changement, et que des espèces similaires descendent ensemble d'ancêtres communs. Je suis hautement conscient qu'une telle conclusion m'expose à la désapprobation, mais en tout cas, j'y suis parvenu honnêtement et délibérément. Je ne publierai plus rien à ce sujet pendant plusieurs années. »

Darwin avait donc compris qu'au fil du temps les espèces acquièrent de nouveaux organes et se différencient les unes des autres, à partir d'ancêtres communs. Elles sont changeantes ; elles se transforment, pour reprendre ses propres termes. À ce stade, il n'employait pas encore le mot « évolution » ; mais il a été le premier à comprendre que les lois de la nature doivent nous suffire pour comprendre la diversité des êtres vivants. Après lui, des millions d'expériences ont confirmé qu'il avait raison. Pourtant, en 1844, à trente-cinq ans, un âge où l'on est d'ordinaire ambitieux et très occupé à planifier sa carrière, Darwin avait pour seul projet professionnel de se taire pendant longtemps. Il l'a d'ailleurs mis en pratique. Après son voyage à bord du *Beagle*, il lui reste quarante-six ans à vivre. Il en laissera passer exactement la moitié avant de publier *L'Origine des espèces*. Pendant ce temps, reclus dans sa maison de Down, il multiplie les activités : rédaction de milliers de lettres, administration de la justice, parties de cricket, éducation de ses dix enfants, tentatives pour comprendre si les vers de terre entendent le son du contrebasson, fondation de sociétés de secours mutuel, élaboration d'une monographie monumentale sur les cirripèdes. Tout lui était bon, semble-t-il, pour reporter le moment fatal. Et c'est seulement sous l'effet de maintes sollicitations qu'il publie une première ébauche de sa théorie. Il écrit à ce sujet, dans son *Autobiographie* :

« Néanmoins, nos productions conjointes ne suscitèrent que très peu d'attention : le seul compte rendu dont je me souvienne fut le fait du professeur Haughton, de Dublin, qui jugea que tout ce qui était nouveau en elles était faux, et que tout ce qui était vrai n'avait rien de nouveau. »

Le 24 novembre 1859, la première édition de *L'Origine des espèces* est mise en vente au prix de 15 shillings ; ses 1 250 exemplaires sont épuisés le jour même. Elle s'en tient, à propos de notre espèce, à quelques phrases devenues célèbres et assez vagues : dans la théorie darwinienne, l'homme ne joue qu'un rôle secondaire, dans la mesure où son évolution ne présente aucune particularité remarquable. Comme il l'écrit dans sa lettre à Leonard Jenyns du 7 janvier 1860 :

« Bien entendu, chacun est libre de croire que l'homme est apparu à la suite d'un miracle singulier ; cela ne me semble toutefois ni nécessaire ni probable. »

Darwin a deviné que tôt ou tard on finira par parler d'abord et avant tout de l'homme ; et il craint de compromettre sa propre crédibilité s'il attaque de front les préjugés de la société où il vit, et dont il cherche à être apprécié. Nous l'avons déjà vu au chapitre VI :

lorsque la découverte retentissante de l'homme de Néandertal confirme l'existence d'une espèce humaine archaïque, et sape du même coup les fondements d'une prétendue création miraculeuse de l'homme, Darwin s'abstient de tout commentaire. Pour comprendre sa réticence à donner sa juste valeur à cette extraordinaire découverte, il faut se rappeler ce qu'était la société victorienne : un monde profondément élitiste où les classes dominantes, encore ébranlées par le traumatisme de la Révolution française, étaient terrifiées par les idées radicales dans tous les domaines, y compris la science. *L'Origine des espèces* était déjà, aux yeux de beaucoup, une dangereuse hérésie, voire (pour reprendre l'expression de Ian Tattersall) « une recette destinée à subvertir l'ordre établi ». Lorsque, douze ans plus tard, Darwin décida de prendre le taureau par les cornes et de préciser ses idées sur l'évolution humaine dans *La Filiation de l'homme et la sélection liée au sexe*, il écrivit à son collègue St. George Jackson Mivart, le 23 avril 1869 :

> « Lorsque je publierai mon livre, je peux m'attendre à une désapprobation universelle, voire à une véritable exécution. »

Il n'y a pas eu d'exécution, mais la désapprobation a continué jusqu'à nos jours. Lors de sa campagne électorale de l'an 2000, George W. Bush a déclaré : « Concernant l'évolution, le verdict sur la façon dont Dieu a créé la Terre n'a pas encore été rendu. » Lors de sa première homélie prononcée sur la place Saint-Pierre, le dimanche 24 avril 2005, Benoît XVI s'est senti obligé d'affirmer : « Nous ne sommes pas le produit aléatoire et dénué de sens de l'évolution. » Et il a insisté de nouveau sur cette idée dans l'homélie du 24 avril 2011 : « Si l'homme n'était qu'un résultat fortuit de l'évolution, en marge de l'univers, alors sa vie serait privée de signification et constituerait peut-être même une anomalie de la nature. » Enfin, dans une lettre de 2005 au *New York Times*, le cardinal Schönborn, archevêque de Vienne, a enfoncé un peu plus le clou :

> « La notion d'évolution, entendue en un sens très large, correspond peut-être à la réalité ; mais ce n'est absolument pas le cas de l'évolution au sens darwinien du terme, c'est-à-dire d'un processus non programmé de variabilité fortuite et de sélection naturelle. Tout système de pensée qui nie la présence évidente d'un dessein dans la biologie ne relève pas de la science, mais de l'idéologie. [...] Aujourd'hui, à l'aube du XXIe siècle, face aux prétentions pseudo-scientifiques comme celles du néo-darwinisme, inventées pour refuser la formidable masse de données qui démontrent que l'univers a été créé pour obéir à un but et à un projet, l'Église catholique ne renoncera pas à défendre la raison humaine et à proclamer haut et fort que le dessein immanent à la nature saute aux yeux, et qu'il est bien réel. Toute théorie scientifique s'efforçant de refuser cette idée, afin de donner la préférence au hasard ou à la nécessité, n'a rien de scientifique et constitue, pour reprendre l'expression employée par Jean-Paul II, une abdication de la raison humaine. »

Les « prétentions pseudo-scientifiques comme celles du néo-darwinisme », une « abdication de la raison humaine » : Son Éminence n'y est pas allée de main morte. Pour Schönborn et pour Benoît XVI, c'est l'Église, et non pas la science, qui défend la raison, et qui dispose bien entendu pour cela d'une formidable quantité de données. Pourtant, « à l'aube du XXIe siècle », il est difficile de soutenir que l'intervention d'une intelligence surnaturelle est indispensable à la compréhension du fonctionnement de la nature. On aurait grand besoin, pour étayer cette thèse, d'explications supplémentaires. Malheureusement, le cardinal Schönborn ne les a pas fournies, et l'on ne sait toujours pas sur quels fondements factuels il s'appuie. À moins que le *New York Times* ne lui ait pas laissé assez de place pour les exposer. Quoi qu'il en soit, ses propos sont moins qu'une exécution, mais bien plus qu'une désapprobation : plutôt un bras d'honneur, un pied de nez, un crachat au visage de Darwin.

Revenons aux choses sérieuses. Le 1er avril 1858, alors que la rédaction de *L'Origine des espèces* en est désormais à un stade avancé, son auteur écrit à Jenyns :

> « Tu me demandes de quoi parle mon livre ; je crains bien qu'il parle un peu de tout : j'essaie d'observer toutes les données de l'histoire naturelle et de la géologie selon divers points de vue. Je me demande si chaque espèce a été créée indépendamment des autres ou si elles descendent au contraire, dans toutes leurs variétés, d'autres espèces. La conclusion, c'est que vis-à-vis du dogme de l'immuabilité des espèces, je suis devenu effroyablement hétérodoxe. »

Mes lecteurs se souviennent peut-être que j'ai laissé en suspens la question de savoir si *Homo sapiens* et *Homo neanderthalensis* appartenaient à la même espèce. Or, si l'on accepte l'idée que les espèces se modifient – la conclusion hétérodoxe de Darwin –, cette question perd de son importance. Pour Linné (nous l'avons vu au chapitre IV), les noms que nous donnons aux plantes et aux animaux correspondent à leur nature intime, définie une fois pour toutes au moment de la Création. Mais si les espèces ont changé au fil du temps (et nous avons les preuves fossiles que c'est bien le cas), les classifications cèdent la place aux généalogies, comme l'espérait Darwin. Sur les arbres généalogiques, deux espèces voisines peuvent être assez différentes pour être désignées sous des noms différents, même lorsqu'elles sont toujours capables d'engendrer des hybrides fertiles. Et c'est justement la situation où se sont retrouvés les Néandertaliens et les *Homo sapiens* au moment de leur rencontre : l'homme de Peştera cu Oase (chapitre IX) était leur hybride, un métis. Il n'en demeure pas moins que les paléontologues distinguent sans difficulté les crânes des Néandertaliens et ceux des *Homo sapiens*. Par conséquent, on est en droit de les appeler de deux noms différents, et de parler des Néandertaliens comme d'une espèce éteinte, bien que de petits fragments de leur génome survivent peut-être dans le nôtre.

Ce n'est pas par hasard que Darwin utilise indifféremment les mots espèce et race : pour lui, les deux termes désignent des groupes d'individus assez semblables entre eux et assez différents de ceux des autres groupes pour mériter un nom distinct. Un point c'est tout. Rattacher deux individus à des espèces différentes n'implique pas que leur union éventuelle engendre une progéniture stérile, comme le cheval et l'âne que nous avons étudiés à l'école primaire. Cela étant, Darwin ne se désintéressait pas du débat sur les races humaines, aussi enflammé à son époque que de nos jours. Issu d'une famille aux idées libérales, ancien élève, à l'université d'Édimbourg, de John Edmonstone, un taxidermiste qui avait été esclave en Guyane britannique, Darwin était un fervent abolitionniste, et il a lutté de toutes ses forces pour la suppression de l'esclavage. En son temps comme aujourd'hui, le débat sur les races mêlait étroitement la science et la politique, et cela a peut-être contribué à sa décision de ne pas traiter de l'homme en 1859, dans *L'Origine des espèces* : il avait des priorités. Mais en 1871, la Révolution française était plus éloignée et l'on pouvait se permettre d'adopter des positions plus audacieuses. Selon les tenants du polygénisme, l'humanité était divisée en plusieurs races ; chacune avait évolué à partir d'une espèce différente de singe, quand elle n'avait pas été forgée telle quelle par le Créateur : leur théorie était très appréciée des esclavagistes, qui y trouvaient une justification à leurs méfaits. Selon les tenants du monogénisme, nous appartenons tous à une seule et même espèce ; et leur théorie était quant à elle reprise à leur compte par les abolitionnistes ; certains monogénistes allaient jusqu'à douter de la pertinence du concept de race pour décrire la diversité humaine, mais ils ne s'accordaient pas tous sur ce point.

Darwin a pris parti en faveur du monogénisme, et il s'est montré très critique envers la notion de « races humaines ». Ses idées politiques ont peut-être joué un certain rôle, mais les arguments qu'il a mis par écrit dans *La Filiation de l'homme et la sélection liée au sexe* sont de nature strictement scientifique. Depuis Galilée, la science moderne exige la reproductibilité des résultats : si différents scientifiques procèdent à la même expérience, ils doivent obtenir le même résultat ; dans le cas contraire, il ne s'agit plus de science, mais d'autre chose. Le concept de races biologiques humaines a largement été abandonné (même s'il résiste encore dans certains bastions bien fortifiés) pour deux raisons principales. En premier lieu, malgré les dizaines de catalogues de races humaines publiés par les anthropologues et les naturalistes, aucun consensus n'a jamais été trouvé sur leur nombre et leur définition. En second lieu, l'étude des génomes a définitivement prouvé l'impossibilité de diviser l'humanité en des groupes biologiques distincts semblables à ce que nous appelons, chez d'autres espèces, des « races » ou des « sous-espèces ». Darwin ne pouvait certes pas savoir ce qu'étaient les génomes ; en revanche, il avait les idées très claires sur la reproductibilité des résultats :

« On a étudié l'homme avec plus de soin qu'aucun autre être organisé ; cependant, les savants les plus éminents n'ont pu se mettre d'accord pour savoir s'il forme une seule espèce ou deux (Virey), trois (Jacquinot), quatre (Kant), cinq (Blumenbach), six (Buffon), sept (Hunter), huit (Agassiz), onze (Pickering), quinze (Bory Saint-Vincent), seize (Desmoulins), vingt-deux (Morton), soixante (Crawfurd), ou soixante-trois, selon Burke. [...]

« Un naturaliste qui a eu le malheur d'entreprendre la description d'un groupe d'organismes très variables (je parle par expérience) a rencontré des cas précisément analogues à celui de l'homme ; s'il est prudent, il finit par réunir en une espèce unique toutes les formes qui se confondent les unes avec les autres, car il ne se reconnaît pas le droit de donner des noms à des organismes qu'il ne peut pas définir. »

Les différences entre groupes humains étant de simples nuances, nous ne sommes pas autorisés à donner des noms différents à des objets que nous ne sommes pas capables de définir. Il ne devrait donc pas rester grand-chose à ajouter : sans avoir la moindre idée de ce qu'était l'ADN, Darwin a tout deviné un siècle avant que la génétique ne s'occupe de résoudre le problème. Pourtant, il a fallu attendre 1961 pour qu'un anthropologue américain, Frank Livingstone, soulève des doutes sur l'existence des races humaines. Et c'est seulement en 1972 que Richard Lewontin a publié la première étude génétique sur le sujet. Après avoir constaté que les différences entre les noirs, les blancs et les jaunes, ou entre les races humaines de n'importe quel autre catalogue, apparaissent considérables au vu de leur aspect extérieur, Lewontin s'est demandé s'il en était de même pour leur patrimoine génétique. Afin de répondre à cette question, il a analysé 17 gènes prélevés dans des populations du monde entier et subdivisé leurs différences à trois niveaux : entre individus d'une même population ; entre populations que les anthropologues rattachent à la même race ; entre races différentes. Sur les innombrables catalogues disponibles, il a choisi celui qui compte 7 races, et qui est par ailleurs le plus à la mode. Selon ses calculs, 85 % de la variabilité génétique humaine totale résident en des différences entre individus membres d'une seule et même population, les différences entre les populations d'une même race y contribuent à hauteur de 8 %, et les différences entre les races correspondent aux 7 % restants. Au cours des décennies suivantes, d'autres généticiens ont refait ses calculs en élargissant le nombre de populations étudiées et en étendant les régions du génome analysées. Ils ont tous aboutit aux mêmes conclusions que Lewontin, et cela vaut donc la peine de citer la conclusion de son article :

« Nous percevons les différences entre groupes et sous-groupes humains comme plus importantes que les différences observables à l'intérieur de ces mêmes groupes. De toute évidence, une telle perception déforme la réalité. Au regard d'une comparaison génétique, les races et les populations humaines sont considérablement proches les unes des autres ; à l'inverse, la plus large part de la diversité humaine est représentée par les différences entre individus. La classification raciale des hommes n'a aucune valeur pour la société et provoque des effets destructeurs manifestes sur les relations sociales et humaines. Sachant qu'il est désormais prouvé que cette classification ne revêt aucune signification génétique ou taxonomique, il n'existe aucune raison valable de la maintenir. »

En d'autres termes : si la différence génétique entre deux personnes rattachées à des races différentes équivaut à 100, les différences observables au sein d'une même population ne seront que légèrement inférieures à ce chiffre, pour s'établir en moyenne à 85. Une étude, réalisée en 2009 par Sung-Min Ahn et ses collaborateurs, a ainsi montré qu'un génome coréen peut constituer un intermédiaire entre deux génomes européens : bien que ce ne soit pas *toujours* le cas, c'est une *possibilité réelle*. Mieux vaut ainsi renoncer aux étiquettes raciales, si l'on veut vraiment comprendre ce que contient notre ADN. La classification de l'humanité en races, nous en avons hélas des exemples quotidiens, n'a pas disparu pour autant ; et sa santé fragile ne l'empêche pas de revenir à intervalles réguliers sur le devant de la scène. Aux États-Unis, lors des opérations de recensement, les personnes interrogées sont tenues de déclarer à quelle race elles appartiennent. Mais tous les dix ans, le catalogue des races change, ce qui n'est jamais très bon signe quant à la reproductibilité des résultats évoquée plus haut. Il y en avait 3 en 1860 (blanc, noir, mulâtre), 10 en 1930, 25 en 2000, 23 en 2020. Les « races » d'Américains ont donc très peu à voir avec nos différences biologiques (qui n'ont certainement pas changé entre 1860 et 2020), et beaucoup avec la visibilité de groupes sociaux qui, à un moment donné, prétendent former une race à part entière : vous pouvez être de race portoricaine depuis 1970, de race samoane depuis 1980, et ainsi de suite. En 2021, la principale revue médicale états-unienne, le *New England Journal of Medicine*, longtemps très prudente sur le sujet, a accueilli un débat entre spécialistes en médecine, en génétique et en psychologie. Leur conclusion a été unanime : dans la pratique, c'est-à-dire lorsqu'il s'agit de diagnostiquer et, si possible, de guérir des maladies, subdiviser les patients en races n'a aucun sens. C'est déjà un bon début, même si, dans les *chats* sur Internet et les débats médiatiques, de vieux préjugés et de nouvelles peurs liées à l'immigration continuent de créer la confusion et de provoquer des malentendus.

La discussion a peut-être pris une mauvaise direction à cause, entre autres, du titre de l'article de Frank Livingstone : « Sur la non-existence des races humaines ». Il est très difficile de prouver que quelque chose n'existe pas, l'absence de preuve n'équivalant pas à une preuve d'absence. Avec plusieurs décennies de recul, on s'est rendu compte qu'il aurait peut-être mieux valu parler d'*inutilité*, plutôt que de *non-existence*. Livingstone, qui étudiait les maladies du sang, avait remarqué que leur présence dans les populations du monde ne correspondait à aucun catalogue racial : on peut souffrir de thalassémie en Somalie comme à Chypre, dans le delta du Pô comme en Inde. Les nombreuses études qui ont suivi celle de Lewontin ont confirmé que, sur une même zone géographique, les ADN de ses habitants peuvent être très ressemblants, ressemblants, différents ou même très différents. Pour comprendre ce qu'il y a dans les gènes d'un individu, il suffit d'étudier son ADN ; il n'est pas du tout nécessaire de s'appuyer sur des classifications élaborées au XIXe siècle, lorsqu'il fallait se contenter de la forme du crâne ou de la couleur de la peau. Et l'on mettra peut-être tout le monde d'accord en disant que la « race » a constitué un critère rudimentaire de description des différences biologiques entre êtres humains, jusqu'au moment où la science a élaboré des outils bien plus sophistiqués et bien plus fiables. Une fois encore, Charles Darwin l'avait compris un siècle avant les autres.

Il est donc légitime de conclure avec lui la visite de la galerie où sont exposés les portraits de nos ancêtres : c'est lui qui nous a ouvert les yeux ; c'est lui qui nous a expliqué comment, à partir de nos différences biologiques, on peut remonter jusqu'à des phénomènes qui, au fil des générations, ont fait de nous ce que nous sommes. En conclusion, je citerai un texte de Flavia Salomone et

Fabio Di Vincenzo, qui résume mieux que je pourrais jamais le faire les motifs de notre gratitude :

« Ce que Darwin a modifié de manière irréversible, ce n'est pas simplement un ensemble plus ou moins vaste de théories erronées ou de paradigmes scientifiques, philosophiques et religieux jusqu'alors dominants ; c'est surtout notre perception actuelle, acquise grâce à lui, de ce que nous sommes dans le monde, de la relation que nous entretenons avec lui et par conséquent de la façon dont nous concevons la réalité prise dans son ensemble (qu'elle soit historique, sociale ou naturelle) à partir de nous-mêmes. L'œuvre de Darwin se présente donc [...] comme le présupposé idéal de l'impératif gravé il y a plus de 2500 ans au fronton du temple d'Apollon à Delphes : Connais-toi toi-même. »

POUR APPROFONDIR

On peut consulter 12 000 lettres écrites ou reçues par Charles Darwin sur le site du Darwin Correspondence Project de l'université de Cambridge : https://www.darwinproject.ac.uk/. Les principales éditions françaises des œuvres de Darwin sont : *L'Origine des espèces*, traduction d'Edmond Barbier revue par Daniel Becquemont, Paris, Flammarion, « GF », édition corrigée et mise à jour en 2008, rééd. 2022 ; *Voyage d'un naturaliste autour du monde*, traduction d'Edmond Barbier, Paris, La Découverte, 2006 ; *L'Autobiographie de Charles Darwin, 1809-1882, rétablissant les passages supprimés de la publication originale*, traduction nouvelle par Aurélie Godet, Michel Prum et Patrick Tort, Paris, Honoré Champion, « Champion Classiques », 2022 ; *La Filiation de l'homme et la sélection liée au sexe*, traduction coordonnée par Michel Prun, direction de Patrick Tort, Paris, Honoré Champion, 2013. De nombreux épisodes racontés dans ce chapitre sont tirés de John Bowlby, *Charles Darwin. A New Life*, New York, Norton and Co, 1990 (édition française : *Charles Darwin. Une nouvelle biographie*, traduction de Pierre-Emmanuel Dauzat, Paris, Presses universitaires de France, « Perspectives critiques », 1995). Pour des considérations plus détaillées sur la notion de race humaine, on peut consulter G. Barbujani, *L'invenzione delle razze*, Milan, Bompiani, 2018, et A. Rutherford, *A Brief History of Everyone Who Ever Lived. The Stories in our Genes*, Londres, Weidenfeld & Nicolson, 2016 (édition française : *ADN. Quand les gènes racontent l'histoire de notre espèce*, traduction de Christophe Billon, Paris, Larousse, 2018). On pourra se faire une idée de l'évolution des catalogages raciaux dans les recensements des États-Unis d'Amérique sur la page : https://en.wikipedia.org/wiki/United_States_census.

Ahn S.-M. *et al.*, « The First Korean Genome Sequence and Analysis : Full Genome Sequencing for a Socio-Ethnic Group », *Genome Research*, 19, 2009, p. 1622-1629.

Barbujani G., Pigliucci M., « Human Races », *Current Biology*, 23, 2013, R185-R187.

Barloon T. J., Noyes R., « Charles Darwin and Panic Disorder », *Journal of the American Medical Association*, 277, 1997, p. 138-141.

Lewontin R. C., « The Apportionment of Human Diversity », *Evolutionary Biology*, 6, 1972, p. 381-398.

Livingstone F., « On the Nonexistence of Human Races », *Current Anthropology*, 3, 1962, p. 279-281.

Salomone F., Di Vincenzo F., *Conversazioni sull'origine dell'uomo 150 anni dopo Darwin*, Rome, Espera, 2021.

Tattersall I., « Charles Darwin and Human Evolution », *Evolution : Education and Outreach*, 2, 2009, p. 28-34.

Envoi

Je voudrais expliquer pourquoi je ne participe pas aux discussions sur les réseaux sociaux. Si vous le souhaitez, vous pouvez sans inconvénient sauter ce paragraphe et passer tout de suite au suivant. Dans les années 1980, une chaîne de restauration rapide américaine, A&W, a voulu concurrencer le hamburger le plus célèbre de McDonald's, le *quarter pounder*, celui qui contient un quart de livre de viande, soit un peu plus de cent grammes (en Europe, il s'appelait le Mac Deluxe). Il s'agissait de proposer, au même prix, le *third-pound*, un sandwich qui contenait un tiers de livre de viande. Ce fut un fiasco, dont une étude de marché a ensuite expliqué la raison : pour la majorité des personnes interrogées, 3 étant inférieur à 4, 1/3 est inférieur à 1/4… Voilà pourquoi je ne participe pas aux discussions sur les réseaux sociaux.

Il m'arrive cependant, je l'avoue, d'y jeter un coup d'œil. Sur YouTube, parmi les commentaires d'une de mes vidéos, quelqu'un m'a objecté en substance ceci : « Vous dites que la science du XIXe siècle avait tort sur tel ou tel sujet, que celle du milieu du

XXe siècle se trompait sur tel ou tel point, et ainsi de suite. Il suffira donc d'attendre un peu pour découvrir que vous aussi, vous vous trompez. » Eh bien, non. Les choses ne se passent pas comme ça. Je peux me tromper, bien sûr ; mais la question est ailleurs : faut-il, sous prétexte que nous ferons, à l'avenir, de nouvelles découvertes, renoncer à ce que nous savons aujourd'hui ? Cela n'aurait aucun sens. Il est tout à fait légitime de se demander si le progrès scientifique et technologique s'accompagne automatiquement d'un progrès social (pour ma part, je serais plutôt de ceux qui tendent à répondre par la négative). En revanche, le progrès scientifique existe bel et bien, et il suffit, pour dissiper le moindre doute à ce propos, de penser à l'allongement de l'espérance de vie depuis le XIXe siècle. N'hésitons pas à le répéter : la science ne peut pas nous dire avec certitude ce qui est vrai ; mais elle possède une méthode infaillible pour nous dire ce qui est faux. Depuis Galilée, elle procède de la manière suivante : on formule des hypothèses ; on mène des expériences destinées à les vérifier ; on retient, à titre provisoire, celles qui s'accordent avec les résultats de ces expériences, parce qu'elles peuvent être vraies, et l'on écarte celles qui ne s'accordent pas avec eux, parce qu'elles sont nécessairement fausses. Et c'est ainsi que l'on réduit, pas à pas, notre marge d'incertitude. Une théorie (par exemple l'hérédité des caractères acquis de Lamarck ou la physique de Newton) peut très bien être modifiée, voire abandonnée au profit d'une théorie qui explique mieux un plus grand nombre de phénomènes (par exemple la théorie de l'évolution de Darwin ou la physique quantique). Nous corrigeons nos erreurs et nos lacunes, petit à petit, et nous comprenons un peu mieux le monde où nous vivons. Cependant, une découverte ne pourra en aucun cas rendre vraie une théorie qui s'est révélée fausse. En dépit de tous les progrès imaginables des recherches en astronomie, aucune personne saine d'esprit ne recommencera jamais à croire que la Terre est immobile et que le Soleil tourne autour d'elle.

Et cela vaut aussi pour l'apparition de l'humanité en Afrique. Dans n'importe quel domaine, le risque d'erreur est d'autant plus grand que l'on s'en remet à une seule source d'information, ce qui, pour de multiples raisons, est toujours susceptible de nous fourvoyer. Et toutes les données à notre disposition – fossiles, archéologiques et génétiques – vont dans le sens de la théorie de l'origine africaine de l'homme moderne. Il est facile de prévoir qu'à l'avenir, nous changerons d'avis sur plusieurs aspects de notre histoire : le nom à donner à certaines espèces humaines ; le rattachement de fossiles à l'une ou l'autre d'entre elles ; les relations entretenues entre telle et telle espèce ou telle et telle population ; les itinéraires empruntés au moment des migrations ; la contribution de la sélection naturelle et d'événements aléatoires à la formation de notre apparence et de notre esprit. Mais il est tout aussi aisé de prévoir que le cadre d'ensemble ne changera pas : pour cela, il faudrait en effet une masse gigantesque de données en contradiction avec celles (et il y en a beaucoup) que nous possédons aujourd'hui.

Pour terminer, il reste à se demander à quoi sert la connaissance de notre histoire. À satisfaire notre curiosité, d'abord et avant tout. Mais aux yeux de bien des gens, *savoir* importe peu ; ce qui compte, c'est *agir* (il existe, à ce sujet, un curieux monologue d'Alec Baldwin dans le film *Brooklyn Affairs*, pour ceux que cela peut intéresser). Soyons pragmatiques, donc. Je me contenterai d'un petit exemple choisi parmi tant d'autres et lié au dernier chapitre de ce livre. Pendant des siècles, la pensée dominante a consisté à estimer que l'humanité était divisée en races, c'est-à-dire en groupes caractérisés par leur homogénéité biologique interne et leurs différences par rapport aux autres groupes. Il existe bien des races de chevaux et de chiens, alors, pourquoi pas des races humaines ? Précisons d'emblée que la comparaison ne tient pas : c'est nous qui avons créé des races de chevaux et de chiens, qui résultent de sélections opérées par des éleveurs. Il n'en demeure pas moins vrai, je vous le concède, qu'il existe dans la nature des espèces avec races et des espèces sans races. La génétique a toutefois montré que notre espèce appartient à la seconde catégorie. D'ailleurs, l'impossibilité persistante à se mettre d'accord sur le nombre et la définition des prétendues races humaines, malgré plus de deux siècles d'études, prêtait déjà le flanc à des soupçons que Charles Darwin avait mis par écrit dès 1871, comme nous l'avons vu.

La notion de race reste toutefois très répandue, aussi bien dans les débats politiques et sociaux que dans les conversations de café du commerce, qui trouvent désormais une formidable caisse de résonnance sur Internet. Or, certaines formes graves de leucémie ne peuvent être guéries qu'au moyen d'une greffe de moelle osseuse. Le principal problème auquel on se heurte alors tient à la compatibilité entre donneur et receveur. Si l'organe transplanté provient d'un donneur dont les protéines produites par un ensemble de gènes appelés HLA sont trop différentes de celles du receveur, l'organisme destinataire de la greffe considérera l'organe proposé comme étranger, et il le rejettera. Pour éviter un tel risque, les greffes de moelle osseuse se font souvent entre parents proches, par exemple un frère et une sœur. Mais pour le cas d'absence de donneurs potentiels au sein d'une même famille, les centres qui pratiquent ces interventions tiennent à jour un registre mondial des donneurs où sont stockées les caractéristiques de leurs gènes HLA, afin de pouvoir les comparer avec celles des patients. Ainsi, un enfant canadien atteint d'une forme grave de leucémie myéloïde, Jaxson Slade, a eu la vie sauve grâce à un donneur américain, Michael Manafee. Jaxson Slade a la peau blanche, et Michael Manafee la peau noire. Personne n'aurait jamais pensé à un donneur d'apparence physique aussi différente de celle de Jaxson Slade si nous en étions encore à l'époque où la classification raciale était prise au sérieux. Par bonheur, nous avons enfin compris que la couleur de la peau est une caractéristique superficielle, à la fois au sens littéral (elle ne va pas au-delà de la surface de notre corps) et métaphorique (elle ne nous dit rien sur la composition des gènes qui ne concernent pas la pigmentation de notre épiderme). Parcourir la galerie de nos portraits de famille, retracer l'histoire de notre espèce et comprendre l'origine de nos différences… tout cela aide, entre autres, à sauver des vies humaines.

POUR APPROFONDIR

On trouvera l'histoire du *third-pound* A&W sur le site https://www.mentalfloss.com/article/76144/why-no-one-wanted-aws-third-pound-burger, et celle de Michael Manafee et Jaxson Slade sur le site https://www.bbc.com/news/world-us-canada-40254858.

Petit glossaire

ADAPTATION — Développement de caractéristiques biologiques particulières, favorisées par la sélection naturelle dans un milieu donné.

ADN — Acide désoxyribonucléique. Molécule présente dans les cellules, à structure en double hélice et contenant l'information génétique.

AURIGNACIEN — Technologie préhistorique caractérisée par la production de lames et de petites pointes, en partie en pierre, en partie fabriquées à partir de matériaux animaux durs. Répandue en Europe depuis la région méditerranéenne, au paléolithique supérieur, il y a 40 000 à 20 000 ans, et associée à des espèces humaines à l'anatomie moderne, c'est-à-dire *sapiens*. Les premiers objets ornementaux et les premières formes d'art figuratif appartiennent à la même période.

AUSTRALOPITHÈQUES — Genre de primates de la famille des hominidés ayant vécu en Afrique il y a 4 à 2 millions d'années, et aujourd'hui éteint. Lucy appartient à l'espèce *Australopithecus afarensis*.

BACTÉRIE — Organisme unicellulaire procaryote, c'est-à-dire doté d'une cellule sans membrane nucléaire.

BASE — Une des composantes des acides nucléiques. L'ADN contient quatre bases (ou nucléotides) différentes.

BIODIVERSITÉ — Ensemble des différences biologiques entre tous les membres d'une espèce, d'une communauté ou d'un écosystème.

BIPÉDIE — Caractéristique des hominidés et de quelques autres espèces animales, qui les amène à se tenir sur deux membres (inférieurs) et non pas quatre (antérieurs et postérieurs). Chez les hominidés, le passage à la bipédie a entraîné de profondes transformations anatomiques et neurologiques.

CARBONE 14 — Isotope radioactif du carbone, dont la quantité dans les restes de matière organique permet d'estimer leur âge.

CELLULE — Composante fondamentale des organismes vivants. Chez les vertébrés, les cellules sont presque toutes diploïdes, c'est-à-dire qu'elles contiennent un double jeu de chromosomes semblables, hérité pour moitié de la mère et pour moitié du père. Seule exception : les cellules fertiles, ou gamètes, qui contiennent un chromosome en simple exemplaire et sont dites haploïdes.

CHÂTELPERRONIEN — Technologie préhistorique de transition entre le moustérien et l'aurignacien, caractérisée par des pointes de flèches et des couteaux à dos et attestée en Europe centrale et dans la péninsule Ibérique durant la première phase du paléolithique supérieur. On l'associe en général à des populations néandertaliennes entrées en contact avec des populations à l'anatomie moderne.

CHROMOSOME — Composante cellulaire formée principalement d'une longue chaîne d'ADN enroulée sur elle-même et associée à des protéines. Le génome humain comprend 46 chromosomes, soit 22 paires de chromosomes identiques auxquelles s'ajoutent les chromosomes sexuels : XX pour les femmes, XY pour les hommes.

CHROMOSOME Y — Chromosome qui, chez les mammifères, détermine le sexe masculin ; il est transmis par le père à ses enfants mâles.

COALESCENCE — Processus en vertu duquel, lorsque l'on remonte du présent vers le passé à travers les générations, deux lignes de descendance convergent chez un ancêtre commun.

CODANT (ADN) — Fraction de l'ADN contenant les gènes, c'est-à-dire l'information nécessaire à la synthèse des protéines. Selon la façon dont on le définit, avec ou sans prise en considération des régions du génome qui remplissent des fonctions de contrôle de la synthèse des protéines, l'ADN codant représente, chez l'homme, entre 25 et 1,5 % du génome.

CONCEPT BIOLOGIQUE D'ESPÈCE — Selon la définition de Theodosius Dobzhansky et Ernst Mayr, ensemble de populations isolées des autres du point de vue de la procréation, et occupant dans la nature une niche écologique spécifique.

DÉRIVE GÉNÉTIQUE — Phénomène de divergence fortuite entre populations dont l'isolement entraîne une réduction de la variabilité génétique interne et une augmentation de la variabilité par rapport aux autres populations.

DIMORPHISME SEXUEL — Présence de différences claires, au sein de la même espèce, entre les caractéristiques physiques des femelles et celles des mâles.

DIVISION CELLULAIRE — Processus par lequel les cellules se multiplient. Il est précédé d'une réplication de l'ADN, afin d'obtenir, à partir d'une cellule-mère, deux cellules-filles génétiquement identiques (sauf en cas de mutation).

EFFET FONDATEUR — Processus démographique par lequel un petit groupe de fondateurs (en général peu variable) forme une population qui conservera leurs caractéristiques génétiques.

ENZYME — Protéine qui catalyse (qui favorise) une réaction chimique.

ESPÈCE — En taxonomie (science de la classification des êtres vivants), ensemble d'individus similaires d'un point de vue anatomique, et dont les croisements conduisent à la naissance d'une progéniture fertile. Cette définition classique a été remise en question par la pensée évolutionniste, selon laquelle les espèces sont des entités transitoires formées à partir d'ancêtres communs, et traversent donc des phases au cours desquelles elles peuvent déjà présenter des différences anatomiques, et mériter par conséquent des noms différents, tout en demeurant capables de se reproduire entre elles.

FERTILITÉ — Capacité de procréation. On la mesure à partir du nombre de descendants engendrés par un individu ou, en moyenne, par les membres d'une population. Avec la mortalité, elle constitue l'un des facteurs dont les variations déterminent la sélection naturelle.

FOSSILE — Matériau biologique transformé *post mortem* sous l'action de facteurs mécaniques, physiques et chimiques, et conservé sous diverses formes plus ou moins modifiées (minéralisées, carbonisées, momifiées, etc.).

GÈNE — Tronçon d'ADN contenant l'information nécessaire à la production d'une ou de plusieurs protéines.

GÉNÉTIQUE — Étude de la transmission héréditaire des caractéristiques biologiques.

GÉNOME — Ensemble de l'ADN présent dans une cellule, ou chez un individu, ou typique d'une espèce.

GENRE — En taxonomie (science de la classification des êtres vivants), le genre est une catégorie regroupant différentes espèces aux caractéristiques assez similaires pour suggérer l'existence d'ancêtres communs peu éloignés dans le temps. Avec la nomenclature introduite par Linné, les organismes vivants sont définis par le genre et l'espèce.

GLACIATION — Période au cours de laquelle la diminution de la température de la Terre a pour conséquences l'expansion des calottes glaciaires et la baisse du niveau de la mer.

GRADIENT — Changement progressif des caractéristiques biologiques sur un espace géographique donné, en vertu duquel les différences biologiques entre les populations ou les individus tendent à être proportionnelles à la distance qui les sépare.

HLA — Acronyme de *Human Leucocyte Antigens* (antigènes des leucocytes humains). Ensemble des six gènes responsables de la synthèse des protéines et situés à la surface des cellules. Lors des transplantations d'organes, le risque plus ou moins élevé de rejet dépend du degré de similitude des HLA du donneur et de ceux du receveur.

HOMINIDÉS — Famille zoologique composée de l'homme moderne (*Homo sapiens*), de ses ancêtres disparus et des singes anthropomorphes.

HOMINIENS — Sous-famille zoologique composée de l'homme moderne (*Homo sapiens*) et de ses ancêtres éteints (appartenant aux genres *Australopithecus*, *Paranthropus*, *Homo*, etc.) qui se sont séparés du chimpanzé à une date située entre 7 et 5 millions d'années avant le présent.

HOMO ERECTUS — Espèce humaine typique de l'Asie à partir d'une date située au plus tard 1,7 million d'années avant le présent, autrefois connue aussi sous le nom de pithécanthrope et dont la présence est initialement attestée en Chine (homme de Pékin) et en Indonésie (homme de Java). Par le passé, cette définition s'est étendue à des fossiles africains et européens, les premiers étant désormais rattachés à l'espèce *Homo ergaster.*

HOMO ERGASTER — Espèce humaine typique de l'Afrique, où sa présence est attestée il y a 2 à 1 million d'années. On l'estime proche parente du groupe qui a donné naissance à *Homo heidelbergensis.*

HOMO GEORGICUS — Espèce humaine dont la présence est attestée au sud de la chaîne du Caucase il y a un peu moins de 2 millions d'années. Elle constitue la plus ancienne espèce humaine connue hors d'Afrique.

HOMO HABILIS — Espèce humaine typique de l'Afrique de l'Est, où sa présence est attestée il y a plus de 2 millions d'années. On l'estime proche parente du groupe qui a donné naissance à *Homo ergaster* et l'on pense que les premiers humains sortis d'Afrique lui ressemblaient beaucoup.

HOMO HEIDELBERGENSIS — Espèce humaine présente en Afrique, en Europe et en Asie occidentale, et dont l'existence est attestée à une date située entre 600 000 et 100 000 ans avant le présent. On la suppose à l'origine des populations d'*Homo neanderthalensis*, et peut-être aussi d'*Homo sapiens*.

HOMO NEANDERTHALENSIS — Espèce humaine typique de l'Europe et de l'Asie occidentale, et dont l'existence est attestée lors d'une période située entre 300 000 et 38 000 ans avant le présent.

HOMO SAPIENS — L'homme moderne. Espèce humaine présente en Afrique à partir d'une date située environ 190 000 ans avant le présent. Elle s'est ensuite répandue sur la totalité du globe à la suite d'une ou de plusieurs migrations que les données génétiques, en accord avec les données paléontologiques, conduisent à placer lors d'une période située entre 100 000 et 50 000 ans avant le présent.

INTERGLACIAIRE — Période comprise entre deux glaciations au cours de laquelle la température de la Terre augmente, les glaciers reculent vers les pôles et le niveau de la mer monte.

ISOLEMENT REPRODUCTIF — Situation où se trouvent des individus qui ne peuvent pas se reproduire avec des membres d'autres communautés.

ISOTOPES — Atomes d'un même élément différant par le nombre de neutrons. Les éléments chimiques sont définis par le nombre de protons dans leur noyau (1 pour l'hydrogène, 2 pour l'hélium, 3 pour le lithium, 4 pour le béryllium…). Et ces éléments sont constitués d'isotopes différents, avec un nombre différent de neutrons : par exemple, les isotopes de l'hydrogène sont le protium (1 proton, 0 neutron), le deutérium (1 proton, 1 neutron) et le tritium (1 proton, 2 neutrons).

MÉSOLITHIQUE — Période de l'âge de pierre marquée par la transition d'une économie de chasse et de cueillette à une économie caractérisée par l'agriculture et l'élevage.

MÉTABOLISME — Ensemble de réactions qui se produisent dans un organisme et qui conduisent à la transformation des molécules chimiques présentes en lui.

MIGRATION — Déplacement d'individus ou de populations à travers l'espace géographique.

MITOCHONDRIE — Organe cellulaire contenant de nombreuses copies d'un tronçon d'ADN et transmis uniquement par la voie maternelle.

MOLÉCULE — La plus petite partie d'un composé ou d'un élément chimique capable d'une existence indépendante et constituée d'atomes maintenus ensemble par des liens chimiques.

MONOGÉNISME — Idée (confirmée par la génétique) selon laquelle tous les humains descendent d'un seul et même groupe de primates.

MORTALITÉ — Tendance à mourir. On la mesure à partir de l'âge d'un individu ou de l'âge moyen des membres d'une population au moment du décès. Avec la fertilité, elle constitue l'un des facteurs dont les variations déterminent la sélection naturelle.

MOUSTÉRIEN — Technologie (ou industrie lithique) préhistorique permettant d'obtenir des outils en extrayant des éclats d'un noyau de silex. Répandue en Europe et au Proche-Orient au paléolithique moyen, sur une période allant de 300 000 à 40 000 ans avant le présent, elle est associée, mais non exclusivement, à l'homme de Néandertal.

MUTATION — Altération de la séquence de l'ADN. Lorsqu'elle affecte une cellule fertile, un ovule ou un spermatozoïde, elle peut devenir héréditaire, c'est-à-dire être transmise à la génération suivante.

NANISME INSULAIRE — Tendance des organismes à acquérir de petites tailles dans les régions isolées, sans doute pour s'adapter à une pénurie de ressources.

NÉANDERTAL — voir *Homo neanderthalensis.*

NÉOLITHIQUE — Période de l'âge de pierre au cours de laquelle les populations humaines produisent de la nourriture grâce à l'agriculture et à l'élevage. Au Proche-Orient, elle commence il y a 10 000 ans ; puis elle s'étend, en 5 000 ans, à la totalité de l'Europe.

PALÉOLITHIQUE — Période de l'âge de pierre au cours de laquelle les populations humaines se procuraient leur nourriture grâce à la chasse et à la cueillette. Elle se subdivise en paléolithique inférieur, paléolithique moyen et paléolithique supérieur.

POLYGÉNISME — Idée (démentie par la génétique, mais très répandue au XIXe siècle) selon laquelle les différentes races humaines descendraient de différents primates.

POPULATION — Ensemble d'individus partageant certaines caractéristiques physiques ou sociales et ayant tendance à procréer les uns avec les autres.

PRIMATES — Ordre des mammifères comprenant les lémuriens, les singes, les singes anthropomorphes (ces derniers étant inclus dans la famille des hominidés qui comprend les orangs-outans, les gorilles, les chimpanzés et les bonobos, ou chimpanzés pygmées) et l'homme.

PROTÉINE — Molécule organique composée d'une ou de plusieurs chaînes d'acides aminés (ou peptides), dont chacune est le produit de l'activité d'un gène.

RACE — Groupe d'individus différant des autres membres de leur espèce par certaines caractéristiques héréditaires reconnaissables et vivant dans une zone géographique précise.

REFUGE GLACIAIRE — Espace où le climat est resté plus doux pendant les glaciations, facilitant ainsi la survie d'animaux et de plantes.

RÉPLICATION (DE L'ADN) — Processus cellulaire par lequel l'ADN des chromosomes est copié avec une extrême précision et dupliqué. Il précède la division cellulaire.

ROUTE MÉRIDIONALE — Itinéraire peut-être suivi par *Homo sapiens*, il y a plus de 100 000 ans, pour quitter l'Afrique de l'Est et rejoindre l'Asie du Sud-Est et l'Australie en passant par la péninsule Arabique.

ROUTE SEPTENTRIONALE — Itinéraire suivi par *Homo sapiens*, il y a moins de 100 000 ans, pour quitter l'Afrique de l'Est et rejoindre l'Europe et l'Asie en passant par les territoires actuels de l'Égypte et d'Israël.

SÉLECTION NATURELLE — Processus évolutif conduisant à l'élimination de certaines caractéristiques biologiques et à la diffusion de certaines autres, mieux adaptées à l'environnement. Il est dû à des différences héréditaires dans la capacité des individus à survivre et à procréer, et donc à leur contribution variable à la génération suivante.

SÉLECTION SEXUELLE — Processus évolutif en vertu duquel les femelles s'unissent de préférence avec des partenaires présentant certaines caractéristiques remarquables, et qui conduit à la prédominance de mâles de grande taille ou dotés de couleurs vives.

SÉQUENCE — Succession de bases dans l'ADN, ou d'acides aminés dans une protéine.

THALASSÉMIE — Anémie héréditaire, connue aussi sous le nom de microcythémie, due à une mutation de l'un des gènes contribuant à former l'hémoglobine.

THÉORIE DE L'ORIGINE AFRICAINE DE L'HOMME MODERNE — Modèle selon lequel les populations modernes du monde entier descendraient d'ancêtres africains ayant remplacé, à une date relativement récente, les espèces humaines préexistantes en Eurasie, *Homo neanderthalensis* et *Homo erectus*, qui constitueraient donc deux espèces différentes éteintes.

THÉORIE MULTIRÉGIONALE — Modèle selon lequel les populations modernes d'Europe et d'Asie descendraient respectivement (en totalité ou en grande partie) d'*Homo neanderthalensis* et d'*Homo erectus*, qui ne constitueraient donc pas deux espèces distinctes, mais deux composantes d'une seule espèce humaine.

VARIABILITÉ — Tendance naturelle à la variation. Ce mot est souvent utilisé comme synonyme de *diversité*.

VARIANTE GÉNÉTIQUE — Synonyme d'*allèle*, c'est-à-dire l'une des formes alternatives que peut prendre un gène. Le gène qui détermine le groupe sanguin ABO présente par exemple, chez l'homme, trois variantes ou allèles : A, B et O.

VIRUS — Organisme à structure subcellulaire, parasite obligatoire d'un organisme supérieur.

Index des illustrations

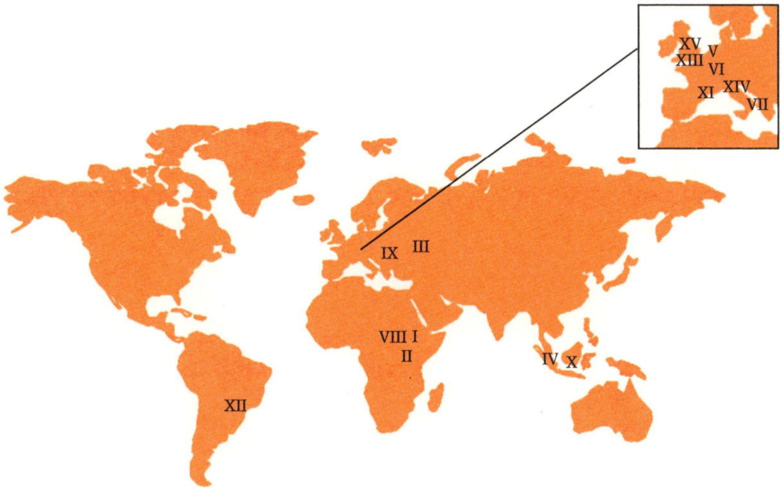

I. *Australopithecus afarensis* Lucy — Kennis&Kennis

II. *Homo ergaster* Le garçon du Turkana — Kennis&Kennis

III. *Homo georgicus* Dmanissi 2 — © photo Sylvain Entressangle, reconstitution Élisabeth Daynès / LookatSciences

IV. *Homo erectus* Trinil — Kennis&Kennis

V. *Homo heidelbergensis* L'homme de Steinheim — © photo Sylvain Entressangle, reconstitution Élisabeth Daynès / Lookat Sciences

VI. *Homo neanderthalensis* Feldhofer 1 — Archivio dpa/Ipa

VII. *Homo neanderthalensis* L'homme d'Altamura — Kennis&Kennis

VIII. *Homo sapiens* L'Ève mitochondriale

IX. *Homo sapiens* Oase 2 — Kennis&Kennis

X. *Homo floresiensis* Flo — Kennis&Kennis

XI. *Homo sapiens* La femme de l'Abri de Cap-Blanc — © photo Sylvain Entressangle, reconstitution Élisabeth Daynès / Lookat Sciences

XII. *Homo sapiens* Luzia

XIII. *Homo sapiens* L'homme de Cheddar — Kennis&Kennis

XIV. *Homo sapiens* Ötzi — Museo Archeologico dell'Alto Adige – www.iceman.it

XV. *Homo sapiens* Charles Darwin — © photo Sylvain Entressangle, reconstitution Élisabeth Daynès / LookatSciences

Pour les cartes en ouverture des chapitres : © Shutterstock

Remerciements

Ce livre a commencé à prendre forme un samedi matin chaud et humide de septembre, à Naples, lors d'une longue conversation avec Anna Gialluca. N'étant point paléontologue, je me suis adressé, pour dissiper les nombreux doutes qui me sont venus en tête à propos des fossiles, à mon collègue et ami Giorgio Manzi, qui ne m'a jamais refusé ses indications et ses conseils avisés ; à une seule exception près, je les ai tous suivis. Giulia Porcari, des éditions Laterza, s'est occupée avec beaucoup de bon sens et de patience des questions compliquées liées aux droits de reproduction des images illustrant ce livre. Je les remercie infiniment tous les trois.

Table des matières

Composition IGS-CP
Éditions Albin Michel
22, rue Huyghens, 75014 Paris
www.albin-michel.fr

ISBN : 978-2-226-47975-4
N° d'édition : 25240/01. – N° d'impression :
Dépôt légal : octobre 2023
Imprimé en Slovénie